Uwe Steffen · Jona und der Fisch

Ich halte die Symbolsprache für die einzige Fremdsprache,
die jeder von uns lernen sollte.
Wenn wir sie verstehen,
kommen wir mit dem Mythos in Berührung,
der eine der bedeutsamsten Quellen der Weisheit ist,
wir lernen die tieferen Schichten
unserer eigenen Persönlichkeit kennen.
Tatsächlich verhilft sie uns zum Verständnis
einer Erfahrungsebene,
die deshalb spezifisch menschlich ist,
weil sie nach Inhalt und Stil
der ganzen Menschheit gemeinsam ist.

Erich Fromm

Buchreihe *Symbole*

Uwe Steffen

Jona und der Fisch

Der Mythos von Tod und Wiedergeburt

Kreuz Verlag Stuttgart · Berlin

CIP-Kurztitelaufnahme der Deutschen Bibliothek

Steffen, Uwe:
Jona und der Fisch : d. Mythos von Tod u.
Wiedergeburt / Uwe Steffen. – 1. Aufl. –
Stuttgart ; Berlin : Kreuz Verlag, 1982.
 (Reihe Symbole)
 ISBN 3-7831-0683-4

1. Auflage
© Kreuz Verlag Stuttgart 1982
Gestaltung: Hans Hug
Bildnachweis:
Umschlagbild: Jonas Errettung aus dem Walfisch, Holzrelief an der Tür des
Westportals am Dom in Gurk, Österreich um 1220. Foto: Hofstetter, Ried;
Tafel nach S. 16: Poster von Robin. Abdruck mit freundlicher Genehmigung
des Rechtsanwaltsbüros Lang/Markthaler/Reich/Bauch;
Tafel nach S. 64: aus: Miniatures Arméniennes © Erevan;
Tafel nach S. 160; Bildarchiv Preußischer Kulturbesitz, Berlin;
Abb. S. 10/11: aus: Friedrich Seifert/Rotraut Seifert-Helwig, Bilder und Ur-
bilder. Erscheinungsformen des Archetypus. Ernst Reinhardt Verlag München
Basel 1965 Abb. 43, 44;
Grafik auf S. 41: Jona von Rudolf Büder – mit freundlicher Genehmigung des
Künstlers;
Abb. S. 46: aus: Mythen der Welt © Verlag C. J. Bucher, Luzern;
Grafik auf S. 84: aus Lexikon der Symbole © by Melzer Productions;
Abb. S. 85 und Grafik auf S. 92: aus: Erich Neumann, Die Große Mutter,
Walter Verlag, Olten 1974;
Grafik auf S. 143: Hanns Georgi in: Harald Tandrup, Der Prophet Jona – pri-
vat (Universitas Verlag, Berlin)
Gesamtherstellung: E. Rieder, Schrobenhausen
ISBN 3 7831 0683 4

Inhalt

Anrufung

Jona, o Jona,
wie in einem Spiegel
hab ich mich in dir erkannt.
Du bist die Gestalt
meines trotzigen, verzagten Ich.

Du hörtest die innere Stimme,
aber gehorchtest nicht deiner Bestimmung.
Du vernahmst den Ruf Gottes,
aber widersetztest dich deiner Berufung.
Ungestüm schrittest du von Gott fort
und hielt'st dich für fortschrittlich.
Weil du kein Gottvertrauen hattest,
wagtest du dich aufs Meer hinaus
in dem selbstbetrügerischen Wahn,
du könntest dem Unentrinnbaren entrinnen.
Aber als du Gott davonfuhrst, erfuhrst du,
daß du nicht Gott loswerden kannst.
In dem Sturm, in dem du scheitertest,
holte ER dich ein.
Über Bord geworfen, gingst du unter.
Abgründe taten sich auf.
Ungeheuerliches widerfuhr dir:
Der Rachen des Todes verschlang dich.
Im Bauch der Hölle littest du Qual.
Aber an dem, was du littest,
lerntest du Gehorsam.
Die Not nötigte dich zur Umkehr.
Aus der Tiefe riefst du zu Gott
und ergabst dich dem, dem du getrotzt.
Da ging dir im Dunkeln ein Licht auf.
Der Bauch der Hölle wurde dir
zum Schoß einer neuen Geburt.
Mysterium der Wiedergeburt.

Jona, o Jona,
du bist das Zeichen der Hoffnung,
in dem ich lebe.
Du bist mir Hinweis auf den,
der mehr ist als Jona.

Da du zugrunde gegangen warst,
wurdest du von Grund auf erneuert.
Da du umgekehrt warst,
bewirkte deine Predigt Umkehr.
Das Wunder geschah:
Die Gottlosen bereuten ihre Sünden,
und Gott reute das Unheil, das er beschlossen.
Du aber, der du durch die Gnade Gottes lebst,
wolltest keine Gnade für die andern.
Gnadenlos bestandest du auf Gerechtigkeit,
wo Gott Gnade vor Recht ergehen ließ.
Du wolltest das Urteil vollstreckt sehen,
das du verkündet hattest,
wolltest recht behalten auf Kosten der andern.
Das Schicksal, das sie treffen sollte,
machte dich nicht betroffen.
Ihr Jammer jammerte dich nicht.
Unbeteiligt sahst du ihrem Untergang entgegen,
weil du dich nicht als Teil des Ganzen fühltest.
Du ertrugst es, gerettet zu sein,
ohne daß alle gerettet werden.
Du schautest böse drein, weil Gott so gütig ist,
und verweigertest dem Himmel die Mitfreude
über die Sünder, die Buße getan.
Da nahm dir Gott, was dir
die Hitze des Tages erträglich machte,
damit du leidend lerntest,
mitzuleiden mit den Verlorenen.

Jona, o Jona,
Spiegelbild meiner selbst.
Hast du dich in Mitleidenschaft ziehen lassen?
Bist du barmherzig geworden,
wie Gott im Himmel barmherzig ist?

Das Jona-Motiv
in der Deutung der Tiefenpsychologie

Das Jona-Motiv

Eine vierunddreißigjährige Frau begab sich in psychotherapeutische Behandlung, weil sie sich in so ungewöhnlichem Maße an ihre Eltern gebunden fühlte, daß man sie kaum als »erwachsen« bezeichnen konnte. Sie hatte kein eigenständiges Bewußtsein entwickelt und war alles andere als selbständig. Sie hatte deswegen auch keine ihrem Alter entsprechende Beziehung zur Realität. Der Psychotherapeut ließ sie zeichnen, weil sich die Seele oft unmittelbar in Bildern ausdrückt. Jenseits aller bewußten Absichten, ohne Vorherwissen, was da entstehen will, gleichsam blind, zeichnet die Hand, was ihr das Unbewußte diktiert. Die Frau zeichnete den Kopf eines Ungeheuers mit aufgesperrtem, zahnbewertem Rachen – das ganze Tier war gewissermaßen auf seine verschlingende Funktion zurückgeführt. Die Zeichnerin hatte sich selbst ganz klein als hilflosschwache Figur im Rachen des Ungeheuers dargestellt. Striche,

Abb. 1 und 2   *»Bilder aus dem Unbewußten« einer vierunddreißigjährigen Frau*

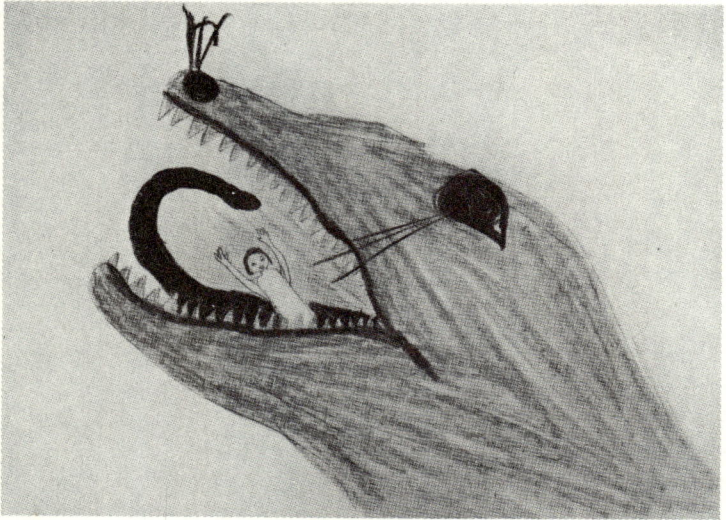

die vom Auge des Tieres auf das verschlungene Opfer ausgingen, deuteten an, daß es von dessen Basiliskenblick gebannt war. Die Zunge des Untiers, die einwärts gewölbt war, verhinderte ein Entrinnen. Es hatte den Anschein, daß sich das Opfer in Angst und Entsetzen gegen das drohende Verschlungenwerden aufbäumte. Aber bei genauerem Betrachten stiegen Zweifel an der Echtheit der Abwehrhaltung auf.

Als Versuch, das Bild zu verstehen und damit unbewußte Inhalte ins Bewußtsein aufzunehmen, hatte die Frau auf die Rückseite ihrer Zeichnung geschrieben: »Ich habe wohl eher die Tendenz in den Rachen hinein, als aus ihm heraus; vielleicht will ich auch beides: heraus und hinein.«

In diesen Worten sind die beiden entgegengesetzten seelischen Kräfte beschrieben, die im Wechselspiel die Entfaltung der Persönlichkeit bestimmen: die vorwärtsdrängende Kraft, die die seelische Entwicklung und Reifung vorantreibt (Progression), und die rückwärtsgerichtete Kraft, die den Menschen auf eine frühere, bereits überwundene Entwicklungsstufe zurückfallen läßt (Regression). Das Bild der Frau und ihre Worte

dazu bringen zum Ausdruck, daß sie im Spannungsfeld dieser beiden entgegengesetzten Tendenzen steht und daß sie dazu neigt, der rückwärtsgerichteten Kraft nachzugeben. Sie flieht vor der Aufgabe des Erwachsenwerdens in einen kindlichen Zustand: Sie möchte unbewußt und nicht verantwortlich bleiben dürfen; sie möchte das Leben nicht allein wagen müssen; sie möchte sich wunschlos und friedlich geborgen fühlen wie ein Kind im Mutterleib. Dieses innere Zurückverlangen nach Geschützt- und Behütetsein äußerte sich in dem Zurückstreben zu ihren Eltern, in der übermäßigen Bindung an sie und in der Abhängigkeit von ihnen[1].

Die Frau ist kein Einzelfall. Häufig stellt sich eine regressive Haltung in dem Bilde des Verschlungenwerdens dar, wobei nicht selten der Zustand des Verschlungenseins erstrebt wird. Dafür eine Reihe von Beispielen:

Während der Diktatur des Dritten Reiches träumte ein Arzt, der unter dem »wandlosen Leben«, der ständigen Beobachtung durch den »Großen Bruder« litt: »Ich lebe auf dem Meeresgrund, um unsichtbar zu bleiben, nachdem die Wohnungen öffentlich geworden sind.«[2]

Die »innere Emigration« eines Künstlers aus einer immer unerträglicher werdenden Welt kommt in einem Gedicht von Christoph Meckel (geb. 1935) zum Ausdruck, das er »Worte des Jonas« überschreibt:

> »Es läßt sich leben im Wal, ich hab es erfahren.
> Einst verfinsterte Meertage lebt ich im Wal, und ich sag euch:
> es läßt sich leben im Wal. Nach ein paar Monden
> vernahm ich das Donnern der Wasser nicht mehr,
> die draußen um Walhaut rollten, und der Gestank
> ward Duft den Nüstern, die mir im Walbauch wuchsen.«[3]

Dieses Gedicht gab dem österreichischen Komponisten Ingomar Grünauer (geb. 1938) den Anstoß zu seinem musikdramatischen Versuch »Walfischbauch« (1973). Hier ist der Walfischbauch eine Metapher für unsere Gesellschaft, für die Herrschaftsstrukturen innerhalb einer geschlossenen Gesellschaft überhaupt. Ihre Glieder haben sich so sehr den herrschenden Bedingungen angepaßt, daß sie auf jeden aggressiv reagieren, der ihnen die Augen über ihre Lage öffnen und sie verändern will[4].

In einem Essay mit dem Titel »Im Innern des Wals« hat der englische Schriftsteller George Orwell (geb. 1903) von einer Gruppe von Literaten der dreißiger Jahre gesagt, daß sie vom Standpunkt des Jona im Innern des Wals schrieben. Ihr Prototyp war Henry Miller (geb. 1891), der in seinen Büchern wiederholt auf Jona anspielt. Er hatte eine völlig unpolitische Einstellung, weil er davon überzeugt war, daß sich die globale Entwicklung jeder Kontrolle entzieht, und weil er gar nicht mehr den Wunsch verspürte, sie zu beeinflussen. In seiner völlig passiven Haltung hat er sich bereitwillig vom Wal verschlucken lassen, hat sich gewissermaßen in seinem Bauch häuslich eingerichtet, und es verlangt ihn gar nicht danach, ausgespien zu werden: »Man ist dort in einem dunklen, ausgepolsterten Raum, mit einer dicken Speckschicht zwischen sich und der Außenwelt. So hat man die Möglichkeit, sich mit absoluter Gleichgültigkeit gegenüber allem, was draußen vorgeht, zu verhalten. Ein Sturm, der jedes Kriegsschiff der Welt zum Sinken brächte, würde einen nur von weitem, kaum als ein Säuseln, erreichen. Selbst die Eigenbewegungen des Wals würde man nur wenig spüren. Ob er sich auf der Meeresoberfläche wiegt oder in die Dunkelheit der mittleren Tiefen schießt, man würde keinen Unterschied merken. Es ist fast schon der Tod, ein Zustand endgültiger, unüberbietbarer Verantwortungslosigkeit.«[5]

Nach den revolutionären sechziger Jahren griff eine solche Haltung auf gesellschaftspolitischer Ebene erneut um sich. Heute gibt es immer mehr Menschen, die sich aus der Verantwortung für die Gestaltung des gesellschaftlichen, politischen und wirtschaftlichen Lebens in Passivität und Introvertiertheit zurückziehen, weil sie nicht mehr daran glauben, die Entwicklung beeinflussen zu können. Sie haben aufgehört, für mehr Demokratie und Gerechtigkeit zu kämpfen, sie sind nicht einmal bereit, das Staatswesen, in dem sie leben, zu verteidigen. Sie sind aus der Gesellschaft »ausgestiegen«. Sie ziehen sich aus den Städten aufs Land zurück, wandern aus oder verkaufen alle ihre zivilisatorischen Errungenschaften, um sich eine ferne Insel zu kaufen, auf der sie abseits der Welt ein »einfaches Leben« führen können, bis die Katastrophe, mit der sie sich abgefunden haben, auch über sie hereinbricht.

Typischer Ausdruck dieser Haltung ist ein popiges Poster aus den siebziger Jahren: »Jonas und der Wal« (s. Farbtafel I). Es zeigt auf knallrotem Grund ein blaues Rund, das fast ganz von einem dunklen Walungetüm ausgefüllt ist. Eine nierenförmige Öffnung im Walleib gibt den Blick in sein Inneres frei: Jona liegt rücklings mit über dem Bauch gefalteten Händen und übergeschlagenen Beinen auf einem satten grün-gelben Untergrund wie auf einer Spielwiese. Sein Gesicht, das vom wirren Haupt- und Barthaar fast zugewachsen ist, zeigt keine Betroffenheit oder gar Verzweiflung, sondern eher eine gewisse Verschmitztheit und Belustigung, so als wollte er sagen, was Günter Kuhnert seinen Jonas aus dem Innern des Wals sagen läßt: »Daß er sich wohlbefinde, wo er sich befinde … geborgen und in Sicherheit … gemütlich untergebracht … nicht länger vereinsamt … die Hand am pulsenden Geschlinge des Lebens und der Zeit…«[6]

Aber dennoch bricht immer wieder bei einzelnen die Hoffnung auf Erneuerung der Gesellschaft durch. Mitte der siebziger Jahre lief in unseren Kinos ein bemerkenswerter Film des bedeutenden Schweizer Regisseurs Alain Tanner (geb. 1929) mit dem Titel »Jonas, der im Jahre 2000 25 Jahre alt sein wird«[7]. Er wird im Untertitel als »didaktische Komödie« bezeichnet und bedient sich einer eigenen Bildsprache: In den Farbfilm, der die reale Handlung schildert, sind Schwarzweiß-Sequenzen eingeblendet, in denen sich ebenso reale, aber unbewußte, unterdrückte oder verdrängte Wünsche, Sehnsüchte oder Ängste ausdrücken.

Der Film erzählt die Geschichte von acht Personen, vier Männern und vier Frauen, deren Namen nicht zufällig alle mit Ma beginnen; denn sie sind alle entscheidend geprägt vom Pariser Mai 1968, von jener Zeit also, die eine revolutionäre Veränderung einzuleiten schien, die dann aber in Repression endete. Dennoch widersetzt sich jeder von ihnen gewissermaßen als Einzelkämpfer der »Normalisierung«, begehrt auf gegen lust- und lebensfeindliche Normen und Zwänge, die die Gesellschaft produziert, wehrt sich gegen entwürdigende Abhängigkeiten, sucht nach Alternativen für entfremdete Arbeit, kurz: versucht durch private Rebellion in seinem unmittelbaren Lebensumkreis freiere und befreiende Verhaltensweisen zu praktizieren. Eine der Frauen, die in einer Apparatefabrik arbeitet, lehnt sich auf ihre Weise gegen den Trend der Zeit auf: Sie liebt es, schwanger zu sein. Sie ist es, die das Kind zur Welt bringt, das im Jahre 2000 25 Jahre alt sein wird. Auf dieses Kind übertragen sie alle ihre Hoffnungen für die Zukunft. Bei einer gemeinsamen Mahlzeit einigen sie sich darauf, daß es Jonas heißen soll:

»Er wird Jonas heißen.
Jonas wird aus deinem Bauch kommen.
Niemand kann den Walen etwas vorwerfen...«

Dann singen sie zusammen ein Lied:

»Er fiel vom Schiff ins Meer
– von dem schönen Narrenschiff, mit dem wir
unterwegs sind –
er fiel ins blaue Meer, und du,
du hast ihn ganz und gar verschlungen,
weil du freundlich bist;
sein Leben hast du ihm gerettet,
und er ist Jonas.
Im Jahr 2000 ist Jonas 25 Jahr.
Mit 25 Jahren wird ihn das Jahrhundert ausspucken –
der Walfisch der Geschichte wird Jonas ausspucken –
dann wird er 25 sein im Jahr 2000.
Das ist die Zeit, die uns bleibt, um ihm zu helfen,
etwas zu tun,
dann kommt er vielleicht aus der Scheiße 'raus.«

Hier wird der »Bauch des Wals« zum »Mutterschoß«, aus dem neues Leben geboren wird. Die acht »kleinen Propheten« leisten Jonas Hebammendienste bei der Geburt und geleiten ihn als »Paten« in das Jahr 2000.

Die Schlußworte des Films, die einem der acht auf dem Weg zur Arbeit durch den Kopf gehen, stehen in deutlicher Antithese zu den Worten Rousseaus, die am Anfang des Films zitiert werden. Die Worte Rousseaus lauten: »Unsere ganze Weisheit besteht aus Vorurteilen. Alle unsere Bräuche sind nur Knechtung, Bedrängnis und Zwang. Der bürgerliche Mensch wird geboren und stirbt in Sklaverei. Den Neugeborenen näht man in ein Wickelband, den Toten nagelt man in einen Sarg. Sein Leben lang liegt der Mensch in den Ketten unserer Institutionen.«

Die Worte des Arbeiters Mathieu lauten: »Ich werde versuchen, die Fäden eurer (der Acht) Sehnsüchte zusammenzuknüpfen, damit sie sich nicht verlieren ... Ich werde versuchen, das Feld eurer Wünsche zusammenzufassen und zu einen, damit sie zu Hebeln werden ... Jonas, das Spiel ist nicht aus. Beginnen wir es zusammen wieder von dem Moment, wo du gehen lernst, bis zu dem, wo die Polizei und die Armee auf Tausende von Leuten wie dich schießen. Von der ersten Lesestunde bis zur letzten demokratischen Entscheidung: jener, nichts mehr herzugeben, was du nicht geben willst, selbst unter schwerster Bedrohung. Wird es besser für dich sein? – Ich sage: Man wird nicht mehr für uns entscheiden. Das erste Mal geschieht vielleicht nichts, das zehnte Mal gibt es ein Komitee, das hundertste Mal einen Streik, und das hunderterste Mal wieder eine Lesestunde für dich, Jonas.«

In den genannten Beispielen wird das Hin- und Hergerissenwerden zwischen Resignation und Hoffnung deutlich. Einmal steht der Walfischbauch für das regressive Verlangen zurück in den bergenden Mutterschoß, ein anderes Mal für das progressive Verlangen, von neuem daraus geboren zu werden. Einmal ist der Walfischbauch der »Bauch der Hölle«, in der das Leben zugrunde geht (auch wenn man sich einbildet, man sei im Paradies), ein anderes Mal der »Mutterschoß«, aus dem neues Leben hervorgeht. Darin erweist sich der Walfischbauch als ein echtes Symbol, denn alle Symbole sind ambivalent, das heißt, sie können eine positive und eine negative Bedeutung annehmen.

Aber wie ist es zu erklären, daß in allen genannten Beispielen das uns heute doch keineswegs naheliegende Bild von dem verschlingenden Ungeheuer oder vom Bauch des Wals gebraucht wird?

C. G. Jung untersuchte jahrzehntelang Produkte des Unbewußten (Träume, Phantasien, Visionen, Wahnideen) und stellte dabei gewisse Regelmäßigkeiten fest, nämlich Typen von Figuren und Situationen, die sich oft und sinnentsprechend wiederholen, sich aber nicht auf persönliche, individuelle Er-

I   Jonas und der Wal, Poster von Robby

lebnisse oder Strebungen zurückführen ließen. Er verglich dann diese typischen Figuren und Situationen mit den Mythologien der verschiedensten Völker und fand auffallende Parallelen zu typischen Mythologemen, und zwar gerade bei solchen Patienten, bei denen eine Kenntnis dieser Mythologien ausgeschlossen und sogar eine mittelbare Ableitung aus möglicherweise bekannten religiösen Vorstellungen oder Figuren der Umgangssprache unmöglich war. Jung folgerte daraus, daß es neben dem persönlichen Unbewußtsein (Vergessenes, Verdrängtes, noch nicht Bewußtes) ein überpersönliches, kollektives Unbewußtes geben müsse, das neben den nicht durch individuelle Erfahrungen erworbenen Formen des Handelns (Instinkte) auch Formen der Auffassung (urtümliche Bilder, Symbole) enthält, die in bestimmten Situationen ohne bewußte Motivierung aus dem Unbewußten ins Bewußtsein treten und dem Menschen wie Traumbilder erscheinen. Jung bezeichnete diese urtümlichen Vorstellungsformen im Anschluß an klassische Quellen (Corpus Hermeticum, Augustin) als »Archetypen« und definierte sie als »Formen oder Bilder kollektiver Natur, welche ungefähr auf der ganzen Erde als Konstituenten der Mythen und gleichzeitig als autochthone, individuelle Produkte unbewußten Ursprungs vorkommen«[8]. Die Summe der Archetypen stellt die unveränderliche Struktur des kollektiven Unbewußten dar. Sie entsprechen den allgemeinen zeitlosen Gesetzmäßigkeiten der menschlichen Natur, so wie sie immer ist und immer war.

Jung unterscheidet zwischen »Archetypen« und »archetypischen Bildern«[9]. Die Archetypen »an sich« sind unanschaulich, sie sind »eine Art Bereitschaft, immer wieder dieselben oder ähnlichen mythischen Vorstellungen zu reproduzieren«[10]. Jung spricht von »mythenbildenden Strukturelementen der unbewußten Psyche«[11]. Die Archetypen manifestieren sich in zahllosen archetypischen Bildern, die kulturtypisch geprägt sind und sich in einer unübersehbaren Fülle abgewandelter Möglichkeiten und Bilder zu immer wieder anderen seltsamen Motiven und Handlungen gruppieren.

Jung versteht deshalb archetypische Bilder als unwillkürliche Aussagen über unbewußtes seelisches Geschehen. Als solche können sie ein bestimmtes seelisches Erleben entweder wachrufen oder ihm in passender Weise Ausdruck geben.

Das Verschlungenwerden durch ein Ungeheuer, der dreitägige Aufenthalt in seinem Bauch und das Wiederausgespienwerden ist ein archetypisches Bild, das sich in verschiedener kulturtypischer Prägung zu allen Zeiten auf der ganzen Erde manifestiert hat und immer wieder als unwillkürliche Aussage über innerseelische Vorgänge neu manifestiert. Die biblische Jona-Geschichte ist die in unserem Kulturkreis bekannteste Ausprägung dieses archetypischen Bildes.

Die Jona-Geschichte

Versteht man die Verschlingung des Jona durch einen großen Fisch, seinen dreitägigen Aufenthalt im Bauch des Fisches und sein Wiederausgespienwerden vom Fisch als archetypisches Bild für innerseelische Vorgänge, so enthebt uns das aller krampfhaften Bemühungen, die Geschichte als ein tatsächliches Geschehen in Raum und Zeit »glaubwürdig« zu machen. An diese Geschichte glauben heißt nicht, für wahr halten, daß sie sich buchstäblich so ereignet hat, sondern heißt, sie als Symbol verstehen, in dem ich mich selber begreife. Darum dient dem besseren Verständnis dieser Geschichte weder das Forschen nach einer zoologischen Spezies von Fischen und Walen, die einen Menschen bei lebendigem Leibe hinunterschlingen kann, noch eine Erörterung darüber, ob ein Mensch nach dreitägigem Aufenthalt im Bauch eines Seetieres unversehrt wieder daraus hervorgehen kann. Dem besseren Verständnis der Jona-Geschichte dient vielmehr eine Einführung in die Symbolsprache, der einzigen universalen Sprache, die die Menschheit entwickelt hat[12]. Die Psychologie C. G. Jungs ist uns dabei in besonderem Maße hilfreich.

Die psychische Situation des Jona

Jona wird von der inneren Stimme dazu aufgefordert, nach Ninive zu gehen und ihr den Untergang anzusagen. Er sieht sich dadurch vor eine unlösbare Aufgabe gestellt. Weil er sich überfordert fühlt, entzieht er sich seiner Bestimmung durch die Flucht in die entgegengesetzte Richtung: Statt nach Osten geht er nach Westen, statt nach Ninive, dem Inbegriff menschlicher

Bosheit, geht er nach Tarschisch, dem Inbegriff irdischen Glücks (Tarschisch ist das spanische Tartessos im Mündungsgebiet des Guadalquivir und galt im ganzen Mittelmeerraum als »Goldener Westen«). Jung beschreibt eine solche Situation psychologisch folgendermaßen:

»Wenn irgendein großes Werk zu tun ist, vor dem der Mann, an seiner Kraft verzweifelnd, zurückweicht, dann strömt seine Libido (= seelische Energie) zu jenem Quellpunkt zurück (aus der sie einst geflossen) – und das ist jener gefährliche Augenblick, in dem die Entscheidung fällt zwischen Vernichtung und neuem Leben. Bleibt die Libido im Wunderreich der inneren Welt hängen, so ist der Mensch für die Oberwelt zum Schatten geworden, er ist so gut wie tot oder wie schwerkrank. Gelingt es aber der Libido, sich wieder loszureißen und zur Oberwelt emporzudringen, dann zeigt sich ein Wunder: die Unterweltfahrt war ein Jungbrunnen für sie gewesen, und aus dem scheinbaren Tod erwacht neue Fruchtbarkeit.«[13]

Durch Introversion und Regression der Libido, so führt Jung weiter aus, werden bei ihrem Eintreten in den inneren Bereich der Seele, in das Unbewußte, Inhalte wachgerufen, die vorher latent vorhanden waren. »Es sind, wie die Erfahrung zeigt, die urtümlichen Bilder, die Archetypen, welche durch die Introversion der Libido so sehr mit individuellem Erinnerungsstoff angereichert wurden, daß das Bewußtsein sie wahrnehmen kann, so wie ein in der Mutterlauge latentes Kristallgitter durch das Anschließen der Moleküle sichtbar wird. Da solche Introversionen und Regressionen natürlicherweise nur in jenen Momenten stattfinden, wo eine neue Orientierung und Anpassung sich als notwendig herausstellt, so handelt es sich bei dem konstellierten Archetypus jeweils um das Urbild der momentanen Notlage. So unendlich verschieden die wechselnden Situationen unserer Vernunft erscheinen mögen, so reichen deren Möglichkeiten doch nie über die natürlichen Grenzen hinaus, sondern besitzen immer solche Formen, die sich mehr oder weniger typisch wiederholen. – Die dem Menschen zustoßenden Veränderungen sind also nicht von unendlicher Mannigfaltigkeit, sondern stellen Varianten gewisser Typen des Geschehens dar. Die Anzahl solcher Typen ist beschränkt. Tritt nun eine Notlage ein, so wird ein dieser Notlage entsprechender Typus im Unbewußten konstelliert.«[14]

Der Notlage des Jona entspricht im Unbewußten der Archetyp der »Nachtmeerfahrt«. Was ist darunter zu verstehen?

Die Nachtmeerfahrt des Sonnenhelden (C. G. Jung)

Der Völkerkundler und Forschungsreisende Leo Frobenius (1873–1938) hat die Geschichten vom Sonnenhelden, der in einem Kästchen oder in einer Arche über das Meer fährt, ins Meer eintaucht und erneuert wieder daraus hervorgeht, unter der Bezeichnung »Nachtmeerfahrt« zusammengefaßt[15]. Er nennt sie auch »Walfischdrachenmythen«, weil das Motiv des Verschlungenwerdens durch einen Walfischdrachen einer der regelmäßigsten Bestandteile dieser Sonnenmythen ist. Das Schema, das ihnen zugrunde liegt, beschreibt Frobenius mit folgenden Worten:

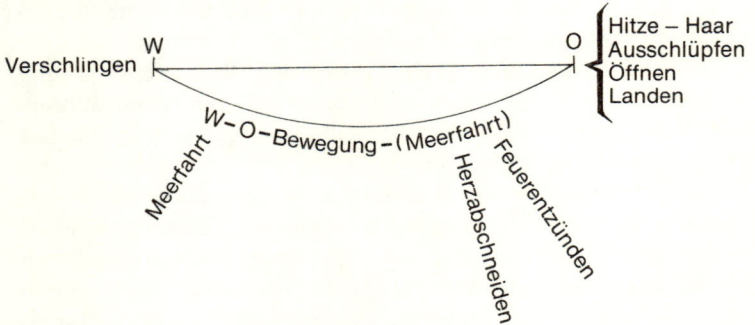

»Ein Held wird von einem Wasserungetüm im Westen verschlungen (Verschlingen). Das Tier fährt mit ihm nach Osten (Meerfahrt). Inzwischen entzündet er in dem Bauch ein Feuer (Feueranzünden) und schneidet sich, da er Hunger verspürt, ein Stück des herabhängenden Herzens ab (Herzabschneiden). Bald darauf merkt er, daß der Fisch auf das Trockene gleitet (Landen); er beginnt sofort, das Tier von innen heraus aufzuschneiden (Öffnen); dann schlüpft er heraus (Ausschlüpfen). In dem Bauche des Fisches ist es so heiß gewesen, daß ihm alle Haare ausgefallen sind (Hitze, Haar). – Vielfach befreit der Held noch gleichzeitig alle, die vorher verschlungen wurden (Allverschlingen) und die nun alle auch ausschlüpfen (Allausschlüpfen).«[16]

Das Verschlungenwerden kann auch als Kampf des Sonnenhelden mit dem Walfischdrachen dargestellt werden (Drachenkampf). Der Held stemmt sich gegen das Zerbissen- oder Zerdrücktwerden (Stemm- oder Stampfmotiv). Zuweilen dringt er auch aktiv in den Rachen des Ungeheuers ein (Höllenfahrt, Abstieg in das Totenreich), um in dessen Bauch die »schwer erreichbare Kostbarkeit«, Wissen und Weisheit, zu finden oder Unsterblichkeit zu erlangen (Mysterium). Häufig spielt bei der Rettung des Helden auch ein Vogel oder Geistwesen/Engel eine Rolle (Vogelhilfe). Der vom Wasser auffliegende Vogel ist Symbol der aufgehenden Sonne und ein Symbol der Wiedergeburt (»Phönix«).

Jung versteht den Sonnenmythus als »an den Himmel projizierte Psychologie«. Die Sonne oder der mythische Sonnenheld symbolisiert die treibende Kraft der menschlichen Seele (Libido), den Drang nach Bewußtsein. Das Wasser, aus dem die Sonne aufsteigt, ist ebenso wie der Walfischdrache, der es repräsentiert, ein Symbol des Unbewußten. Wie das Unbewußte die »Mutter« des Bewußtseins ist, so sind auch Wasser und Walfischdrache Symbole der Großen Mutter. Der Archetyp der Großen Mutter ist wie alle Ursymbole ambivalent, das heißt, er hat einen positiven und einen negativen Aspekt. Die Große Mutter ist die Gute Mutter, insofern sie gebiert, ernährt und Geborgenheit schenkt. Sie ist die Furchtbare Mutter, insofern sie festhält, umklammert und verschlingt. Dementsprechend hat auch das Wasser einen doppelten Aspekt: Es ist gebärendes Lebenswasser (»Alles Leben kommt aus dem Wasser«) und verschlingendes Todeswasser (Sintflut, Styx). Ebenso verkörpert Walfischdrache sowohl den »Bauch der Hölle« als auch den »Schoß der Wiedergeburt«.

Der Weg und die Wandlungen der Sonne werden im Mythus als Weg und Wandlungen eines Gottes oder eines Helden dargestellt, »der, im Grunde genommen, nirgends anders wohnt, als in der Seele des Menschen«. In dem Naturvorgang der Sonnenbewegung spiegelt sich nach Jung das innere und unbewußte Drama der Seele wider und wird auf diese Weise dem menschlichen Bewußtsein faßbar.

Aus der unbewußten psychischen Einheit, die dem Einssein von Mutter und Kind vor der Geburt entspricht, löst sich das Bewußtsein, indem es sich vom Unbewußten und der Instinkt-

21

welt unterscheidet und trennt. Die Loslösung des Bewußtseins aus dem mütterlichen Schoß des Unbewußten, die Trennung von Subjekt und Objekt, durch die Bewußtsein entsteht, ist eine Geburt, ein Sonnenaufgang. Die progressive Entwicklung des Bewußtseins, die die erste Lebenshälfte bestimmt, stellt sich dar im Aufstieg der Sonne bis zum Zenit. Auf der Mittagshöhe des Bewußtseins befällt den Menschen die Sehnsucht nach der »Mutter« (verlorenes Paradies), nach der »Stille und der tiefen Ruhe eines gewußten Nichtseins, dem hellsehenden Schlafe im Meere des Werdens und Vergehens«, nach der »alles verhüllenden und alles wiedergebärenden Nacht«. Darum ist die zweite Lebenshälfte gekennzeichnet durch eine regressive Entwicklung des Bewußtseins.

Die regressive Tendenz hat einen negativen und einen positiven Aspekt. Negativ ist sie, wenn sie infantilen Charakter hat, das heißt, wenn sie rückwärts gerichtet ist auf ein früheres Stadium der Abhängigkeit und Verantwortungslosigkeit. Das Unbewußte nimmt dann die Gestalt der furchtbaren, verschlingenden Mutter an. Positiv ist die regressive Tendenz, wenn sie eine zielgerichtete Introversion ist, die darauf aus ist, eine Beziehung zwischen dem bewußten Ich und dem Unbewußten als der schöpferischen Matrix herzustellen. Das Ich geht nicht in die »Mutter« ein, um in ihr aufzugehen, sondern um in erneuerter Gestalt aus ihr wiedergeboren zu werden.

In diesem Zusammenhang taucht das »Symbol des Inzestes« auf, das einen charakteristischen Aspekt der Regression der Libido darstellt und seit Freuds Entdeckung des »Ödipuskomplexes« in der Psychoanalyse eine bedeutende Rolle spielt. Im Gegensatz zu Freuds »sexualistischer Allegorisierung« betont Jung: »Es ist nicht die inzestuöse Kohabitation, die gesucht wird, sondern die Wiedergeburt.«[17] Gerade der Sonnenmythus zeigt, daß die Grundlage des »inzestuösen« Begehrens nicht auf die geschlechtliche Vereinigung mit der Mutter abzielt, sondern »auf dem eigenartigen Gedanken beruht, wieder Kind zu werden, in die Mutter hinein zu gelangen, um von ihr wiederum geboren zu werden«. Jung spricht von der »Sehnsucht, durch die Rückkehr in den Mutterleib die Wiedergeburt zu erlangen«.

Da aber das »Inzestverbot« einen tatsächlichen Inzest verhindert, dringt die Libido tiefer ins Unbewußte ein. Die Inzest-

und Mutterleibsphantasie stellt nach Jung ein »Versinken der Libido ins Unbewußte« dar, »in welchem sie einerseits persönliche infantile Reaktionen, Affekte, Meinungen und Einstellungen provoziert, andererseits aber auch Kollektivbilder (Archetypen) belebt, welchen kompensierende und heilende Bedeutung zukommt«. Die regredierende Libido geht also über die Erlebniswelt des Säuglings zurück auf eine vorsexuelle, frühinfantile Stufe, bricht damit aus der Sphäre persönlicher Psychologie in die des kollektiven Unbewußten mit seinen archetypischen Bildern ein. Die Inzestangst äußert sich in der Befürchtung, von der Mutter verschlungen zu werden; diese nimmt die Gestalt des Walfischdrachen an. Der Kampf gegen ihn stellt das Ringen um die Befreiung der Libido aus der tödlichen Umschlingung des Unbewußten dar. Darauf deutet auch die Feuerbereitung im Bauche des Ungeheuers. Es handelt sich dabei um einen »gegen das Dunkel des Unbewußten gerichteten apotropäischen Zauber«, um den Triumph des Bewußtseins über die tierische Unbewußtheit, über die stets drohenden »dämonischen« Mächte des Unbewußten. Gelingt es der introvertierten Libido, sich aus der Umklammerung des Unbewußten zu befreien und die Inhalte des Unbewußten aufzunehmen, so stellt sich das im Bilde des Ausgespienwerdens durch das Ungeheuer und der Gewinnung der »schwer erreichbaren Kostbarkeit« dar. Das »Ausschlüpfen« ist ein Akt der Erneuerung und der »Wiedergeburt des Bewußtseins aus der Verfinsterung, das heißt der Regression ins Unbewußte«. Aber die Wirkung einer solchen heroischen Tat pflegt nicht von Dauer zu sein: »Immer und immer wieder müssen sich die Mühen des Helden erneuern, und dies immer unter dem Symbol der Befreiung von der Mutter.«[18]

Die regressive Tendenz zurück zur »Mutter« wird in der zweiten Lebenshälfte dominierend, aber sie ist seit der Ablösung von der leiblichen Mutter latent immer vorhanden. Jung spricht von der »gefährlichen Sehnsucht nach dem eigenen Abgrund, nach dem Ertrinken in der eigenen Quelle, nach dem Hinabgezogenwerden in das Reich der Mütter«. Das Leben des bewußt gewordenen Menschen ist ein »beständiges Ringen mit dem Ausgelöschtwerden, eine gewaltsame und vorübergehende Befreiung von der stets lauernden Nacht«. Besonders wenn Schwierigkeiten und Widerstände die Entwicklung des

Bewußtseins hemmen, besteht die Gefahr des Aus- und Zurückweichens in den vorbewußten Zustand – wie das eingangs dieses Buches erwähnte Beispiel deutlich zeigt.

Aus der tiefenpsychologischen Literatur seien hier noch zwei Deutungen der Jona-Geschichte angefügt:

Jona, der unfreiwillige Held (Esther Harding)

Die erste stammt von der amerikanischen Psychologin Esther Harding, einer Schülerin von C. G. Jung. In ihrem Buch »Das Geheimnis der Seele. Ursprung und Ziel der psychischen Energie« (1948), das die Summe ihrer fünfundzwanzigjährigen praktischen Erfahrungen darstellt, schildert sie die Entwicklung der psychischen Energie und den Konflikt, der sich hinter den Geheimtüren der Psyche abspielt und das Schicksal jedes Menschen entscheidend beeinflußt. Dieser Konflikt zwischen dem bewußten Ich und den ungezähmten Kräften des Unbewußten (den verdrängten unannehmbaren psychischen Elementen) stellt sich in den Mythen und Sagen als Kampf des Helden mit dem Drachen dar. Die Jona-Geschichte ist eine Variante des Drachenkampfes: Jona ist im Gegensatz zu dem göttlichen Helden (Prototyp: St. Georg) der Prototyp des unfreiwilligen Helden, des gewöhnlichen Sterblichen, des Durchschnittsmenschen, der gegen seinen Willen gezwungen wird, mit dem Drachen zu kämpfen: »Er wird als ein gewöhnlicher Kleinbürger beschrieben, als ein schüchterner Mann, von dem seine Nachbarn keine gerade sehr hohe Meinung hatten. Anscheinend war er ohne regelmäßige Beschäftigung und verfiel daher ins Grübeln und fing an, sich darüber Gedanken zu machen, wie die Welt aus den Fugen geraten sei. Und er vernahm die Stimme des Herrn, wie das oft bei denjenigen in der ganzen Welt geschieht, die meditieren, statt zu handeln. Sie befahl ihm, nach Ninive, der Hauptstadt, zu gehen und seine Bewohner wegen ihres schlechten Lebenswandels zur Buße zu rufen. Doch Jona sagte sich, daß er nur ein kleiner Mann und keineswegs imstande sei, eine so schwierige und wichtige Aufgabe zu übernehmen, und daß sicher seine innere Stimme sich geirrt habe. – Wie könnte er, ein ungelehrter Kleinstädter, all jenen einflußreichen Leuten predigen und hoffen, bei ihnen Gehör zu finden?«[19] So beschreibt Esther Harding die psychologische

Ausgangssituation der Jona-Geschichte, mag sie nun die innere Erfahrung ihres Autors oder, was wahrscheinlicher ist, die typische Erfahrung seiner Generation widerspiegeln.

Weil aber, so führt sie weiter aus, die innere Stimme so dringlich war, beschloß Jona, eine derartige Mission zu übernehmen, doch nicht in der großen Stadt Ninive, sondern in dem kleinen Ort Tarschisch. (Diese Annahme hat keinen Anhalt im biblischen Text.) Auf dem Weg nach Tarschisch geriet er in einen schweren Sturm und wurde über Bord geworfen. Psychologisch verstanden: »Das Unbewußte wollte seinen feigen Rückzug nicht dulden; die Nichtbefolgung des inneren Befehls rief einen Aufruhr in den Tiefen seines Unbewußten hervor, der von jedem wahrgenommen werden konnte, der in seiner Nähe war. Seine Feigheit war offenbar geworden, und seine Genossen stießen ihn aus ihrer Mitte aus.«[20] Daß sie zuerst das Unbewußte durch das Los befragten, entspricht der modernen Maßnahme, »einen Psychiater zuzuziehen, wenn jemand sich merkwürdig benimmt, um dessen Träume zu deuten oder psychologische Tests durchzuführen, ehe weiteres unternommen wird«. Daß er schließlich ins Meer geworfen wurde, entspricht seiner Einweisung in eine Irrenanstalt, seinem Verschwinden in der Gesellschaft, seinem Hinabtauchen ins Unbewußte, aus dem er vielleicht nie wieder auftauchen wird. Doch Gott hielt einen großen Fisch bereit, Jona zu verschlingen. Psychologisch verstanden: Das Unbewußte ahnte, was geschehen würde, und traf Vorbereitungen, um die Lage zu meistern. Im Bauch des Fisches, während der Zeit völliger Einsamkeit und Introversion, dachte er über seine törichte Auflehnung nach und bereute sie. Er änderte seine ganze Einstellung zum Leben und wurde darauf vom großen Fisch wieder ausgespien.

Fazit: »Daran sehen wir, daß Jona durch seine Weigerung, der inneren Stimme zu folgen, dem Unbewußten vollständig preisgegeben war. Danach konnte er nur noch sein Schicksal erleiden. So sieht die berühmte Freiheit und die Hybris des Menschen aus. Wenn er die eigene innere Führung nicht anerkennt, wird er zur bloßen Marionette des Schicksals. Lehnt er sich gegen die innere Stimme auf, mit der Behauptung, daß er nach Belieben frei wählen könne, so fällt er unweigerlich dem Drachen zum Opfer. Nur wenn er freiwillig das wählt, was er unbedingt tun muß, hat er überhaupt einen freien Willen. Denn der von innen kommende Befehl ist sein eigenes inneres Gesetz, und es ist sein Schaden, wenn er ihm nicht folgt.«[21]

Esther Harding wendet dann noch eine andere tiefenpsychologische Auslegungsmethode an, die auf C. G. Jung zurückgeht: die Deutung auf der Subjektstufe. Dabei werden die einzelnen Gestalten nicht als Individuen, sondern als personifizierte Teilfunktionen der psychischen Ganzheit aufgefaßt. So deutet Harding die Gefährten des Jona im Schiff nicht als wirkliche Personen, die ihm nahestehen, sondern als Teile der Psyche, die nicht direkt von den Faktoren des Renegatentums betroffen wurden. Die Schar der Gefährten symbolisiert »die Vielheit der habituellen Reaktionen, die ohne Leitung des Bewußtseins autonom erfolgen«. Daß Jona von seinen Gefährten ins Meer geworfen wird, bedeutet: Das Ich verliert die Kontrolle, Teilfunktionen der Psyche gewinnen die Oberhand. Daß Jona den Blicken der Gefährten entschwindet, bedeutet: Die bewußte Persönlichkeit schwindet in der beginnenden Schizophrenie oder Spaltung dahin. Der Meerwurf symbolisiert also den »Augenblick, in dem der neurotische Konflikt in den schizophrenen Zustand übergeht und der abgespaltene Teil der Psyche in den Ozean des Unbewußten fällt« (erstes Symptom der Psychose).

Jona wird durch seinen Zusammenbruch eine Regression aufgezwungen, die ihn mit einem unmittelbaren Zurücksinken ins Chaos des undifferenzierten Urzustandes (Ozean) bedroht. Aber bevor er diesen Punkt erreicht, wird diese Gefahr durch das Dazwischentreten des bereitstehenden Fisches abgewendet. Der große Fisch entspricht dem Mutterarchetyp, für den der doppelte Aspekt des Verschlingenden und des Wiedergebärenden charakteristisch ist. Der Bauch des Fisches ist nicht nur ein Symbol für die Hölle, sondern auch für die Höhle des Mutterleibes, in der Jona der Schutz des vorgeburtlichen Zustandes zuteil wird. Im Bauch des Fisches betet Jona zu Gott, das heißt, psychologisch verstanden: Das abgespaltene Ich-Bewußtsein löst sich nicht auf, sondern stellt eine neue Beziehung zum Unbewußten her. Jona wird einsichtig, ihm geht ein Licht auf: Wer sich weigert, der inneren Stimme zu gehorchen, wird zum Spielball unpersönlicher, übermächtiger Kräfte. Erst wenn er auf seine innere Stimme hört, kommt die Regression, die in der Psychose und in geringerem Maß auch in der Neurose erfolgt, zum Stillstand. »Wenn die Genesung eintritt, wird eine neue Einstellung vom tiefsten in der Regression erreichten Punkt aus aufgebaut; auf diese Weise ist es dem Patienten möglich, sich die Inhalte des Unbewußten, die ihn so gestört haben, zu assimilieren oder sich zum mindesten auf einer festeren Grundlage dem Leben neu anzupassen«. Es wächst in ihm die innere Bereitschaft, in die Alltagswelt zurückzukehren, und die bisher verdrängten, nun aber angenommenen psychischen Elemente liefern ihm die Energie zu Leistungen, die weit über das Mittelmaß hinausgehen. »Nicht selten liefert der Renegat das Holz, aus dem der Held geschnitzt wird.«[22]

Jona wurde weder durch menschliche Hilfe von außen noch aus eigener Kraft aus der Gewalt des Ungeheuers gerettet. Der große Fisch, der ihn verschlungen hatte, spie ihn nach der drei Tage und Nächte währenden Nachtmeerfahrt wieder ans Land. Das heißt: Das Unbewußte, in das er versank, die mütterliche Tiefe, die ihn verschlang, enthält auch die heilenden Kräfte der Erneuerung. Als Jona wieder festen Boden unter den Füßen hatte, wußte er, daß er sein Problem da wieder anpacken mußte, wo er ihm ausgewichen war.

Hildegunde Wöller hat in einem Rundfunkessay (1977) die Deutung auf der Subjektstufe auch auf das Verhältnis Jonas zu Ninive angewendet. Sie stellt sich vor, daß jeder einzelne Mensch Jona und Ninive zugleich ist, und setzt statt Jona und Ninive: Ich und Unbewußtes, rational und irrational, Verstand und Gefühl, männlich und weiblich. Es ist an der Zeit, sagt sie, »daß unser stolzes Ich, sprich: Jona, sich endlich einmal des ganzen Menschen annimmt: der Seele, der Gefühle, des Leibs; ihnen droht heute wirklich der Untergang, es sei denn, Jona bequeme sich dazu, der Stimme zu gehorchen, hinabzusteigen und zu tun, wozu er gerufen ist«[23]. So wird für sie die Jona-Geschichte zu einem »Gleichnis für den Menschen und seinen Umgang mit sich selbst«[23].

Christa Meves deutet auch das Fasten der großen Stadt Ninive »vom Größten bis zum Kleinsten«, ja bis zum Vieh auf der Subjektstufe. Der König von Ninive, der von seinem Thron herabsteigt, sein Herrschergewand ablegt, sich mit einem Sack bedeckt und in die Asche setzt, symbolisiert das »beste Teil in uns«, das sich selbst begrenzt und in der »Asche der Demut« kniet, statt selbstherrlich und überheblich auf dem Thron der

Eigensucht zu hocken. Der »König« ist das Vorbild für alle anderen Teile in uns. Die Tiere, die nicht einmal zum Fressen auf die Weide getrieben werden, symbolisieren unsere primitiven, »tierischen« Bedürfnisse. Das »Fasten« ist ein bewußtes Sichwehren gegen die Bequemlichkeit und gegen den Konsumzwang, eine Absage an die Lust- und Genußgötter, ein Abwenden von dem falschen Zeitgeist, der die Katastrophe heraufbeschworen hat.

Auch die Episode von Jona und der Rizinusstaude wird von Christa Meves auf der Subjektstufe gedeutet: Das Mitleid Jonas mit der verdorrten Rizinusstaude symbolisiert das Unglücklichsein Jonas über die eigene Zerrüttung und weist über sich hinaus auf die »Notwendigkeit der Erhaltung des so großen Schöpfungswerkes und der vielen Menschen, eben der großen Stadt Ninive«[24].

Jona, der Mensch ohne Liebe (Erich Fromm)

Die zweite tiefenpsychologische Deutung der Jona-Geschichte stammt von dem 1934 in die USA emigrierten deutschen Psychoanalytiker Erich Fromm († 1981). Er gehörte der sogenannten »Frankfurter Schule« um Max Horkheimer an. An zwei Stellen seines Werkes kommt er auf die biblische Jona-Geschichte zu sprechen, und zwar unter dem Gesichtspunkt der Bedeutung von Liebe.

Fromm charakterisiert Jona als einen Menschen, der einen strengen Sinn für Ordnung und Gerechtigkeit, aber keine Liebe hat und keine Gnade will. Weil es ihm an Liebe und Verständnis für seine Mitmenschen fehlt, gerät er in einen Zustand der Isolierung und Gefangenschaft. Die Reihe aufeinander folgender Symbole: Das Hinabgehen nach Jaffa, das Hinabsteigen in den Bauch des Schiffes, das In-tiefen-Schlaf-Fallen, das Ins-Meer-Hinabsinken, der Aufenthalt im Bauch des Fisches – sie alle drücken die gleiche innere Erfahrung aus. Was als kausale und zeitliche Abfolge äußerer Ereignisse erscheint, stellt Assoziationen miteinander zusammenhängender Erlebnisse und die wachsende Intensität des gleichen Gefühls dar, nämlich eine Mischung aus Geborgenheit und Absonderung: »Indem Jona versucht, sich der Pflicht seinen Mitmenschen gegenüber zu entziehen, sondert er sich mehr und mehr von ihnen ab, bis schließlich im Bauch des Fisches das Gefühl der Geborgenheit so sehr dem Gefühl des Eingekerkertseins weicht, daß er es nicht länger erträgt und Gott bitten muß, ihn aus dem Gefängnis zu befreien, in das er sich selbst hineingebracht hat. So endet Jonas Flucht in die Geborgenheit der Isolation in der Qual des Eingesperrtseins, und er greift sein Leben dort wieder auf, wo er zu entrinnen versucht.«[25]

Fromm sieht in diesem Vorgang einen Mechanismus, der für die Neurose äußerst charakteristisch ist: »Der Betreffende nimmt zur Abwehr einer Gefahr eine bestimmte Haltung ein, die dann jedoch weit über ihre ursprüngliche Abwehrfunktion hinauswächst und zu einem neurotischen Symptom wird, von dem der Betreffende sich zu befreien versucht.«[26]

Der zweite Teil der Jona-Geschichte vom Hadern des Propheten mit Gott, der sich der großen Stadt Ninive erbarmte, zeigt nach Fromm, »daß Liebe nicht vom Verantwortungsgefühl getrennt werden kann«[27]. In der Liebe Gottes zu Ninive werden zwei Grundzüge »produktiver Liebe« sichtbar: Fürsorge und Verantwortungsgefühl. Gott fordert Jona auf, nach Ninive zu gehen, um seine Einwohner vor dem drohenden Gericht zu warnen; aber Jona, dem solche Liebe abgeht, läuft davon. Als Jona sich um die verdorrte Rizinusstaude grämt, für die er nicht gearbeitet und die er nicht wachsen lassen hat, erklärt ihm Gott, »das Wesen der Liebe bestehe darin, ›für etwas zu arbeiten‹, ›etwas wachsen zu lassen‹. Liebe und Arbeit seien untrennbar miteinander verbunden. Man liebt das, wofür man arbeitet, und man arbeitet für das, was man liebt.« Zudem zeigt sich, daß die Liebe zum einzelnen die Liebe zu allen Menschen einschließt; denn sie ist unteilbar.

Das Gebet des Jona

Wie verhält sich die psychologische Auslegung zur theologischen? Konkret: Wie verhält sich die psychologische Aussage, das Gebet Jonas sei die Herstellung einer neuen Beziehung zum Unbewußten (Esther Harding), zu der theologischen Aussage, das Gebet sei die Herstellung der Beziehung zu Gott? Sind Gott und das Unbewußte identisch?

Die Stimme Gottes, die ihn nach Ninive sendet, vernimmt Jona in sich. Das ist ja das Charakteristische der Jona-Geschichte, der Symbolsprache überhaupt, daß sie innere Erfahrungen als äußere Ereignisse darstellt. (Fromm: »Alle darin als real geschilderten Ereignisse sind Symbole für die inneren Erfahrungen des Helden.«) Insofern als die Stimme Gottes »von innen« her kommt, kann sie als »innere Stimme« bezeichnet werden. Jona hörte aber nicht auf die innere Stimme und handelte ihr zuwider. So kam es zum Konflikt zwischen seinem Ich und der inneren Stimme, man kann auch sagen: zwischen seinem Bewußtsein und seinem Unbewußten, aus dem die innere Stimme zu ihm spricht. (Nach dem Zeugnis der Bibel redet Gott häufig zu den Menschen durch Träume, Visionen und Auditionen, also durch Äußerungen des Unbewußten.) Das Gebet ist nun das Geschehen, in dem das bewußte Ich mit der inneren Stimme eins wird; psychologisch gesprochen: in dem sich das »Ich« dem »Selbst« unterordnet; theologisch gesprochen: in dem sich der Wille des Menschen dem Willen Gottes unterordnet. Indem der Zwiespalt des Menschen mit sich selbst überwunden wird, wird der Zwiespalt des Menschen mit Gott überwunden und umgekehrt. Das eine vollzieht sich im andern: der Friede mit sich selbst und der Friede mit Gott. Das bedeutet dann das Ende der Flucht vor sich selbst und vor Gott und die Neuorientierung nach der inneren Stimme.

Die innere Stimme wird in der Bibel auch als Botschaft eines himmlischen Boten veranschaulicht, der dem uneinsichtigen und widerspenstigen Menschen begegnet.

Nelly Dix, die Tochter des Malers Otto Dix, hat in ihrer phantasievollen Nacherzählung der Jona-Geschichte (Jonas, 1946)[28] die Berufung des Propheten so dargestellt, daß ihm auf Schritt und Tritt ein ärmlich gekleideter Mann folgt, der sich als »Diener Gottes« zu erkennen gibt und immer wieder zu ihm sagt: »Jonas, vergiß nicht Ninive, das von seinen Sünden erlöst werden soll. Jonas, der HERR schickt dich nach Ninive!« Er ist nicht aufdringlich oder lästig, eher sanft. Jona bemerkt kaum, daß er ihm folgt. Aber er spürt, daß er immer da ist – wie ein Schatten. Zuweilen, in Augenblicken, die Jonas ganz unpassend findet, rührt ihn der Fremde an und spricht zu ihm, leise, aber eindringlich, so daß man sich seiner Stimme nur schwer entziehen kann. Dennoch entzieht er sich ihr und geht nach Jaffa, aber Gott nötigt ihn zur Umkehr. Am Ende der Geschichte tritt der Diener Gottes auf Jona zu. Als dieser ihn von der Seite anblickt, entdeckt er: »Er gleicht mir irgendwie. Er könnte mein Bruder sein, nein, eigentlich könnte er ich selber sein. Ich bin vor ihm geflohen, wie man vor sich selbst flieht, ich habe gegen ihn gekämpft, wie man gegen sich selbst kämpft … Eigentlich möchte ich gar nicht, daß er mich verließe. Es wäre, als wenn ich mich selbst verlassen würde, und wer soll mir sagen, was ich tun und lassen soll, wenn er nicht mehr da ist? Wenn ich ihn kränkte, hat es mir selbst weh getan, und es scheint mir, als sei er so, wie ich sein könnte, wenn ich ein guter Mensch wäre…« In diesem Augenblick wendet sich der andere zu ihm um. »O Bruder Mensch!« sagt er lächelnd, umarmt und küßt ihn. – In diesem Augenblick wurde Jonas mit seiner inneren Stimme eins und nahm seine göttliche Bestimmung an. In diesem Augenblick fand er Frieden mit Gott.

Die Einswerdung des bewußten Ich mit der inneren Stimme kommt meistens erst unter dem Druck einer äußeren Notlage zustande. Diese tritt oft so plötzlich ein wie der Sturm »aus heiterem Himmel« in der Jona-Geschichte, der die innere Krise des Jona ihrem dramatischen Höhepunkt zutreibt: Erkenntnis (»Ich erkenne, daß meinetwegen dieser große Sturm über euch gekommen ist«), Meerwurf (Sie griffen ihn und warfen ihn ins Meer), Verschlingung (Der Herr bestimmte einen großen Fisch, Jona zu verschlingen).

Die Wendung »im Bauch des Wals« ist, vor allem im englischen Sprachbereich, eine Metapher für eine ausweglos scheinende Lage, die der Mensch als »Hölle« erlebt. »Im Bauch des Wals« sind zum Beispiel die Gefangenen, die in einem finsteren Verlies einem ungewissen Schicksal entgegensehen, die Grubenarbeiter, die tief in der Erde verschüttet sind, die U-Boot-Besatzung, die in ihrem manövrierunfähig auf dem Meeresgrund liegenden Boot eingeschlossen ist, die Astronauten, die in ihrer engen Raumkapsel viele tausend Kilometer von der Erde entfernt feststellen, daß die Versorgungssysteme ausgefallen sind, die Menschen, die in einem brennenden Hochhaus von Flammen umgeben sind, die Geiseln, die von Terroristen Tage und Nächte lang, auf engstem Raum zusammengepfercht, bei unerträglichen Temperaturen, unter unbeschreiblichen hygienischen Bedingungen und unter ständigen Todesdrohungen leben müssen. Die Beispiele lassen sich – auch um weniger dramatische – beliebig vermehren.

31

Es gibt sicher nur wenige Menschen, die in einer solchen Grenzsituation nicht beten würden, auch wenn sie es selbst nicht »beten« nennen. Beten heißt – neutral ausgedrückt –: sich in Beziehung setzen zum Absoluten, Unbedingten, Letzten, zu Gott, sein Leben unter diesem Aspekt überdenken und es neu ausrichten. Eine der 87 Geiseln, ein siebenundzwanzigjähriger Lehrer, der nach fünf Tagen und vier Nächten aus dem von arabischen Terroristen entführten Flugzeug in Mogadischu befreit wurde, sagte rückblickend: »Diese Zeit war für mich eine wirkliche ›Reifeprüfung‹. Sie hat mich wohl mehr geprägt als alles, was ich vorher erlebt und gelernt habe. Noch nie habe ich – wie in jenen Stunden der Ungewißheit – so intensiv über mein Leben und seinen Sinn nachgedacht. Mir wurde plötzlich klar, was mein Leben sein kann...«[29]

Das entspricht den Aussagen der Reanimierten, die bereits als »klinisch tot« galten, aber durch moderne medizinisch-technische Methoden wieder ins Leben zurückgeholt wurden. Fast übereinstimmend sagten sie aus, daß die Sterbeerfahrung ihre Lebenseinstellung grundlegend verändert habe[30]. Verändert hat sich ihre Wahrnehmung. (Das Sterbeerlebnis, das sich jenseits des Ich-Bewußtseins abspielte, hat andere seelische Kräfte und intuitive Fähigkeiten geweckt.) Verändert hat sich ihr Verhältnis zur Welt und zu den Dingen (Besitz, Anerkennung, Erfolg). Verändert hat sich ihre Beziehung zu sich selbst und zu anderen Menschen. Verändert hat sich ihre Einstellung zum Leben und zum Sterben.

Diese Veränderungen, das zeigt die Jona-Geschichte, sind nicht immer von dauerhafter Wirkung. Man braucht nur daran zu denken, was aus den vielen im Krieg oder in einer Notlage gefaßten Vorsätzen und Gelübden geworden ist. Was wir in der Not begreifen, vergessen wir leicht, wenn es uns wieder »gut geht«, und wir fallen in die alte Lebensweise zurück. Oder wir sehen die erfahrene Gnade als festen Besitz an, nehmen sie für uns in Anspruch und verweigern sie in pharisäischer Überheblichkeit den anderen – wie Jona, der am Ende nur noch ein schlimmer pathologischer Fall war. »In den Schichten und Bereichen seines Wesens, die kein Senkblei der Analyse ausloten kann, schlummert ein mürrischer Widerstand gegen die freiheitliche Macht Gottes und ein haß-bewegtes Unbehagen gegenüber den Menschen, den – ›Andersdenkenden‹, die als solche schon beinahe Frevler sind« (Kornelis H. Miskotte)[31].

Aus dem Gesagten geht deutlich hervor, daß der Mensch in einem dreidimensionalen Beziehungsgefüge lebt: in der Beziehung zu sich selbst (Bewußtsein, Unbewußtes), in der Beziehung zu seiner Umwelt (Personen, Sachen) und in der Beziehung zum Absoluten (Gott). Alle drei Beziehungen sind aufs engste miteinander verknüpft. Das läßt sich gerade an der Jona-Geschichte ablesen.

Jonas Beziehung zu Gott war gestört: Er war auf der Flucht vor ihm, er widersetzte sich seiner Bestimmung, und als er ihr schließlich gehorchte, war er enttäuscht und zornig über Gott. Gleicherweise war seine Beziehung zu der Welt, in der er lebte, zu seinen (heidnischen) Mitmenschen gestört: Er weigerte sich, nach Ninive zu gehen, er wünschte der Stadt den Untergang, und er konnte sich über ihre Verschonung nicht freuen. Auch seine Beziehung zu sich selbst war gestört: Er war mit sich selbst uneins, er konnte seine Berufung nicht bejahen, er wollte lieber sterben als leben. Eins hängt unlöslich mit dem andern zusammen: Wo die Liebe zu Gott stirbt, da stirbt auch die Liebe zum Nächsten; und wo die Liebe zu Gott und den Nächsten stirbt, da stirbt auch die Liebe zu sich selbst; denn die Liebe (in ihrer Dreidimensionalität als Gottesliebe, Nächstenliebe und Selbstliebe) ist unteilbar[32].

Dieser Zusammenhang wird auch an einer zentralen Geschichte des Neuen Testaments deutlich, die der Jona-Geschichte sehr ähnlich ist: das Gleichnis Jesu vom verlorenen Sohn (Lukas 15). Der Sohn geht von seinem Vater fort in ein fernes Land, sein Weg endet am Schweinetrog (= »im Bauch des Wals«), er »kehrt um« und kommt »als ein Auferstandener« (im Urtext steht der technische Ausdruck für die Auferstehung) zum Vater. Als einer, der »tot« war und »wieder lebt«, der »verloren« war und »wiedergefunden« wurde, erlebt er die Wiedergeburt in die Sohnschaft hinein.

Die entscheidende Wende im Leben des verlorenen Sohnes ist im Gleichnis Jesu durch den Satz markiert: »Da ging er in sich« (Introversion), oder wörtlich: »Da kam er zu sich selbst« (Beziehung zu sich selbst). Zugleich klärt sich seine Beziehung zu seinem Nächsten und zu Gott: »Ich will mich aufmachen und zu meinem Vater gehen und zu ihm sagen: Vater, ich habe gesündigt gegen den Himmel (Umschreibung Gottes) und vor dir...« Die Liebe zu Gott, die Liebe zum Nächsten und die Liebe zu sich selbst hängen als die drei Dimensionen der Liebe unlöslich miteinander zusammen. Die eine vollzieht sich in den anderen.

Abb. 3   Albrecht Dürer: Der verlorene Sohn. Kupferstich

Wir kommen noch einmal auf die eingangs dieses Kapitels gestellte Frage nach dem Verhältnis von psychologischer und theologischer Interpretation zurück. In der Tat hat für Jung das Unbewußte den Charakter einer Offenbarungsquelle, und Transzendenz läuft auf ein Jenseits des subjektiven Ich-Bewußtseins hinaus. Religion wird damit zur »Religion der reinen psychischen Immanenz« (M. Buber), die sich in der Dialektik von Bewußtsein und Unbewußtem erschöpft (E. Buess)[33]. Aber das Unbewußte darf nicht mit Gott gleichgesetzt werden, höchstens könnte man sagen, daß Gott durch das Unbewußte auf den Menschen einwirkt, wie er es auch durch bewußte Erkenntnis tut. Doch sogleich muß hinzugefügt werden, daß durch das Unbewußte auch dunkle, zerstörerische, also dämonische Kräfte auf den Menschen einwirken und daß er Kriterien braucht, um die Geister zu unterscheiden.

Die Auffassung Fromms ist darin sehr viel nüchterner. Für ihn sind (anders als für Freud und Jung) das Bewußte und das Unbewußte verschiedene Seelenzustände, die sich auf unterschiedliche Zustände unseres Erlebens beziehen: »Das Bewußtsein ist die seelische Tätigkeit in dem Zustand unseres Daseins, in welchem wir uns handelnd mit der Außenwelt beschäftigen. Das Unbewußte ist das seelische Erleben im Zustand unseres Daseins, in welchem wir alle Verbindungen mit der Außenwelt abgebrochen haben, in dem wir nicht mehr bestrebt sind zu handeln und tätig zu sein, sondern in dem wir uns nur noch mit uns selbst beschäftigen.«[34] Dabei können durchaus die Einsichten des Unbewußten denen des Bewußtseins überlegen sein. Aber Fromm sieht in der Intelligenz und Zweckgerichtetheit des Unbewußten nicht wie Jung eine uns transzendierende Offenbarungsquelle, sondern er ist der Meinung, daß sich darin *unser* Denken ausspricht und daß die Einflüsse, denen wir in unserem wachen Leben ausgesetzt sind, auf unsere intellektuellen und moralischen Fähigkeiten in vieler Hinsicht einen verdummenden Einfluß ausüben.

Hier werden nicht das Unbewußte und das Absolute miteinander vermengt, sondern hier steht der Mensch in seiner Ganzheit, die sein Bewußtes und Unbewußtes umfaßt, dem Absoluten gegenüber. Das Gebet wird also nicht reduziert auf die Herstellung einer neuen Beziehung zum Unbewußten. Es ist die Ver-Antwortung des ganzen Menschen vor dem Absoluten,

Unbedingten, Letzten – vor Gott. Doch so gewiß unsere Beziehung zu Gott unlöslich verknüpft ist mit unserer Beziehung zu unserem Nächsten und zu uns selbst, so gewiß vollzieht sich in unserer Ausrichtung auf Gott auch eine neue Ausrichtung auf unseren Nächsten und auf uns selbst.

Eine Bemerkung sei noch angefügt: In die Geschichte des Jona ist an der Stelle, wo es heißt, daß Jona aus dem Bauch des Fisches zu Gott betete, ein Gebet eingefügt. Es handelt sich dabei um ein Danklied, dem die Vorstellung einer »Höllenfahrt« zugrunde liegt (»Ich fuhr hinunter in das Land, das seine Riegel für immer hinter mir schloß«, das heißt ins Totenreich). Entweder stammt es aus dem Kultus Israels (E. Haller), oder es ist aus übernommenen Zitaten und Neubildungen von Psalmsätzen komponiert (O. Kaiser). Damit wird die Verbundenheit des einzelnen mit denen, die Ähnliches erfahren haben, zum Ausdruck gebracht: »Was der Einzelne klagte, war also nicht ausschließlich seine Not. So hat er sie nie angesehen und deshalb sprach er sie in agendarisch verallgemeinerten Worten und Begriffen aus. Damit durfte er in die unsichtbare Schar derer treten, die Ähnliches oder Gleiches erlitten und Erhörung gefunden haben, und andere konnten sich auch wieder in den Worten eines solchen Gebetes ›unterbringen‹.«[35]

Der Jona-Walfisch-Komplex

Wenn in der Jona-Geschichte die äußere Situation des Jona mit Hilfe des rational-historischen Denkens protokollarisch genau beschrieben worden wäre, so wäre damit nur eine einmalige Situation erfaßt worden. Indem aber die innere Situation des Jona mit Hilfe des symbolischen Denkens beschrieben wird, ist in einem einzigen urtümlichen Bild (Verschlingung und Ausspeiung durch ein Ungeheuer) eine Vielzahl von äußerlich ganz verschiedenen Situationen erfaßt. Denn im Symbol wird das Individuelle und Einmalige einer konkreten Situation auf eine allgemein-menschliche, immer wiederkehrende archetypische Situation zurückgeführt. Mögen die äußeren Situationen, in die Menschen geraten können, unserer Vernunft auch unendlich mannigfaltig erscheinen, so stellen sie im Grunde doch nur wenige Varianten bestimmter Typen des Geschehens dar. *Ein* solcher Typ des Geschehens ist der Archetyp der »Nachtmeerfahrt« oder – wie Jung auch sagt: – der »Jona-Walfisch-Komplex«.

Im folgenden soll an drei Beispielen veranschaulicht werden, wie äußerlich ganz verschiedene Situationen auf das archetypische Jona-Motiv zurückgeführt werden.

Erstes Beispiel: reaktive Depression

Die Psychagogin Christa Meves berichtet aus ihrer Praxis folgenden Fall[36]: Eines Tages wurde sie von einem Arzt ins Krankenhaus an das Bett eines einundzwanzigjährigen Patienten gerufen, der an einer Überdosis Rauschgift fast zugrunde gegangen wäre. Er stammte aus gutem Hause und sollte einmal den Betrieb seines Vaters übernehmen. Aus Protest gegen die im Materialismus erstickende Erwachsenengeneration hatte er das Elternhaus verlassen und sein bürgerliches Leben aufgegeben. Er hatte sich einer Kommune angeschlossen und war Gelegenheitsarbeiten nachgegangen. Doch mit der Zeit lag er nur noch den ganzen Tag auf der Matratze herum, und einige Ausgeflippte gesellten sich zu ihm. Eines Tages kam es in der Wohngemeinschaft zu einem heftigen Streit, der damit endete, daß er, dem sie alle Schuld an ihrer Misere gaben, rausgeworfen wurde. Das konnte er nicht verwinden, und so hatte er sich mit dem »Stoff«, den er für andere besorgt hatte, selber auf die Reise geschickt. Im Krankenhaus fand er sich wieder.

Als die Psychagogin an sein Bett trat, sah er sie mit klaren Augen an und sagte: »Mir scheint, ich bin wieder an Land.« Sie erkannte, daß er die Talsohle der Depression bereits hinter sich hatte, und erwiderte: »Wenn man so tief unten war, muß das ein tolles Gefühl sein, nicht wahr?« – »Ja«, sagte er, »wissen Sie, ich war wie ein Stein, den man ins Meer geworfen hat, und ich fiel und fiel und fiel, war entsetzlich schwer und gänzlich ohnmächtig. Es war so ähnlich, als wenn ich in ein riesiges Ungeheuermaul eingesogen würde und als ob es vollständig ausgeschlossen sei, aus dieser Lage je gerettet zu werden. Irgendwann wurde es dann besser. Ich träumte von zu Haus, von unserem Betrieb, davon, daß ich das Unternehmen leite – und als ich aufwachte, wußte ich auf einmal, daß alles falsch gewesen war, wie es gelaufen war, daß ich einfach Quatsch gemacht hatte. Ich hatte mich gedrückt, ich war feige gewesen, war einfach davongelaufen vor dem, was für mich zu tun nötig gewesen wäre – und hatte mich noch als Held gefühlt.«

Die Psychagogin sieht in der Geschichte dieses jungen Mannes eine »bemerkenswert unveränderte Neuauflage der alten Geschichte von Jona«. Bemerkenswert ist, daß der Patient seine Erlebnisse mit den Bildern der Jona-Geschichte schildert, »ohne daß er sich dieser Geschichte überhaupt noch aus dem Religions- oder Konfirmandenunterricht erinnerte«: »Da bin ich abgehauen« – Riesenkrach in der Kommune, »Windstärke zwölf, alle schrien« – sie sagten, »ich sei an allem schuld«, und »schmissen mich 'raus«. – Ich habe mich mit dem Stoff »selbst auf die Reise geschickt«. – Ich war »wie ein Stein, den man ins Meer geworfen hat, und fiel und fiel...« – Es war mir, »als wenn ich in ein riesiges Ungeheuermaul eingesogen würde«. – Es schien mir »ausgeschlossen, aus dieser Lage je gerettet zu werden«. – Ich sah ein, daß mein Verhalten »falsch gewesen war«. – »Ich träumte von zu Haus« und wurde »wieder an Land« gespien.

Christa Meves kommentiert seine Geschichte mit folgenden Worten: Es sind dies »grandiose Bilder für den seelischen Zustand, in den wir uns auf diese Weise hineinmanövrieren: Es handelt sich um einen Rückfall in eine Art vorgeburtlichen Zustand, in die handlungsunfähige Versteinerung der Depression. Die ›reaktive Depression‹, wie wir Fachleute diesen Zustand nennen, ist in der Tat eine Art Verschlingungsprozeß zurück in eine chaotische Unbewußtheit. In dieser Stimmung sind auch unsere Patienten nicht mehr in der Lage, Aktivität zu entwikkeln. Sie haben kein Interesse mehr, nicht einmal das, sich sauber zu halten oder überhaupt etwas zur Erhaltung ihres Lebens zu tun. Das Chaos hat sie wieder. Dieser Rückfall ist im Bild des Urmeers und seines großmäuligen Ungeheuers ausgedrückt. Und deshalb treten in Träumen, allegorischen Ausdrücken und Phantasien auch bei den Menschen heute diese Bildinhalte immer noch auf, wenn sie sich in einer ähnlichen Situation befindet. Sie sind in typischer Weise Entsprechungen für solche Notlagen; und infolgedessen hat die Jona-Geschichte einen zeitlosen, weil immer wiederkehrenden Wahrheitskern.«

Diesen Wahrheitskern faßt sie folgendermaßen zusammen: »Durch Einsicht und Umkehr in der finstersten Nacht der

Ausweglosigkeit verschwindet mit einem Schlage die Depression, diese ozeanische Verschwommenheit, das Gefühl des Ausgeliefertseins und der Hilflosigkeit; es ist dem Menschen wieder möglich, sich zu orientieren, er weiß, was er will.«

Wohl weiß die Psychotherapeutin, daß es auch Nachtmeerfahrten ohne Wiederkehr gibt, in denen alle Tore zur Wiedergeburt verschlossen bleiben und die Nacht des Todes unwiderruflich wird; aber sie weiß auch, »daß die Voraussetzung zur Rettung eben in der Bereitschaft und dem Entschluß zur Umkehr besteht«.

Zweites Beispiel: Schizophrenie

Heinz-Jürgen Harder, geboren 1944 in Nordfriesland, mußte sich mit einundzwanzig Jahren in psychiatrische Behandlung begeben. Die Diagnose lautete: Schizophrenie, und so wurde er ins Landeskrankenhaus eingeliefert. Nach seiner Entlassung wurde er ambulant weiterbehandelt und mit Medikamenten ruhiggestellt. Er begann, Gedichte zu schreiben, die Arnim Juhre als »Signale eines Menschen, der sich fortwährend scheitern sieht« bezeichnet. In einer durchorganisierten Gesellschaft, die nach den Gesetzen der Tüchtigen, der Gesunden, der Erfolgreichen beherrscht wird, erfuhr er, »ein Weltkriegskind des lieben Gottes«, der geborene Unheld, die verwaltete Welt als immanentes Babylon. 1978 erschienen seine »Gedichte aus dem Irrenhaus« – Schreie eines Menschen, der von unheimlichen Kräften in ihm selbst umgetrieben wurde, Schreie »nach der Menschlichkeit, die ihm das Evangelium verhieß und die er vergeblich suchte unter uns« (P. F. Möller).

Unter seinen »Anstaltsnachrichten« gibt es ein Gedicht, in dem er sich mit dem im finsteren Bauch des Fisches sitzenden Jona identifiziert:

Licht für Jonas

Am Abend wünscht
mein Bettnachbar mir
im großen Schlafsaal
eine gute Nacht.
Und träume schön vom Licht.

Wir gehören zum Volk
in der Dunkelheit.

Alpträume fallen
wie Heuschreckenschwärme
über mich her.
Lämmer werden
von Wölfen gehetzt.
Schweißgebadet
schrecke ich auf.

Im Dunkeln sehe
ich die Verfolger nicht.
Wann wird es hell?
Ich wünsche mir
den Traum des Jonas.
Der Fisch soll mich
ins Freie speien[37].

Der Fisch spie ihn nicht aus ins Freie. 1980 beging er Selbstmord. Als man ihn fand, war er schon eine Woche tot. Erst in der Schweigsamkeit des Todes wurde sein Schrei unüberhörbar.

Drittes Beispiel: Todeskampf

Hans Christoph Piper hat in seinem Aufsatz »Jona und die Sprache des Todes« darauf hingewiesen, »daß Menschen in Krisen- und Grenzsituationen die tieferen Sprachschichten unversehens aufbrechen«[38]. Das macht er insbesondere an der Sprache der Sterbenden deutlich. Sie verwenden die Sprache nicht als Information über Berechenbares und Bewußtes, sondern als Symbol im Hinblick auf Unberechenbares und Unbewußtes. Es handelt sich dabei nicht um eine bewußte Verschlüsselung oder Verschleierung, sondern um eine bildhafte Ausdrucksweise von unbewußten Vorgängen und Regungen. Meist verstehen die Menschen solche Äußerungen falsch, weil sie sie als vordergründige Mitteilung über alltägliche Dinge mißverstehen und als irrig abtun. In Wahrheit aber wird das Alltägliche zum Symbol, Profanes zum Gleichnis für das Unfaßbare und Ungewisse. Auch im Blick auf die Sprache solcher

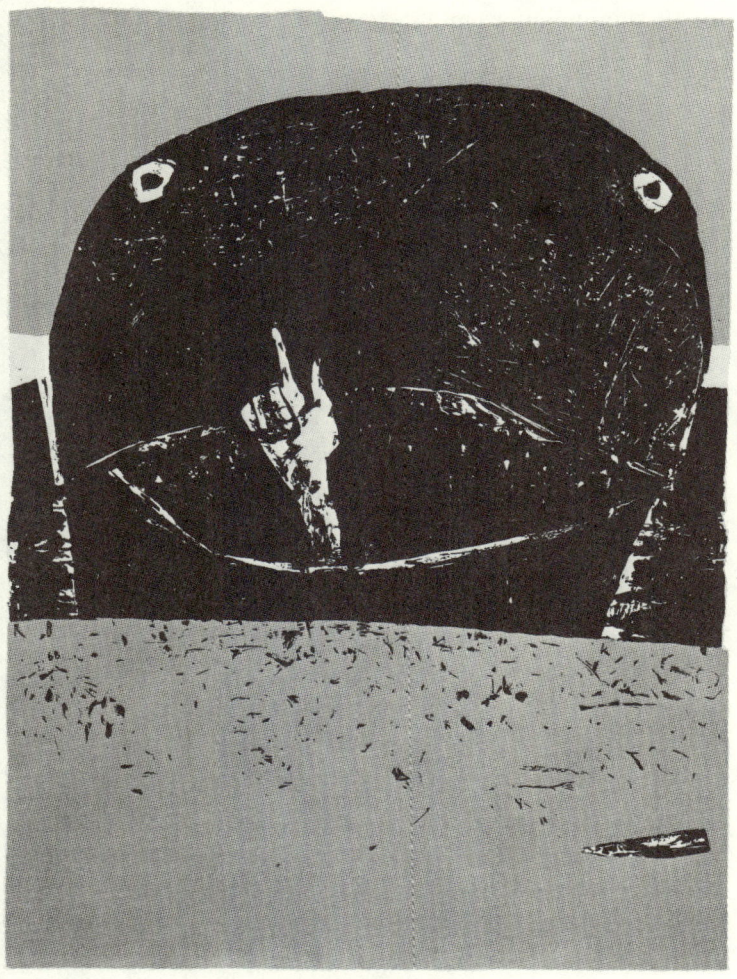

Abb. 4   Rudolf Büder, Jona

Menschen kann das Verständnis der Symbolsprache hilfreich sein.

Als Beispiel dafür, daß Sterbenskranke von ihrer Situation in archetypischen Bildern sprechen, berichtet Piper von einem etwas über sechzig Jahre alten Mann, der aus dem Krankenhaus nach Hause entlassen wurde, weil »nichts mehr zu tun«

41

sei. Er war im Finanzamt tätig gewesen, hatte ganz und gar seinen Pflichten und Zahlen gelebt und sich keine Gefühle geleistet. Als er erfuhr, daß er nicht mehr lange zu leben habe, sagte er: »Ich kann nur noch nicht sterben.« In der Zeit, die ihm noch blieb, holte er nach, was er sich während seines Lebens versagt hatte. Er vergoß alle zurückgehaltenen Tränen und träumte nachts, was er zuvor niemals getan hatte. Am nächsten Morgen erzählte er dann seine Träume. Mehrere Nächte hindurch kämpfte er mit Moby Dick, dem »furchtbarsten unter den Walen«, den der Mensch nicht zu besiegen imstande ist. Als er von diesem Kampf in allen Einzelheiten berichtete, glaubten die Angehörigen zunächst, er sei geistig umnachtet. Aber der Krankenhausseelsorger erinnerte sich daran, »daß der Wal ein uraltes Symbol für das Geheimnis des Sterbens und der Wiedergeburt ist«. Er führte die Geschichte von Jona und dem Wal aus dem Alten Testament an und wies darauf hin, daß auch Jesus seinen Tod und seine Auferstehung mit diesem Gleichnis gedeutet hat (Matthäus 12, 40). Nun stieg dies alte Symbol aus den Tiefen der Seele eines Mannes auf, den alle nur als außerordentlich nüchtern und sachlich kannten. Er kämpfte mit dem Wal und starb an seinem Geburtstag.

Der Krankenhausseelsorger merkt dazu an: »Es wäre ein Irrtum zu meinen, Sterbende sprächen eine eigene Sprache, die sie von uns, den Zurückbleibenden, entferne. Sie machen uns vielmehr darauf aufmerksam, wie sehr wir unserer Sprache in ihren Tiefendimensionen entfremdet sind. – Wollen wir die Sprache der Sterbenden verstehen lernen, dann werden wir uns mit dem Geheimnis von Tod und Auferstehung neu beschäftigen müssen. Es lebt – von uns in der Regel unerkannt – in einer Fülle von Bildern, Gleichnissen und Träumen fort. Wenn wir uns von ihnen berühren lassen, werden wir entdecken, daß sie zu unserer eigenen Sprache gehören. Wir werden uns selber besser verstehen. Und das scheint die Voraussetzung dafür zu sein, Sterbende zu verstehen.«

Die Bemerkung über den Wal als »uraltes Symbol für das Geheimnis des Sterbens und der Wiedergeburt« soll im folgenden näher erläutert und differenziert werden:

Herman Melvilles Roman »Moby Dick oder der Wal« (1851), den C. G. Jung einmal als den »größten amerikanischen Roman« bezeichnet hat, ist nicht nur ein Abenteuerroman, sondern auch ein »Bericht innerer Erfahrungen« (Hans-Joachim Lang). Die Geschichte von Ahab und dem weißen Wal ist eine Variante der biblischen Geschichte von Jona und dem großen Fisch, auf die in dem Roman wiederholt Bezug genommen wird. Beiden Geschichten liegt dasselbe archetypische Motiv zugrunde, das schon in den Walfischdrachenmythen in zwei Versionen vorkommt: In der einen wird der Held passiv verschlungen und ohne sein Zutun wieder ausgespien. In der anderen Version kämpft der Held aktiv gegen das Ungeheuer (Drachenkampf), stürzt sich willentlich in seinen Rachen und dringt in sein Inneres ein, um es von innen her zu überwinden (er schneidet ihm das Herz ab und befreit sich und die andern, die es verschlang, aus seinem Bauch).

Die Jona-Geschichte ist ein Beispiel des ersten, die Ahab-Geschichte ein Beispiel des zweiten Typs. Dem dreitägigen Aufenthalt Jonas im Bauch des Fisches entspricht der dreitägige Kampf Ahabs gegen das »mörderische Ungeheuer der Tiefe«. Ahab sieht sich unversehenes »bei lebendigem Leibe mitten in dem verhaßten Rachen, außerstande, dem Todfeinde etwas anzutun«. Am Ende ruft er aus: »Du, Wal, magst mich vernichten, wie du alles zerstörst – überwinden wirst du mich nie! Bis ans Ende ring ich mit dir, aus der tiefsten Hölle noch stoß ich nach dir, mit dem letzten Atemzug spei ich dir meinen Haß ins Gesicht.«[39] Er wirft die Harpune und trifft den Wal, aber die Leine schlingt sich ihm um den Hals und reißt ihn mit dem Wal in die Tiefe. Während Jona wiedergeboren wird, geht Ahab nach seinem titanischen Kampf mit dem Wal unter und reißt in dem tragisch verschuldeten Untergang sein Schiff und seine Mannschaft mit sich in den Abgrund des Todes.

Eine Abwandlung des Moby-Dick-Motivs ist Ernest Hemingways Novelle »Der alte Mann und das Meer« (1952), die er länger als jedes andere Werk in sich getragen hat. Wie Melvilles »Moby-Dick« liegt auch diesem Werk eine reale Erfahrung im Fischfang zugrunde (Hemingway fuhr dreißig Jahre auf Großfischfang), aber wie jenes ist auch dieses darüber hinaus ein »Sinnbild des menschlichen Daseins« (E. Hemingway). Wie Ahab mit dem weißen Wal, so kämpft der alte Mann drei Tage mit dem »großen Fisch« an der Harpunenleine, durch die er schicksalhaft mit ihm verbunden ist wie Ahab. Den Fisch in seiner »Macht und Schönheit« fürchtet und liebt er zugleich

(Mysterium tremendum et fascinosum): »Niemals habe ich etwas Größeres oder Schöneres oder Ruhigeres oder Edleres gesehen als dich, Bruder. Komm nur und töte mich. Mir ist es gleich, wer wen tötet.« Aber wie Ahab gelingt es auch dem alten Mann nicht, das Ungeheuer der Tiefe zu besiegen: Haie kommen von allen Seiten und zerfetzen seine Beute. Dennoch: »Der Mensch darf nicht aufgeben. Man kann vernichtet werden, aber man darf niemals aufgeben.«[40] So kämpft der alte Mann »um Mitternacht«, obgleich er weiß, daß er »unwiderruflich geschlagen« und daß »der Kampf zwecklos« ist. Am Ende aber versöhnt er sich mit seinem Schicksal und ist glücklich. – »Der alte Mann und das Meer« ist Teil eines umfangreichen dichterischen Werkes, dessen Hauptthemen sind: »die unausweichliche Auseinandersetzung des Menschen mit dem Tod, seine Bemühung, die ›tragische Gewißheit‹ zu akzeptieren« (Georges-Albert Astre)[41].

Eine weitere interessante Variante des Moby-Dick-Typs ist die Erzählung des italienischen Schriftstellers Dino Buzzati (geb. 1906) »Der Colombre«. An seinem zwölften Geburtstag – also in dem Alter, in dem auch im Märchen häufig mit einem besonderen Ereignis die Bewußtwerdung und Reifung beginnt – durfte Stefan Roi zum ersten Mal auf dem Segelschiff seines Vaters mitfahren. Dabei sah er im Kielwasser des Schiffes den Colombre, einen »schrecklichen und geheimnisvollen Wal«, den nur der sieht, den er als Opfer auserwählt hat. Er folgt ihm sein ganzes Leben hindurch, bis es ihm gelingt, sein Opfer zu verschlingen. Der Vater, als er davon erfuhr, brachte seinen Sohn sofort an Land, und dieser mußte ihm versprechen, seinen Wunsch, zur See zu fahren, aufzugeben. Stefan wurde auf eine Hunderte von Kilometern im Hinterland gelegene Schule geschickt und trat nach Beendigung seiner Schulzeit eine gutbezahlte Stelle in einem Warenhaus an. Aber der Gedanke an den unheimlichen Fisch ließ ihn nicht los und wurde zu einer »geheimen Besessenheit«. Als sein Vater starb, trat er in dessen Fußtapfen und fuhr zur See. Der Colombre aber, »sein Fluch und sein Schicksal«, folgte ihm bei Tag und Nacht im Kielwasser. Er gab aber deswegen nicht nach, ja »die ständige Drohung schien sogar seinen Willen zu stählen, seine Leidenschaft für das Meer und seine Tollkühnheit im Kampf mit der Gefahr zu verdoppeln«. Er erwarb ein Vermögen, kaufte ein eigenes

Schiff und schmiedete immer ehrgeizigere Pläne. Der »Reiz des Abgrundes« war für ihn größer als alle Freuden eines ruhigen und bequemen Lebens.

Als er sein ganzes Leben in der Unruhe seines Herzens die Ozeane durchquert hatte, fühlte er den Tod nahen. Er nahm Abschied von seiner Mannschaft, ließ ein Boot zu Wasser, nahm eine Harpune und ruderte allein seinem Feind entgegen, um mit seinen letzten Kräften gegen ihn zu kämpfen. Im Schatten der Nacht tauchte der schreckliche Rachen des Colombre vor ihm auf. Da hob er die Harpune, um ihn zu treffen. Aber der Colombre sagte zu ihm: »Immer wieder und wieder bist du geflohen und hast nicht verstanden, daß ich dich durch alle Meere verfolgt habe, nicht um dich zu verschlingen, wie du angenommen hast, sondern weil der König der Meere mir aufgetragen hatte, dir das zu überreichen.«[42] Und der Wal streckte seine Zunge aus und reichte dem alten Mann eine phosphoreszierende Perle dar: die berühmte Perle des Meeres, die ihrem Besitzer Glück, Macht, Liebe und Seelenfrieden verleiht.

Die Perle im Schlund des Drachen (China) oder die von Schlangenungeheuern bewachte Perle ist »ein Motiv der Ikonographie, das aus einer uralten, überaus verwickelten Symbolik stammt« (M. Eliade)[43]. Die leuchtende Perle im »schrecklichen Rachen« des Wals entspricht der »Perle in den Eingeweiden des Fisches, die dem Jona Licht gab« (Pirkê de Rabbi Eliezer, s. S. 51), dem Licht, das in der Finsternis leuchtet (s. S. 53 ff.) und der Einweihung in das Mysterium im Bauch der Hölle. Die Perle ist die »schwer erreichbare Kostbarkeit«, die im Dunkel des Unbewußten verborgen ist (C. G. Jung), das »höchste Gut«, das in der schöpferischen Geburt durch das Große Weibliche erlangt wird (E. Neumann), ein »Symbol des Selbst und der abgerundeten Ganzheit« (H. von Beit), das »Symbol der absoluten Wirklichkeit«, »Bürge eines im Leben nach dem Tode Seligkeit schenkenden Jenseitsschicksals« (M. Eliade).

Die kostbare Perle im Schoß des Meeres ist auch christlich gedeutet worden. So hat zum Beispiel Ephraim der Syrer von dem Taufmysterium mit folgenden Worten gesprochen: »Tauchet (laßt euch taufen), entraffet dem Wasser die Reinheit, die sich in ihm findet als ein Verborgenes: die Perle, aus der die Krone der Göttlichkeit ihren Ursprung genommen hat.« In einer Homilie des Pseudo Makarius heißt es: Die, die Christus aufnahmen und denen Gott dadurch Macht gegeben hat, Gottes Kinder zu werden, die sind es, die die Perle aus dem Königsdiadem tragen und besitzen. Sie »leben und herrschen mit Christus in alle Ewigkeit«.

Abb. 5   Der gehörnte Drache mit der Perle. Detail eines Mandaringewandes. China, Ching-Dynastie

Auch die Erzählung von Dino Buzzati läßt sich christlich deuten: Der Mensch flieht sein Leben lang vor dem Tod, weil er meint, er wolle ihn verschlingen. Darum geht er dahin wie ein Schatten und macht sich viel vergebliche Unruhe, sammelt und weiß nicht, wer es einnehmen wird (Psalm 39, 7). Aber wenn er dem Gedanken an den Tod standhalten würde, würde er »zur Weisheit des Herzens gelangen« (Psalm 90, 12 in der Übersetzung Romano Guardinis). Er würde den Tod – wie Mozart in einem Brief schrieb – als »Schlüssel zu unserer wahren Glückseligkeit« kennenlernen. Die Perle im Rachen des Todes – das ist das »ewige Leben«, das Christus verheißen hat: »Wer an mich glaubt, der wird leben, auch wenn er stirbt« (Johannes 11, 25).

Auch in der Ausprägung des Jona-Typs ist das archetypische Bild des Wals in Mythen und Märchen, in Träumen und Dichtungen überall in der Welt anzutreffen. Dafür einige Beispiele:

Bei den Araukanern, einem südamerikanischen Indianerstamm, und bei den Polynesiern im östlichen Ozeanien ist die Vorstellung verbreitet, daß ein Wal die Seele des Verstorbenen am Horizont verschlingt und zum Weiterleben ins Jenseits wieder ausspeit[44].

In Indien lautet ein Gebet an Vishnu, einen der Hauptgötter der Hindus, der zuweilen Fischgestalt annimmt: »Wie du die in der Unterwelt befindliche Sonne gerettet hast, so errette auch mich!«[45]

Ganz ähnlich heißt es im frühchristlichen Sterbegebet (Comendatio animae): »Errette, o Herr, die Seele deines Dieners, wie du Jona aus dem Bauch des Fisches errettet hast!«[46] Als »gemaltes Gebet« ist dann die Verschlingung und Ausspeiung des Jona häufig in den Katakomben, den frühchristlichen Begräbnisstätten, und auf frühchristlichen Sarkophagen (= »Fleischfresser«) dargestellt worden, wobei die Verschlingung den Tod und die Ausspeiung die Auferstehung symbolisiert.

Durch alle Zeiten hindurch ist die Ausspeiung des Jona als Symbol der Auferstehung auf Grabsteinen dargestellt worden. Sprachlich fand dieser Gedanke Ausdruck in einem Vers, der unter dem (im Zweiten Weltkrieg zerstörten) Totentanz von 1463 in der Nordkapelle der Lübecker Marienkirche stand:

»Den Jonam warff ein Fisch doch leben(d) an den Strand,
Mich wirfft des Todes Stoß in jenes Vaterland.«[47]

Außerbiblische Motive der Jona-Geschichte

Der »Jona-Walfisch-Komplex« hat viele Varianten. Er setzt sich, wie Jung sagt, aus einer unübersehbaren Fülle abgewandelter Bilder zu immer wieder anderen seltsamen Motiven und Handlungen zusammen, wie sich auch die Märchen aus einer Handvoll archetypischer Motive immer neu zusammensetzen.

Die biblische Jona-Geschichte selbst ist nur eine Variante des Jona-Walfisch-Komplexes. Sie entstand wahrscheinlich in der frühhellenistischen Epoche, für die es kennzeichnend war, daß hellenisierte Juden Motive der griechischen Mythologie aufnahmen und sie ihrer eigenen Vorstellungswelt anpaßten (Kurt Schubert)[48]. So erklärt sich die Aufnahme von Motiven aus griechischen Sagen und indischen Erzählungen, die mit Alexanders indischem Feldzug über Syrien nach Westen drangen, in die jüdische Jona-Geschichte[49]. Die griechischen Sagen von dem Sänger Arion und dem Heros Herakles erzählen vom Sturz des Götterlieblings ins Meer und von seiner Errettung durch ein Seetier. Die indischen Erzählungen, deren Ähnlichkeit mit der Jona-Geschichte noch größer ist, enthalten folgende Motive: den Sturm, in dem das Schiff zu scheitern droht, die Schiffer, die das Los werfen, um den an ihrer Seenot Schuldigen zu ermitteln, und die ihren Fahrgast schließlich über Bord werfen, und den »großen Fisch«, der ihn verschlingt und wieder ans Land speit.

Weil die biblische Jona-Geschichte nur eine Variante des Jona-Walfisch-Komplexes ist, wird es verständlich, daß sich in bildlichen und literarischen Ausformungen der Jona-Geschichte immer wieder Motive ankristallisieren, die zum Jona-Walfisch-Komplex gehören. Dafür vier Beispiele:

Der kahlköpfige Jona

Auf mittelalterlichen Bildern ist Jona durchgängig ohne Haupthaar dargestellt, und auf einer Prozessionsrolle wird er ausdrücklich als »Kahlkopf« aufgeführt. Davon ist in der biblischen Jona-Geschichte mit keinem Wort die Rede, wohl aber weiß der Sonnenmythos davon. Wir finden dieses Motiv in den Walfischdrachenmythen Nordwestamerikas und Ozeaniens sowie in der griechischen Herakles-Sage: »Als der Sonnenheld aus dem Walfischbauche entronnen ist, ist ihm infolge der Hitze das Haar ausgegangen.«

Dieser Zug ist in der jüdischen Legende auch auf Jona übertragen worden. Im Midrasch Jona heißt es: »Von der großen Hitze im Leibe der Fischmutter waren Jonas Kleid, sein Mantel (Obergewand) und seine Haare verbrannt.«[50] Über die jüdische Legende mag dieser Zug in die christliche Ikonographie gelangt sein. Man vergegenwärtige sich nur die wohl eindrücklichste mittelalterliche Jona-Darstellung an der Georgenchorschranke im Bamberger Dom, um 1230 (s. auch Farbtafel IV).

Daß die Kahlköpfigkeit des Jona vom Mythos her zu verstehen ist, wird dadurch erwiesen, daß beispielsweise in verschiedenen Handschriften der Armenbibel zwei Bilder unmittelbar nebeneinander stehen: Jona wird bekleidet und mit langem Haupthaar in den Rachen des Meerungeheuers geworfen. Jona wird nackt und kahlköpfig vom Ungeheuer wieder ausgespien.

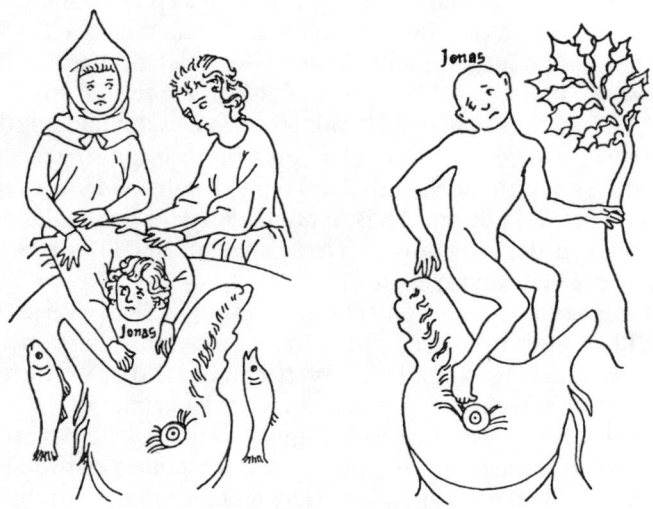

Abb. 6   Bilder aus einer Armenbibel (14. Jahrhundert)

Jona hat »Haare lassen« müssen; das bedeutet nach Auskunft des etymologischen Wörterbuches so viel wie: Kraft einbüßen, zu Schaden kommen, ja es kann sogar die Bedeutung von »getötet werden« haben. Diese Vorstellung begegnet uns auch in der biblischen Simsongeschichte (Richter 13–16), hinter der noch deutlich erkennbar der Sonnenmythos steht: Simson bedeutet »Sonnenmann«, sein Geburtsort war dem alten Sonnen-Kultort Beth-Schemesch benachbart, und seine Geschichte enthält Motive des Kampfes der Sonne gegen die Wintermächte. Simsons Haar – er hat wie der Sonnenheld Gilgamesch »sieben Locken« – ist der Sitz seiner göttlichen Kraft. Mit seinem Haar verliert er seine göttliche Kraft, er befindet sich gleichsam im Bauch des Fisches, im Totenreich – was noch durch seine Blendung (Nacht) und durch das Drehen der Mühle, die Todesbedeutung hat, unterstrichen wird. Mit dem Wachsen seiner Haare gewinnt er auch seine Kraft zurück: Zwischen den Säulen des Dagontempels stehend – sie entsprechen im Herakles-Mythos dem Westpunkt, wo die Sonne im Meer versinkt –, erneuert sich Simson wieder.

Vielleicht gehört in diesen Zusammenhang auch der Brauch, daß die Asketen des christlichen Altertums sich vollständig das Haupt schoren. Von daher leitet sich das Schneiden der Tonsur bei der Aufnahmezeremonie in den Klerikalstand her, bei der »Sterben« und »Auferstehen« sinnbildlich dargestellt wurden.

C. G. Jung weist auf den etymologischen Zusammenhang der indogermanischen Wurzel vel = umschlingen, umringen und der alt- und mittelhochdeutschen Wurzel walm = Hitze, Glut hin und bemerkt dazu: »Es ist typisch, daß dem Sonnenhelden im Zustand der ›Involution‹ (des Eingehülltseins) vor Hitze immer die Haare ausgehen.«[51]

Die Hitze im Innern des Fisches hängt möglicherweise mit dem Phänomen der »magischen Hitze« zusammen, das von den Magiern und Mystikern der ältesten Zeit bis zu den Vertretern der höchstentwickelten Formen der Mystik bezeugt ist[52]. Es ist Ausdruck der mystischen Erfahrung, daß asketische Anstrengung Hitze erzeugt. Sie zeigt das Eintreten eines gewissen ekstatischen Zustandes an, das Erwachen einer magisch-religiösen Kraft, die mit Worten bezeichnet wird, die »Hitze« und »Brand« bedeuten. Sie verändert die körperliche Beschaffenheit des Asketen, insofern sie ihn unempfindlich macht gegen Hitze und Feuer (auch gegen Kälte). Dieser Zustand wird durch schamanische Technik und Mystik sowie durch »Erhitzung« bei kriegerischen Einweihungen erreicht.

In der Jona-Erzählung tritt an die Stelle der ekstatischen Erhitzung das Gebet aus dem Bauch der Hölle, dem für seine Rettung entscheidende Bedeutung zukommt. So heißt es beispielsweise im Koran: »Und hätte er (Jona) nicht gepriesen, wahrlich, in seinem (des Fisches) Bauch wäre er geblieben bis zum Tage der Erweckung« (Sure 37, 143f.).

Der Abstieg in das Totenreich

In den Pirkê de Rabbi Eliezer heißt es: »Er (Jona) ging in seinen (des Fisches) Rachen hinein, wie wenn ein Mensch in eine Synagoge eintritt und darin steht. Die beiden Augen des Fisches waren die Fenster, die dem Jona leuchteten. Rabbi Meir sprach: Es war eine Perle in den Eingeweiden des Fisches aufgehängt, die dem Jona Licht gab wie die Sonne am Mittag und es ihm ermöglichte, alles im Meer und im Abyssos zu sehen.« Der große Fisch zeigt ihm die Geheimnisse der Schöpfung Gottes: »den großen Strom, aus dem die Wasser des Okeanos hervorfließen, die Pfade des Schilfmeeres, durch die die Israeliten hindurchgezogen waren, das Gehinnom (= Strafort der Gottlosen), den Tempel des Ewigen, den Grundstein, der in das Urmeer eingesenkt ist, und die von der Erde verschlungenen Söhne Korachs, die darauf standen und beteten.«[53] – Vermutlich auf Grund solcher rabbinischer Schriften kommt Paracelsus zu der Aussage, Jona habe im Bauche des Ungeheuers »gewaltige Mysterien« geschaut[54].

In der jüdischen Legende »Vom Levjathan« wird ebenfalls von der Verschlingung eines Jünglings erst durch einen Fisch, dann durch den Levjathan selbst erzählt. Dabei klingen deutlich zwei Motive an: Der Gang in die Tiefe offenbart geheimes Wissen, und durch dieses geheime Wissen findet er die »schwer erreichbare Kostbarkeit«. So heißt es in der Geschichte: »Hierauf spie Levjathan den Jüngling aus und küßte ihn; er lehrte ihn die siebzig Sprachen der Welt und führte ihn in die Schrift ein. Darnach warf er ihn dreihundert Meilen vom Meer entfernt auf das feste Land, und der Jüngling fiel auf eine Stätte, die noch kein menschlicher Fuß betreten hatte.«[55] Daselbst fand er den Schatz Salomos, der aus Perlen und Edelsteinen bestand.

Dies ist ein Grundzug aller Einweihungsabenteuer: »Man steigt in den Bauch eines Ungeheuers hinab, um Wissen, um Weisheit zu lernen« (M. Eliade)[56]. So dringt zum Beispiel ein lappländischer Schamane im Trancezustand in das Innere eines Wales oder eines großen Fisches ein und bleibt im Geiste drei Jahre in seinem Bauch, »um die Geheimnisse der Natur kennenzulernen, um das Rätsel des Lebens zu lösen und die Zukunft zu erforschen«. Der Eingeweihte ist nicht nur ein Neuge-

Abb. 7   Malanggan-Schnitzerei von Neu-Irland. Südsee

borener: »Er ist ein Wissender, er kennt die Mysterien, ihm sind metaphysische Offenbarungen zuteil geworden.«

In Väinämöinen, dem Helden des finnischen Kalevala-Epos, kann man noch unschwer den schamanischen Zauberer erkennen. Ein Hirte gibt ihm den Rat:

»Hundert Wort kannst du haben,
tausend Zauberformeln finden
in dem Munde des Vipunen,
in dem Bauch des reich Beratnen.«

Darauf dringt er in den Rachen des Riesen ein, in seinen Bauch hinab, um die drei zur Vollendung seines Bootes fehlenden Zauberworte zu finden. Als er dem »Bauch des reich Beratnen«, dem »Mund des Wissers« wieder entschlüpft ist, triumphiert er:

»Schon erhielt ich hundert Worte, Tausende von Zauberformeln,
bracht' ans Licht verborgene Worte, Zaubergut aus tiefen Gründen.«[57]

Das Aufstrahlen der Sonne um Mitternacht ist sowohl im westlichen als auch im östlichen Kulturkreis ein literarisches und religionsgeschichtliches Motiv[58]. Das läßt darauf schließen, daß es sich um eine archetypische Erfahrung, um eine religiöse Urerfahrung des Menschen handelt.

Die entscheidende mystische Erfahrung am Ende der Schamaneneinweihung ist die »Erleuchtung«, die dem Initianden Fähigkeiten außersinnlicher Wahrnehmung verleiht. Sie besteht in einem »geheimnisvollen Licht, welches der Schamane plötzlich in seinem Körper, im Innern seines Kopfes, im Zentrum seines Gehirns verspürt, eine unerklärliche Leuchte, ein feuriges Licht, das ihn in den Stand setzt, im Dunklen zu sehen, und zwar im wörtlichen wie im übertragenen Sinn, denn fortan vermag er, auch mit geschlossenen Augen, Finsternisse zu durchschauen und künftige Dinge und Ereignisse, die den anderen Menschen verborgen sind, wahrzunehmen; so kann er ebenso die Zukunft erkennen wie die Geheimnisse der Mitmenschen.«[59]

Das antike Mysterium ist dem ursprünglichen Wortsinn nach ein Fest des Eingehens in das Dunkel, um nach allen Schrecknissen und Schauern schließlich das Licht in der Finsternis zu schauen.

Die bildhafte Ausdrucksweise vom »Aufgehen des Lichts in der Finsternis« zieht sich durch die ganze Bibel hindurch (Jesaja 58, 10; Psalm 112, 4; Psalm 18, 29; 2. Korinther 4, 6 u. ö.). Daß ein Mensch das Licht in der Finsternis schaut und daß ihm der Bauch der Hölle zum Schoß einer neuen Geburt wird, sind synonyme Ausdrücke.

Die beiden großen Feste der Christenheit, Weihnachten und Ostern, wurden von der alten Kirche mit Mitternachtsmessen begangen. Das Weihnachtsfest wird am Tag der Geburt der unbesiegten Sonne am 24. Dezember oder am 6. Januar gefeiert. Das Osterfest stellt den »Übergang« (Passah) von der Nacht zum Licht, vom Tod zum ewigen Leben dar.

In der christlichen Mystik entspricht dem der Durchgang durch die Nacht der Läuterung in ein ungeheures Licht, zur inneren Auferstehung des Geistes.

»Die Sonne leuchtet um Mitternacht«, dieser Satz findet sich ebenso in dem chinesischen Text »Das Geheimnis der goldenen Blüte« wie in einem japanischen Text des Gründers der klassischen Schauspielkunst, Zeami Motokiyo (um 1400). Letzterer beschreibt in seiner Hinführung zur Erleuchtung die höchste der neun Stufen mit eben diesem Satz als Ausdruck für den Zustand innerer Sammlung und Ruhe nach Überwindung der Verwirrung des Gefühls und des Denkens, für den Zustand der »Versunkenheit im Besitz des großen Lichtes«, für den Zustand des Einsseins mit dem unwandelbaren Wesen, das das ganze Universum durchdringt.

In der feierlichsten und geheimnisvollsten aller Shintozeremonien, die um Mitternacht im Kaiserpalast vollzogen wird, wird das Erscheinen der Mitternachtssonne als heiliges Schauspiel inszeniert und erlebt.

Hier sind auch die Aussagen der Reanimierten zu nennen, die in ihrer überwiegenden Zahl von der Begegnung mit einem strahlendhellen, überirdischen Licht berichten, von dem sie sich vollkommen umgeben und in dem sie sich geborgen fühlten. Einer drückt dieses Erlebnis so aus: »Ein großes Licht durchflutete mein ganzes Wesen und erhob mich in eine unbeschreibliche, erhabene Ekstase, in ein vollkommenes Einssein mit der göttlichen Essenz.«[60]

Das Motiv der um Mitternacht scheinenden Sonne ist Ausdruck für die tiefeingewurzelte Sehnsucht des Menschen nach der Vereinigung der Gegensätze, die durch die äußersten Extreme des Sonnenlaufes, Mittag und Mitternacht, bezeichnet sind. »Die Sonne kann nur um Mitternacht scheinen in einem Zustand der Vollkommenheit, der ursprünglichen Einheit.« Es handelt sich mithin um den Archetyp der Ganzheit (Th. Immoos)[61].

Nach diesen Ausführungen wird verständlich, daß Rudolf Steiner meinte, es handle sich bei dem Aufenthalt Jonas im großen Fisch um eine »Initiation, bei der man in vollem Abgeschlossensein von der Außenwelt während dreieinhalb Tagen durch die geistige Welt durchgeht«[62]. Aber im Sinne der biblischen Erzählung geht es nicht um die Einweihung in »höhere Welten«, sondern um die Berufung Jonas zum Propheten Jahwes. Erst als einer, der gestorben und wiedergeboren ist, kann er das Werk Jahwes vollbringen. Das Mysterium ist das von Tod und Auferstehung, die »köstliche Perle«, die er im Bauche des Fisches findet, ist der Gehorsam gegen Gottes Berufung, zu dem er sich im Gebet durchringt.

C. G. Jung deutet dieses Motiv in tiefenpsychologischer Sicht so: »In der Dunkelheit des Unbewußten ist ein Schatz verborgen, eben die ›schwer erreichbare Kostbarkeit‹, die in unserem Text (aus den Pirkê de Rabbi Eliezer), wie an vielen anderen Orten, als leuchtende Perle charakterisiert ist, oder wie bei Paracelsus als ›mysterium‹, das ein fascinosum par exellence bedeutet. Diese Möglichkeiten eines ›geistigen‹ oder ›symbolischen‹ Lebens und Fortschreitens sind es, welche letztes, aber unbewußtes Ziel der Regression bilden.«[63]

Der Baum am Abgrund des Todes

Wiederholt finden sich mittelalterliche Darstellungen von der Ausspeiung des Jona, auf denen dieser aus dem weit geöffneten Rachen des Ungeheuers hervorkommt und einen Baum am rettenden Ufer ergriffen hat; so zum Beispiel auf einem Bild der Salzburger Armenbibel aus dem 15. Jahrhundert (Abb. 8; s. auch Abb. 6 und Farbtafel III). Von diesem Baum ist in der biblischen Jona-Geschichte keine Rede, wohl aber in verwandten archetypischen Erzählungen, wie zum Beispiel in Homers »Odyssee«, die Karl Kerényi eine »Geschichte der Selbstfindung« genannt hat.

Abb. 8   Bild aus der Salzburger Armenbibel (15. Jahrhundert)

Als Odysseus auf seiner Heimreise nach dem trojanischen Krieg Schiffbruch erlitt und dabei seine ganze Mannschaft verlor, trieb er einsam, an die Trümmer seines gescheiterten Schiffes geklammert, die ganze Nacht durch die tobenden Fluten. Da erhob sich ein Südwind, mit neuen Schrecken gerüstet, und stürmte ihn wieder zurück, geradewegs zum Schlunde der wilden Charybdis, »die mit Gewalt einschlürft die salzige Woge des Meeres«. An diesem Punkt der Erzählung taucht ein geheimnisvoller »Feigenbaum mit großen laubigen Ästen« auf, der auf dem Felsen steht, unter welchem Charybdis, die »wasserstrudelnde Göttin«, lauert. Das Floß des Odysseus, aus Mast und Kiel seines Schiffes zusammengebunden, wird vom tosenden Strudel in die Tiefe gerissen –

»aber ich hob mich empor, an des Feigenbaumes Gezweige angeklammert, und hing wie die Fledermaus und vermochte nirgendwo mit den Füßen zu ruhn noch höher zu klimmen...«[64]

So hängt Odysseus am Zweig des Feigenbaumes über dem strudelnden Abgrund des Todes, bis sein Floß wieder nach oben gespült wird und er schließlich ans Ufer des paradiesischen Phäakenlandes geworfen wird.

In einer indischen Sage aus der Somadeva Bhatta findet sich eine genaue Entsprechung zu dieser Geschichte[65]. Die Hindusage erzählt von Saktideva, der eine Königstochter liebte. Doch diese hatte geschworen, keinen andern als den Mann zu heiraten, der die Goldene Stadt gesehen habe. So machte sich Saktideva auf, um die Goldene Stadt zu suchen. Unterwegs begab er sich an Bord eines Schiffes, das nach der Insel Utsthala fuhr, auf der der König der Fischer wohnte, von dem er sich Auskunft über den Weg zur Goldenen Stadt erhoffte. Auf der Seereise erhob sich ein großer Sturm, und das Schiff scheiterte; Saktideva aber wurde bei lebendigem Leibe von einem großen Fisch verschlungen. Dieser schwamm, von der Macht des Schicksals getrieben, nach der Insel Utsthala und wurde von dem Diener des Fischerkönigs gefangen. Der König, erstaunt über dessen Größe, ließ ihn aufschneiden. Da kam Saktideva unverletzt daraus hervor, erzählte, was ihm widerfahren war, und bat den König, ihm den Weg zur Goldenen Stadt zu weisen. Dieser bot sich ihm als Führer an und fuhr mit ihm übers Meer. Nach mancherlei bestandenen Abenteuern erblickte Saktideva in der Ferne etwas, das aussah wie ein dunkler, auf den Meereswogen dümpelnder Berg. Auf seine Frage an den Fischerkönig erhielt er die Antwort: »Es ist ein Feigenbaum, unter dem ein Strudel die Menschen in den Tod reißt.« Während der Fischerkönig sich opferte, konnte sich Saktideva retten: Als sein Boot vom Strudel hinabgezogen wurde, hielt er sich an den Ästen des Feigenbaumes fest. Gerettet, gelangte er schließlich zur Goldenen Stadt.

Auch in dem polynesischen Märchen »Die Reise in die Unterwelt zur Strudelhöhle Fafá« kommt das Motiv des Baumes über dem Abgrund des Todes vor: Das Mädchen Sina fährt, nachdem ihr große Schmach angetan worden ist, mit ihrem Bruder hinaus auf die See, immer weiter, bis sie schließlich an den Eingang zur Unterwelt gelangen, »wo mit gewaltigem Getöse sich die rauschenden Wasser in die Strudelhöhle Fafá stürzen«. Als sie ganz nahe bei dem Strudel sind, sagt Sina zu ihrem Bruder: »Sieh, dort am Rand, auf der Klippe, steht ein Baum. Spring aus dem Boot, halte dich am Baum fest, ich will zur donnernden Tiefe hinabfahren.« So geschieht es. Während ihr Bruder sich an den Baum klammert, wird Sina von dem schäumenden, gurgelnden Strudel erfaßt und verschlungen. Auf der Suche nach seiner Schwester gelangt er am Ende zu der alten blinden Matamolali (= Dunkelmond). Zum Dank dafür, daß er sie wieder sehend macht, zieht sie Sina aus dem Todeswasser und taucht sie in dem dicht daneben fließenden Lebenswasser unter. Da wird sie wieder lebendig[64a].

Die Tatsache, daß das Motiv vom rettenden Baum des Lebens über dem Strudel des Todes wiederholt in mythischen Erzählungen begegnet – auch die griechische Sage weiß von einem Feigenbaum am Eingang zum Hades, den Dionysos gepflanzt hat –, läßt darauf schließen, daß es sich um ein archetypisches Motiv handelt. Man könnte die typische innerseelische Situation mit den Worten Hölderlins umschreiben: »Wo aber Gefahr ist, wächst das Rettende auch …« (Patmos). Es ist wohl kein Zufall, daß Jung bei der Interpretation dieser Verse auf das »Gleichnis von Jona, der vom Walfisch verschluckt wird«, zu sprechen kommt: »Diese Worte zeigen an, daß die Libido nun eine Tiefe erreicht hat, wo ›die Gefahr groß‹ ist. Dort ist ›der Gott nahe‹: dort fände der Mensch das mütterliche Gefäß der Wiedergeburt, die Keimstätte, an der sich sein Leben wieder erneuern könnte.«[66] Der Baum am Eingang des Totenreiches symbolisiert dieses innere Wachstum. In der christlichen Symbolsprache wird das Kreuz zum Lebensbaum: Zeichen des Lebens mitten im Tod.

Der ruhende Jona

Im vierten Kapitel des Buches Jona wird erzählt, daß sich Jona gleich nach Erledigung seines Auftrages ostwärts von Ninive in einer selbsterbauten Laubhütte niederläßt, um in Ruhe abzuwarten, was mit der Stadt geschehen würde. Er ist mißmutig und zornig, weil Gott sich des von ihm angekündigten Gerichts gereuen ließ. Er hat das Leben satt: »So nimm denn nun, Herr, mein Leben von mir! Denn Sterben ist besser für mich als Leben.« Darauf erteilt ihm Gott eine Lektion, indem er eine Rizinusstaude über ihm aufschießen und wieder verdorren läßt.

Mit Verwunderung sieht man, was in der frühchristlichen Grabkunst aus dieser Szene geworden ist. Die Darstellung des Jona findet sich nicht nur gelegentlich in der Katakombenmalerei, sondern sie ist »das früheste und häufigste christliche Bildthema der Sarkophagplastik der zweiten Hälfte des dritten Jahrhunderts« (J. Engemann)[67]. Es gibt ein-, zwei-, drei- und vierszenige Jonadarstellungen. Die einszenige Jonadarstellung, die zeitlich vor den mehrszenigen erscheint und zahlenmäßig überwiegt, zeigt Jona in paradiesischer Nacktheit in einer Laube ruhend oder schlafend. Sie ist hinsichtlich der Bildgestaltung an die antike Darstellung des schlafenden Endymion angelehnt und verschiedentlich mit bukolischen Motiven ausgeschmückt, die zu den beliebtesten der Zeit gehörten: Jona hält einen Hirtenstab (Pedum) in der Hand, Schafe weiden um ihn herum, und auf der Laube sitzt eine (Friedens-?)Taube.

Zwei Einzelheiten verraten, daß diese Darstellungen dem hellenistischem Bereich (hellenistisches Diasporajudentum?) entstammen. Erstens wird das verschlingende Ungetüm nicht als »Fisch« dargestellt, wie der hebräische und lateinische Text besagen, sondern als »Meerungeheuer« (Ketos), wie die griechische Septuaginta übersetzt. Zum andern ist die Laube auf diesen Darstellungen fast immer als Kürbislaube, genauer als Flaschenkürbislaube dargestellt. Hier fließen die Laubhütte, die sich Jona baut, und die Staude, die Gott wachsen läßt, in einem Bild zusammen. Im hebräischen Urtext ist von einer Rizinusstaude die Rede; die Septuaginta jedoch übersetzt: Kürbis.

Die emblemartige Fassung der »Jonasruhe« legt den Gedanken nahe, daß es sich hier nicht um eine Illustration der Jona-Erzählung, sondern um eine symbolische Darstellung handelt,

Abb. 9   Jona, unter der Kürbislaube ruhend. Mosaik in der Basilika von Aquileia (Anfang 4. Jahrhundert)

die mit der Verwendung in der Grabkunst im Zusammenhang steht. Zwei verschiedene Deutungen sind dieser Symbolszene gegeben worden:

A. Stuiber und E. Stommel verstehen sie als Darstellung des schlafenden Ausruhens im Tode: »Der schlafende Jonas ... kann nur mit dem Aufenthalt der Toten im Schlafe des unterirdischen Totenreiches zusammenhängen.«[68] Die Nacktheit »entspricht der antiken Anschauung von der Nacktheit der abgeleibten Seele«. Als Parallele dazu wird der schlafende Endymion genannt, der ebenfalls auf Gräbern verwendet wurde und ikonographisch dem ruhenden Jona entspricht. Aus diesem Befund ist man zu der Auffassung gekommen, daß hier »mit dem geringsten Aufwand an szenischer Veränderung aus dem heidnischen Todessymbol ein (jüdisch?) christliches Grabbild« geschaffen wurde.

F. Gerke und J. Engemann verstehen dagegen die »Jonasruhe« im Rahmen der Paradiessymbolik (Nacktheit, Laube) als Ausdruck seligen Ausruhens am rettenden Ufer der Ewigkeit: »Wie Jonas aus dem Rachen des Ketos und aus dem Meer des Todes wieder aufstieg, um in Seligkeit in der Kürbislaube auszuruhen, so wird die verstorbene Seele im Augenblick ihrer Entleibung aufsteigen aus der Sphäre des Todes in das Paradies.«[69] Die Verbindung der Szene mit bukolischen Darstellungen deutet darauf hin, daß das friedliche und beglückende »einfache Leben« auf dem Lande als »Wunschbild für den erhofften Jenseitsfrieden« zu verstehen ist. Wie in der heidnischen Sarkophagkunst zuweilen eine Gestalt der Reliefdarstellungen als »Jenseitsbild des Sarkophaginhabers« mit porträthaften Zügen des Verstorbenen versehen ist, so auch der ruhende Jona. Von daher wird die eigenartige Wiedergabe des ruhenden Jona als Frau in einer Grabkammer zu Fünfkirchen verständlich – eine Parallele zu der Orantin Juliane, die auf ihrem eigenen Sarkophag an Stelle des Noah in der Arche dargestellt ist.

Bestätigt wird diese Deutung durch folgenden Tatbestand: Die dreiszenige Jona-Darstellung zeigt den Meerwurf, die Ausspeiung und das Ruhen Jonas in der Kürbislaube. In diesen drei Bildern ist das Drama der christlichen Seele geschildert, der Weg vom Erdenleben durch den Tod (Meerwurf) und die Auferstehung (Ausspeiung) zum ewigen Leben (seliges Ruhen). Auch in diesem dreiszenigen Zyklus ist der ruhende Jona größen- und bedeutungsmäßig die zentrale Szene.

Jona und Christus

Die hervorragende Rolle, die Jona vor allen anderen Propheten in der frühchristlichen und mittelalterlichen Liturgie und Kunst spielt, ist darin begründet, daß er als heilsgeschichtliches Vorbild (typos, Praefiguration) Christi verstanden wurde[70]. Jesus selbst hat die Verschlingung und Ausspeiung des Jona zu seinem eigenen Sterben und Auferstehen in Beziehung gesetzt: »Gleichwie Jona im Bauche des Fisches war drei Tage und drei Nächte, so wird der Menschensohn im Innern der Erde sein drei Tage und drei Nächte. Die Männer von Ninive werden am Tage des Gerichtes gegen dies Geschlecht auftreten und es verurteilen; denn sie sind auf die Predigt des Jona hin umgekehrt – und siehe, hier ist mehr als Jona!« (Matthäus 12, 40f.)

Das Verhältnis von Vorbild und Bild besteht nicht nur in einer Entsprechung (gleichwie – so), sondern auch in einer Überbietung (»hier ist mehr als Jona!«). In der Entsprechung kommt die Menschheit Christi zum Ausdruck: Sein Leben geht durch die Grundsituationen des menschlichen Lebens hindurch. In der Überbietung kommt die Gottheit Christi zum Ausdruck: Er erfüllt die archetypische Situation in einzigartiger Weise, so daß alle Ereignisse, die derselben Situation entsprechen, zu Hinweisen auf dieses Ereignis werden. Dahinter steht die Überzeugung, daß derselbe Gott in der Geschichte wirksam ist und daß alles Geschehen auf eine Sinnmitte bezogen ist (heilsgeschichtliches Denken).

In der mittelalterlichen Kunst wurden in Bibelillustrationen und Altardarstellungen, auf Kirchenpfeilern und Glasfenstern mit Vorliebe alttestamentliche Gestalten und Ereignisse dem Christusgeschehen gegenübergestellt; darunter häufig die Verschlingung des Jona der Grablegung Christi und die Ausspeiung des Jona der Auferstehung Christi aus dem Grabe. Noch der Textdichter von Georg Philipp Telemanns Lukaspassion

Abb. 10   Bilder aus einer Armenbibel (Augsburg 1471)

(1728) verwendete die Jona-Geschichte als »Vorbild und Gleichnis« für Tod und Auferstehung Christi. Im Anschluß an die dichterische Nachgestaltung der Jona-Erzählung heißt es:

»Dies führet meinen Sinn
auf dich, o anderer Jonas, hin:
Der Blitz der Höllen,
der Sünden Sturm, des Todes Wellen
vereinten sich auf unsern Untergang;
du aber ließest dich,
um Ruh und Sicherheit zu schenken,
wie Jonas williglich,
doch nicht wie Jonas nur um eigne Schuld, versenken.
Denn unsres Ungehorsams Macht
hat dich allein ins Grab gebracht.
Inzwischen wirst du auch nach dreier Tage Zeit
aus seinem finstern Schoß befreit.
Dann wird die Herzen der Erlösten,
die schon dein Grab erquickt,
dein Leben zwiefach trösten.
So ist dem Ungestüm gewehret,
so wird der Himmel ausgekläret.
Wie lieblich strahlt sein Gnadenschein.
Gerechter Jonas, dein Versenken
versenket Furcht, Gefahr und Kränken
und heißt uns wieder fröhlich sein.«[71]

Auf dem Hintergrund der Jungschen Archetypenlehre wird deutlich, daß die typologische Schriftdeutung keineswegs nur eine oberflächliche intellektuelle Spielerei ist. Ein Mensch beispielsweise, der sich in einer aussichtslosen Situation befindet, begreift die Geschichte von Jona im Bauch des Fisches als symbolischen Ausdruck seiner eigenen archetypischen Situation (Entsprechung). Wenn aber die Jona-Geschichte ihrerseits über sich hinausweist auf das Christusgeschehen als Sinnmitte und letztgültige Erfüllung aller Geschichte (Überbietung), dann wird dadurch auch meine, der des Jona entsprechende Situation in Beziehung gesetzt zu dem die Geschichte transzendierenden Geschehen: zu der (für den Christen letztgültigen) Offenbarung Gottes in Tod und Auferstehung Christi.

*Abb. 11   Taufe. Illustration aus der Roda-Bibel
(11. Jahrhundert)*

In dem Sakrament (griechisch: Mysterium) der Taufe geschieht eine Identifizierung des Christen mit Christus: Der
Christ wird »auf Christus getauft«, genauer: er wird »in seinen
Tod« hineingetaucht und mit ihm »begraben«, um auch teilzuhaben an seiner Auferstehung und dem »neuen Leben« (Römer 6, 1 ff.). Das Leben des Christen wird dem Leben Christi
»gleichgestaltet« (Römer 8, 29; Philipper 3, 10). Zugleich wird
es eingegliedert in den »Leib Christi«, das heißt: in die christliche Gemeinde (1. Korinther 12, 13).

*II   Aus einer Handschrift von T'oros Roslin, Cilicien/Armeni-
en, 13. Jahrhundert*

Die Taufe des Christen hat ihr Urbild in der Taufe Christi. Beide sind nach Auffassung der Kirchenväter vom Archetyp der »Nachtmeerfahrt« geprägt, bei welcher der Held wie die Sonne in die Tiefe des nächtlichen Meeres eintaucht, um aus ihrem Schoße wiedergeboren zu werden[72]. Chrysostomos sagt: »Das Untertauchen und Wiederemporsteigen ist ein Symbol des Hinabsteigens in den Hades und des Wiederhervorgehens aus demselben.«

Wie Jona ins Wasser, »in die Tiefe« (Jona 2, 4) geworfen und vom Rachen des Todes verschlungen wurde, so wird der Täufling in das verschlingende Todeswasser getaucht und muß »sterben«. Und wie Jona von Gott aus dem »Grab heraufgeführt« (Jona 2, 7b) wurde, so wird der Getaufte »aus der Taufe gehoben« zu einem neuen Leben. Ein »Bad der Wiedergeburt und Erneuerung im Heiligen Geist« nennt das Neue Testament die Taufe (Titus 3, 5). Es ist deshalb nicht von ungefähr, daß wir das Jona-Motiv auf Taufsteinen, Taufkesseln, Taufschalen, Taufdeckeln, Taufgeräten und Taufreliefs häufig dargestellt finden. In Abwandlung der Erklärung Martin Luthers zum Vierten Hauptstück seines Kleinen Katechismus über die Bedeutung der Wassertaufe könnte man sagen: daß der alte (Gott ungehorsame) Jona in uns durch tägliche Reue und Buße soll ersäuft werden und sterben mit allen Sünden und bösen Lüsten und wiederum täglich herauskommen und auferstehen ein neuer Mensch (der getaufte Jona), der in Gerechtigkeit und Reinigkeit vor Gott ewiglich lebe.

Christus ist der rettende Fisch (ICHTYS = Jesus Christus Gottes Sohn Retter), der den in die Tiefe Geworfenen, den Getauften (»Tiefe« und »Taufe« sind sprachlich verwandt), aus dem Tode errettet. Der Getaufte wurde in frühchristlicher Zeit der »Erleuchtete« genannt, ihm war »um Mitternacht die Sonne aufgeleuchtet«. Er ist mit Christus, der »Sonne der Gerechtigkeit«, in die Unterwelt hinabgestiegen und mit ihm aus dem Totenreich wiedergeboren. »Die Sonne der Gerechtigkeit«, sagt Clemens von Alexandrien, »hat den Untergang zum Aufgang gewandelt und hat den Tod zum Leben gekreuzigt. Sie hat den Menschen dem Verderben entrissen und ihn emporgehoben zum Äther und die Erde gewandelt zum Himmel.« Das Wasser des Todes wurde ihm zum Wasser des Lebens, das Grab zum »Mutterschoß«.

Die Taufe verband sich im frühchristlichen Denken auch mit der Variante des Jona-Motivs: dem Drachenkampf. Cyrill von Jerusalem († 386) sagt von der Jordantaufe Jesu und knüpft dabei an die volkstümliche Vorstellung an, nach der das Wasser von Dämonen, von Schlangen und Drachen, bewohnt ist, die den Menschen hinabziehen und verschlingen: »Als es nun die Häupter dieses Drachen (Behemot) zu zerbrechen galt, da hat der in die Gewässer herabgestiegene Jesus den Starken gebunden, damit auch wir die Macht erlangen, über Skorpione und Schlangen zu schreiten.« Dabei klingt zuweilen das Motiv an, daß dem Drachen ein Schatz abgewonnen wird: »Christus ... tauchte unter und brachte aus dem Wasser herauf den Schatz des Lebens der Stammeltern« (Ephraim der Syrer).

Auch der Christ, der in frühchristlicher Zeit in natürlichen Gewässern getauft wurde, vollzog bei seiner Taufe den Abstieg in das Totenreich, um mit den satanischen Mächten zu kämpfen. Darum wurde er zuvor »gefirmt« durch umfangreiche Exorzismen, durch Salbungen (entsprechend der Salbung des Ringkämpfers vor dem Kampf in der Arena) und durch die Absage an den Satan und seinen Kult, was einem Absterben seiner Herrschaft gleichkommt.

Was bedeutet die Taufe in tiefenpsychologischer Sicht? Helmut Barz[73] geht bei seiner Deutung der Taufe vom Standpunkt der Jungschen Psychologie von der »natürlichen Mächtigkeit« des Wassers aus, die es zum »Träger einer sakramentalen Mächtigkeit« werden läßt (P. Tillich). Die natürliche Mächtigkeit des Wassers besteht darin, daß aus ihm alles Leben hervorgeht (Urwasser) und daß es alles Leben wieder in sich zurücknehmen kann (Sintflutwasser). Es ist darum anziehend und abstoßend zugleich (mysterium fascinosum et tremendum). Die sakrale Mächtigkeit des Wassers besteht darin, neues Leben aus sich hervorzubringen und überlebtes Leben zu verschlingen, sowohl in kosmischer als auch in individueller Hinsicht. Das Wasser ist Symbol der Wandlung.

Barz sieht im Wasser einen »Projektionsträger« für einen psychischen Inhalt, der früher nur in der Projektion, im Symbol des Wassers, erfahren werden konnte und der heute mit dem zentralen Begriff der Analytischen Psychologie als das »Kollektive Unbewußte« bezeichnet wird. Es besitzt sämtliche Eigenschaften des Wassers: Es ist einerseits Mutterboden und

Urquell alles psychischen Lebens und andererseits über-
schwemmende, zerstörerische, todbringende Übermacht (Psychose, Wahnsinn, Schizophrenie).

Die sakrale Taufhandlung wird von daher tiefenpsycholo-
gisch gedeutet als freiwilliges, gefahrvolles Hinuntertauchen
ins Kollektive Unbewußte, um das Leben zu erneuern, um wiedergeboren zu werden. Das heißt im Sinne der tiefenpsychologischen Deutung: um dem alten, unbewußten Zustand abzu-
sterben, um durch die Rückkehr des Bewußtseins zum Unbewußten neue Erfahrungen zu machen. Die Taufe, die einen
einmaligen, unwiederholbaren, aber auch unabdingbaren Beginn des Christenlebens darstellt, bedeutet unter diesem
Aspekt, daß der Christ in der Nachfolge Christi »in die Tiefe
des Unbewußten hinabtaucht, um von dort vertiefte, erweiterte
Selbst-Erfahrung mitzubringen«. Den lebensgefährlichen
Kampf mit den Ungeheuern der Tiefe, der umfangreiche Siche-
rungen erfordert, deutet Barz als bewußte Auseinandersetzung
mit den Mächten des Unbewußten, die den Menschen leicht
hinabziehen (Regression) und verschlingen können. Allerdings
gelte es – entsprechend unserer heutigen Bewußtseinslage im
Unterschied zur frühchristlichen Bewußtseinslage –, den
Mächten des Unbewußten nicht abzusagen, sie als satanisch zu
verdammen und zu vernichten, sondern sie zu integrieren und
als Kräfte unserer eigenen unbewußten Seele anzunehmen.
»Dadurch wird aber die Gefahr des Hinabtauchens eher noch
vergrößert, und es scheint sicher, daß die Wiedergeburt heute
in noch viel krasserer Weise als in früheren Jahrhunderten nur
durch Auflösung und Tod hindurch zu gewinnen ist.« Die Wiedergeburt eines lebendigen Glaubens geschieht durch Auflösung der »Objektivität« des Glaubens und Erfahrung seiner
subjektiven Seite, wobei die Gefahr eines endgültigen »Todes«
in Kauf genommen werden muß. Erst muß in einem mühsamen
und schmerzhaften Prozeß das Selbst erfahren werden, ehe
man wirklich Gott glauben und sich auf seine Existenz und
Wirksamkeit berufen kann. Nur vom individuell erfahrenen
zentralen Archetypus (des Selbst) kann man »auf Gott schließen«, und nicht umgekehrt. Von solcher radikalen Bewährungsprobe tiefenpsychologischer Durchdringung erwartet
Barz eine »Wiederbelebung der Religiosität«, die die konven-
tionelle Form mancher christlicher Theologie sprengen würde,

vor allem dadurch, daß das Christus-Symbol nicht einseitig auf den lichten Aspekt beschränkt wird, sondern daß in ihm die Vereinigung der Gegensätze (complexio oppositorum) als entscheidende Qualität des Göttlichen akzeptiert wird, wie es in dem »Bild des zwischen den Schächern gekreuzigten Heilandes« zum Ausdruck kommt.

Bei allen kritischen Anfragen an diese Deutung wird man ihr darin zustimmen müssen: Eine »objektive« Theologie, die nicht durch lebendige Erfahrung abgedeckt ist, gerät leicht in die Gefahr, konfessionalistisch zu erstarren und zu unfruchtbaren theologischen Streitigkeiten zu führen. Gewiß wird auch der heutige Mensch auf dem Wege der Selbst-Erfahrung am ehesten Zugang zu der verlorenen religiösen Dimension der Wirklichkeit (P. Tillich) finden. Aber es ist falsch, dem tiefenpsychologischen Aspekt absolute Priorität zuzuerkennen.

Der Mensch, so hatten wir ausgeführt, lebt in einem dreidimensionalen Beziehungsgefüge: in der Beziehung zu sich selbst (Bewußtsein, Unbewußtes), in der Beziehung zu seiner Umwelt (Personen, Sachen) und in der Beziehung zum Absoluten (Gott). Alle drei Beziehungen sind untrennbar miteinander verbunden. Das wird auch an dem Taufgeschehen deutlich: Die Beziehung zum Absoluten kommt zum Ausdruck in der Beziehung zu Christus, dem »Ebenbild (Ikone) Gottes«, der Mitte des Kosmos. Die Beziehung zur Umwelt kommt darin zum Ausdruck, daß der Getaufte in den »Leib Christi«, in die christliche Gemeinde, eingegliedert wird, mit der die gesamte Schöpfung erlöst wird (Römer 8, 19 ff.). Die Beziehung zu sich selbst kommt darin zum Ausdruck, daß die Gotteserfahrung immer zugleich eine Selbsterfahrung ist. Das eine vollzieht sich im anderen.

Wenn Barz die Taufe von der Tiefenpsychologie her als »Selbst-Erfahrung« und »Selbsterkenntnis« versteht, so hat er dabei eine der drei Dimensionen des Taufgeschehens im Blick. Diese Dimension darf aber nicht verabsolutiert, das heißt von den anderen Dimensionen losgelöst oder als die primäre angesehen werden. Das geschieht, wenn er sagt, nur vom individuell erfahrenen, zentralen Archetyp des Selbst her könne auf Gott »geschlossen« und an ihn geglaubt werden. Es ist durchaus auch möglich, daß durch die Erfahrung des Absoluten oder durch die Erfahrung in der Begegnung mit einem anderen

Menschen Selbst-Erfahrung bewirkt wird; denn alle drei Dimensionen stehen in gegenseitiger Wechselbeziehung.

Barz geht bei seiner Deutung der Taufe von der »natürlichen Mächtigkeit« des Taufwassers aus und übergeht, daß »ohne das Wort« das Wasser schlicht Wasser und keine Taufe ist (Martin Luther im Kleinen Katechismus). Taufhandlungen und Tauchbäder gibt es in allen Religionen. Der unverwechselbare Sinn der christlichen Taufe kommt in dem mit ihr verbundenen »Wort« zum Ausdruck, das deutlich macht, was als das Absolute, das »Prägende«, verstanden wird. Die Erkenntnis vom Lebensgesetz des »Stirb und werde« gibt es in allen Religionen. Das »Wort« bringt zum Ausdruck, um welchen »Tod« und um welches »neue Leben« es bei der christlichen Taufe geht: nicht um eine Wandlung innerhalb des natürlichen Daseins, sondern um eine Wandlung, die das natürliche Dasein transzendiert, und zwar nicht nur im tiefenpsychologischen Sinne eines »Jenseits des Bewußtseins«, sondern im theologischen Sinne eines Jenseits des Bewußtseins und des Unbewußten.

Zum Abschluß dieser Erörterungen über die tiefenpsychologische Deutung der Taufe seien einige Sätze von Hildegunde Wöller[74] zitiert, die dabei ausdrücklich auf Jona Bezug nimmt:

»Um den Sinn, den Geist, Gott wiederzufinden, muß der Mensch in die eigene Tiefe, in die innere Welt tauchen – auf die Gefahr hin, sein Bewußtsein zu verlieren. Was sich heute vollzieht, wäre demnach die größte Bewährungsprobe des menschlichen Bewußtseins: es gewinnt sich neu oder es geht unter.«

»Das Ego, das Homunculus-Ich, das dem Intellekt auf den Thron verhalf, wird getauft, geht im Wasser unter. Aus Wasser und Geist wird ein neuer Mensch geboren. Ihm wird die stärkste Kraft gegeben, die im Universum wirkt, die Liebe, das bewußte Sein. Der Geist formt ein neues Bewußtsein.«

»Die Taufe Jesu ist die Verheißung, daß der Mensch das Hinabtauchen ins Unbewußte überstehen wird. Das Meer wird ihn nicht behalten, im Auftauchen empfängt er den neuen, den heiligen Geist.«

Der Weg in die Tiefe ist voller tödlicher Gefahren, doch haben etliche »die Erfahrung gemacht, daß das Bodenlose in der Tiefe zu leuchten beginnt und ihnen den Weg zurück möglich macht.«

»Wem es gelingt, durch die Kraft des Bösen hindurchzugehen und sie zu überwinden, dem werden die ›Schichten‹ der inneren Welt durchsichtig, transparent bis auf den Grund, auf dem das Mandala erscheint, das einer persönlichen Gotteserfahrung entspricht.«

Das ist das »Zeichen des Jona«. »Ninive ›geht in sich‹ und wird verschont.« Jedoch: »Die Kirche ist noch immer auf dem Schiff nach Tharsis, fühlt sich sicher und schläft wie Jona, während doch die Wellen das Schiff zu kentern drohen. Doch da die Geschichte sich nicht genauso wiederholt, springen inzwischen andere Schiffsleute freiwillig ins Meer, ohne zu wissen, daß da ein Wal auf sie wartet...«

Tiefenpsychologische Deutung des Jona-Motivs in der Kunst

Die Analytische Psychologie C. G. Jungs hilft nicht nur, Mythen, Rituale und Produkte des Unbewußten (Träume, Zeichnungen, Wahnideen) zu verstehen, sondern auch künstlerische Aussagen, soweit sie sich außerhalb des menschlichen Tageserlebnisses und der Reichweite des Bewußtseins bewegen, soweit das Unbewußte als leben- und schicksalsgestaltende Kraft gegenüber dem bewußten Willen überwiegt. »Das große Werk ist wie ein Traum, der trotz aller Offenkundigkeit sich selbst nicht deutet und auch niemals eindeutig ist.«[75]

Das gilt insbesondere von »visionären« Dichtungen wie beispielsweise Goethes »Faust« 2. Teil, Wagners »Ring der Nibelungen« und Melvilles »Moby Dick«. Ihnen liegt ein echtes Urerlebnis zugrunde, das nicht nur auf persönliche Erfahrung, sondern auf Erfahrung der unbewußt tätigen Seele der Menschheit (Kollektives Unbewußtes) zurückzuführen ist. Die dunkle Natur des visionären Urerlebnisses bedarf, um sich auszudrücken, der mythischen Gestalten und zieht daher gierig das Verwandte an sich. Auch in der Dichtung unserer Zeit verbergen sich oft in der modernen Bildersprache mythische Motive. Häufig greift auch der moderne Künstler bewußt auf die mythischen Figuren des Kollektiven Unbewußten zurück. Für das Zurückgreifen auf die mythologische Gestalt des Jona seien im folgenden drei Beispiele angeführt: ein Film, ein Theaterstück und ein Roman.

»Jonas«, Filmstudie unserer Zeit (Otto Domnik)

»Jonas« ist der Titel einer in jeder Hinsicht ungewöhnlichen »Filmstudie unserer Zeit«, die Otto Domnik als Autor, Regisseur und Produzent in einer Person herstellte (Uraufführung 1957). Jonas ist der in der Welt der Technik vereinsamte und verlassene Mensch des 20. Jahrhunderts, dem seine verdrängte Schuld plötzlich zum Bewußtsein kommt. Die Handlung, soweit man bei diesem unkonventionellen Film überhaupt von einer Handlung sprechen kann, ist kurz folgende:

Jonas, Arbeiter in einer Druckerei, kauft sich eines Tages einen eleganten Hut. Dieser Hutkauf ist eine Symbolhandlung, die den Wunsch nach Be-hütet-Sein ausdrückt. Bei diesem Kauf lernt er die Verkäuferin kennen, und es scheint einen Augenblick, als könne er in die sichere Hut einer Du-Beziehung gelangen. Aber da geschieht es, daß ihm sein Hut in der Stammkneipe abhanden kommt. In seinem Ärger nimmt er einfach einen anderen Hut mit. In ihm aber entdeckt er ein Monogramm, das ihn an seinen Freund erinnert, den er vor Jahren bei der Flucht aus einem Terrorlager hilflos im Stich ließ, um sich selbst zu retten. Auch diese kurz eingeblendete Szene ist ein Symbol: Die Schuld des Menschen besteht darin, seinen Mitbruder Mensch verlassen und verraten zu haben. Jonas wehrt sich gegen diese Schulderinnerung: Er versucht, den Hut loszuwerden. Aber wie ein Bumerang kehrt er immer wieder zu ihm zurück; er verfolgt ihn wie seine alte Schuld. »Jonas«, sagt Domnik, »wird auf der Flucht vor sich selbst ganz allein sich selbst gegenübergestellt. Dorthin gelangt er in tiefster Verzweiflung, wie Jona aus dem Bauch der Hölle schrie. Die Hölle – das ist er selbst.«[76]

Besonders eindrucksvoll ist die Szene in der Kirche, die der verzweifelte Jonas aufgesucht hat: Er umkreist schweigend den Altar, auf dem das Kruzifix steht. Dabei hört man eine Stimme das Gebet des Jona aus dem Fischbauch sprechen. Aber Jonas kann der Gnade des Kreuzes nicht habhaft werden.

Domnik zeigt bewußt keine Therapie auf, er stellt nur die Diagnose: Dies ist Jonas, dies bist du! »Es war mein Anliegen«, sagt er, »daß jeder einzelne sich die Frage nach sich selbst, nach seinem Menschsein stellen soll. Die Antwort, die Entscheidung kann ihm keiner abnehmen.«

»Jonas und der Nerz«, Stück in zwölf Bildern (Herbert Meier)

Als zweites Beispiel für den Einfluß tiefenpsychologischer Erkenntnisse auf die Kunst sei das Theaterstück »Jonas und der Nerz« von dem Schweizer Autor Herbert Meier genannt (Uraufführung 1959)[77]. Die Titelfigur »Jonas« hat nichts mit dem biblischen Jona zu tun, sie ist keine individuelle, sondern eine typische, eine archetypische Gestalt. »Er heißt immer anders. Ich meine – anders. In Rom zum Beispiel: Felice Manzella ... in Mailand ... Olfa Bromma ... in Paris ... Jean-Claude Origny ... Namen, Namen, sie wechseln von Stadt zu Stadt. – Jeder kann Jonas sein.« Der Name Jonas steht in diesem Drama in einer deutlichen Beziehung zum archetypischen Jona-Walfisch-Komplex.

Jonas ist als kleines Kind aus dem »Gasrachen« der Garage gerettet worden, in der sein Vater Selbstmord beging. Seine Mutter, die das Kind nicht gewollt hat, verläßt es und reist zu dem Mann, mit dem sie die Ehe brach. Jonas kommt ins Kinderspital und wird danach in öffentlichen Heimen aufgezogen.

Als die Mutter später das Kind haben will, kann sie nicht erfahren, wo es ist. Sie reist von Stadt zu Stadt und fragt auf den Ämtern nach Jonas. Aber er ist nicht aufzufinden: »Ihren Jonas hat offenbar der Walfisch verschlungen, Madame!« Er wird für verschleppt, gefangen oder tot gehalten.

Jonas ist Assistent am astrophysikalischen Institut. Er arbeitet Tag und Nacht im Observatorium. »Häng dich eine Nacht ans Teleskop, und die ganze Tageswelt fällt von dir ab«, sagt Jonas. Über der Beschäftigung mit den fernen Dingen vergißt er die Zeit und will sie vergessen. Darum muß er sich fragen lassen: »Ist das eine Existenz – diese Astrophysik? Ich denke, eher eine Ausflucht ... Zeit vergessen! Das nenne ich Ausflucht ... Menschlich zählt das nicht.« Jonas ist auf der Flucht, auf der Flucht vor der Vergangenheit und Gegenwart, auf der Flucht vor sich selbst.

Die Vergangenheit taucht für ihn kurz vor seiner Hochzeit in Gestalt seiner Mutter auf. Es ist deutlich, daß sie nicht als individuelle, sondern als archetypische Gestalt zu verstehen ist, nämlich als Verkörperung der »Großen Mutter«, und zwar in ihrem negativen Aspekt als verschlingende Mutter. Sie wird in das Stück eingeführt als »Frau in Lila« und trägt einen Hut mit künstlichen Nachtviolen – beides betont ihren nächtlichen Aspekt. Ihr Kleid aus Tüll – »Fliegennetze, einst verfänglich« – charakterisiert sie als »Gorgo im Lilatüll«. Ihre Handtasche aus Schlangenleder deutet ihre Schlangennatur an. Ihr Hauptattribut aber, das mit ihr selbst identifiziert wird, ist ein Nerzmantel, ein Mantel also aus dem Pelz von Sumpfottern, von Wasserwieseln. Der Titel des Dramas »Jonas und der Nerz« gibt also genau an, worum es in ihm geht: um die Auseinandersetzung zwischen Jonas und der Großen Mutter, die ihn zu verschlingen droht. Das Auftauchen der »Mutter« unmittelbar vor der Hochzeit wird im Drama kommentiert mit dem Satz: »Vor Hochzeiten pflegen die Ungeheuer aufzutauchen.« Hier ist die Identifizierung von »Mutter« und »Ungeheuer« deutlich ausgesprochen. Durch ihr Auftauchen sind in Jonas über Nacht »vernarbte Verzweiflungen« aufgebrochen. »Ich sah meine Mutter bloß und bin vergiftet.« – »Ihre Stimme verfolgt mich wie das Geschrei der Möwen. Ihre Augen hängen an allen Fenstern. Ihr Geruch ist über den verschneiten Straßen.« – »Sie hat Macht über uns.« Jonas ist im Begriff, ihr zu verfallen, und versucht verzweifelt, sich ihrer zu erwehren: »Liebe, eine Maske vor dem Gestern, vor dieser Dame, die Nachtviolen auf dem Hute trägt, eine Schutzmaßnahme vor meinem Ungeheuer. Ich bin ihm entlaufen, nun hat es mich eingeholt...«

Schließlich gelingt es Jonas, den »Drachenkampf« siegreich zu bestehen: Er befreit sich aus ihrer Macht und geht mit seiner Braut »nach Hause«. In der Begrifflichkeit der Analytischen Psychologie ausgedrückt: Ihm gelingt die Herauslösung des Bildes der Weiblichkeit aus dem der furchtbaren, verschlingenden Mutter, ihm gelingt die Herauslösung der Anima aus dem Mutter-Archetyp.

»Ninive«, Roman (Gertrud Leutenegger)

Ein drittes Beispiel dafür, wie sich von der tiefenpsychologischen Sicht her ein Kunstwerk erschließen kann, ist Gertrud Leuteneggers lyrischer Roman »Ninive« (erschienen 1977)[78].

Eines Tages wird an der Peripherie eines Dorfes in der Innerschweiz ein Riesenwal, den man in seiner ganzen Größe erstmalig konservieren konnte, zur Schau gestellt. Das ist der äußere Anlaß für den Arbeiterjungen Fabrizio und die Ich-Erzählerin, in das Dorf zurückzukehren, in dem sie gemeinsam aufwuchsen und in dem ihrer beider Zuneigung zueinander begann. Sie hatte aus einem Gebirgsort ihres Landes an ihn, der in Berlin-Kreuzberg lebte, geschrieben: »Wenn wir jetzt nicht aufbrechen, um das selbst zu sehen, was schon unsere Kindheit als gewaltiger Schatten ins Zwielicht zog, so tragen wir ein Stück Blindheit in die nächste Zeit.« Als sie eine laue Sommernacht draußen vor den Umrissen des Ungeheuers verbringen, wird ihnen der Wal mit seinem Geruch von Verwesung zum Symbol für die Schrecken des Krieges, in dem sie aufwuchsen und die sie seitdem mit Todeswissen erfüllten: »Wir lagen noch sprachlos in unseren schmalen Kinderbetten, da fielen schon Schatten über uns her. Die Schrecken von den Gesichtern der Erwachsenen, die leisen verängstigten Gespräche, zu den Fenstern quollen Ahnungen von Wolken herein, Atompilze ... Es war der Wal, der schon unser Aufwachsen ins Zwielicht zog. Niemand erklärte ihn uns, lehrte uns seine Gefahren, die mögliche Zunahme seines Wachstums, seine Unberechenbarkeit. Niemand gab uns die unerbittliche Einsicht in die Anfänge seiner Zerstörungen. Er hing als Schatten über uns. Unsere Eltern, die von ihm verschluckt worden waren in den zwei Kriegen, die nur Verdunkelung erlebt hatten, sie waren im Innern des Walbauchs gesessen, die meisten, nachtblind, ungerührt, sie hatten alles als Verhängnis betrachtet und dumpf gewartet, bis sie wieder ausgespien wurden. Ohne einen Blick zurück. So war der Krieg etwas Unabwendbares geworden.« Die beiden aber wollten der Geschichte ihr Licht entreißen und nicht zugrunde gehen an den Vergiftungen, die sie hinterläßt, diesen um sich greifenden Vergiftungen, die müde und nachlässig machen gegen die Zerstörungen in ihrem engsten Umkreis.

Deutlich klingt das Motiv des Abstiegs in den Wal, der Regression zur Kindheit an, mit dem Ziel, die trüben Schatten des Wals in sich aufzustören und das Zwielicht über ihrer Kindheit ins Helle zu wenden. »Wir möchten so zurückhaltend und scharfsichtig in ihn (den Wal) eindringen, wie wir beim Zerlegen eines Fisches behutsam die silbernen Schuppenhüllen heben, die blaßfarbenen Fleischwände voneinander trennen, bis dann unter dem zutreffenden Griff mit einemmal alles von dem Fischgerippe fällt und sich uns auseinanderbreitet...« Auch das Motiv des Drachenkampfes taucht auf: »Es ist Zeit, daß wir ihm die Herrschaft entreißen. Wir müssen uns aber dem Geruch seiner Verwesung aussetzen und die Unförmigkeit seines Anblicks aushalten, um ihn überlisten zu lernen.«

In der »Überhelle der Gedanken« blitzen Zusammenhänge auf. Der Wal verbindet sich bald mit dem Bild von Moby Dick, den die Walfänger vergeblich jagen, bald mit dem Wal, der Jona verschlang.

Der Wal wird zu einem Bild für die Masse, die das eigene Ich verschlingt, so daß es zu einem »ungeheuren Massen-Ich« anschwillt, das die brutalen Züge des Terrors trägt – wie damals, im Jahre 1943, als Goebbels im Berliner Sportpalast den totalen Krieg proklamierte und die hysterische Menge begeistert »Ja! Ja!« schrie. »Die einhellig schreienden Münder saugen dich an wie ein einziges aufgerissenes Maul. Wehrlos treiben wir in diesen gefräßigen Abgrund...«

Der Schlund des Wals wird zum »gefräßigen Maul des Profitprozesses, das hinter jedem zuschlägt mit dem klappenden Geräusch eines heruntergelassenen Fabriktores«.

Der Verdauungsapparat des Wals wird zum Bild einer »Staatsmaschinerie monströser Größe«, in der alles zerkleinert und zerrieben, aufgeweicht und gefügig gemacht wird. »Jeder Staat stellt gern den andern als Land- und Menschenverschlinger hin, um von den eigenen Verdauungsgeräuschen abzulenken.«

Der Bauch des Wals wird zum Bild für das »Verdauungsinnere« der großen Stadt, in der Fabrizio ein »unterirdisches Leben« führt. Ihm ist, »als würden Nacht um Nacht immer mehr Teile von ihm auf gespenstische Weise abbröckeln«.

Vor diesem Ungeheuer befällt die beiden Menschen »lähmende Furcht vor dem Verschlingenden des Wals«. Sie hatten der Geschichte ihr Licht entreißen wollen, nun aber müssen sie bekennen: »Die Geschichte ist uns zu monströs geworden. Sie droht uns zu verschlingen. Ein kurzes, argloses Dahintreiben, und das Gittermaul des Wals klappt hinter uns zu.« Der Sog in den Schlund des Wals ist zu groß, schon erlahmen ihre Widerstandskräfte: »Vielleicht sind auch die Krillschwärme des Treibens auf offenem Meer müde und begehren eingelassen zu werden, durch das Gittertor des Walmauls, in die inneren Gedärme.«

Im Morgengrauen aber, als Arbeiter den Wal, der seine

75

Reise durch die Länder beendet hat, zerlegen und beseitigen, werden sie wie von einem Alptraum befreit: »Wir sind nicht untergegangen mit dem Wal. Er hat uns nicht endgültig verschlungen, und wir haben ihn nicht verflucht. Wir haben noch einmal den Feuerregen über den Städten abwenden können und die brandig schwarz ausfasernde Kriegswolke vom Horizont vertrieben. Noch einmal stehen wir im Sonnenaufgang und hören die Stimme: Und mich sollte nicht jammern Ninive, eine so große Stadt, in der mehr als hundertundzwanzigtausend Menschen sind, die nicht wissen, was rechts oder links ist, dazu auch viele Tiere?«

Peter Jokostra schreibt in seiner Rezension[79] dieses Buches von Gertrud Leutenegger, es sei eine »unglückliche Symbolwahl«, den Wal zum Sinnbild für das Grauen des Krieges hochzustilisieren; dies sei vom Biologischen sogar fragwürdig, denn es gäbe kein wehrloseres, friedlicheres Meer-Säugetier als Fangmethoden von der Ausrottung bedrohten Tiere nicht für ein solch paradoxes Gleichnis herhalten. Diese Kritik geht deshalb an der Sache vorbei, weil sie nichts weiß von dem archetypischen Bild der Verschlingung durch den Wal, von der Metapher »Im Bauche des Wals«, die eine bestimmte psychische Situation zutreffend beschreibt. Daß der zugleich faszinierende und abstoßende Anblick des Ungeheuers das archetypische Bild heraufbeschwört und sich mit ihrer Angst vor einer drohenden Katastrophe verbindet, ist unmittelbar deutlich. Im Nachsinnen über die zufällig und unscheinbar auftretenden und doch so verführerischen Relationen ihrer eigenen Geschichte treten sie »unmerklich hinaus aus der gewöhnlichen Zeit«; sie empfinden den Wal als »eine ständig gegenwärtige Gewalt«. »Nur daß wir ihn weit ab im Meer wähnten, nur dies hat uns verblendet, hat uns friedlich gemacht, ohne daß wir wüßten, was Frieden ist. Jetzt hat er uns aufgestört. Er hat sich uns ins Innere der Herkunft gelegt, unübersehbar, jetzt endlich könnten wir ihm den Strahlenkranz der Dämonie brechen...«

Die Beispiele aus Film und Literatur zeigen, wie hilfreich die tiefenpsychologische Symboldeutung für das Verständnis und die Erhellung solcher aus dem Unbewußten geschöpften künstlerischen Gestaltungen sein kann.

Einordnung des Jona-Motivs in größere Zusammenhänge

Nachdem wir im vorangegangenen an verschiedenen Einzelbeispielen den archetypischen Charakter der Jona-Geschichte veranschaulicht und verschiedene Aspekte des Jona-Walfisch-Komplexes aufgezeigt haben, suchen wir im folgenden nach einem übergeordneten Gesamtzusammenhang, in den wir die einzelnen Phänomene einordnen können. Einen ersten Bezugsrahmen bietet die von Stanislav Grof skizzierte »Topographie des Unbewußten« (1975)[80].

Von der Geburt geprägte Erfahrungsmuster (perinatale Matrizen)

Auf Grund seiner siebzehnjährigen Forschungsarbeit mit LSD hat der tschechische Psychiater Stanislav Grof die »ersten Landkarten neuer, unbekannter, kartographisch noch nicht erfaßter Territorien des menschlichen Geistes« entworfen, gleichsam eine »Kartographie des inneren Raumes«. LSD dient der tiefenpsychologischen Forschung als Beschleuniger und Verstärker psychischer Prozesse, die unbewußtes Material aus verschiedenen Tiefenschichten der Persönlichkeit aktivieren. Es bewirkt Regressionen in verschiedene Perioden der persönlichen Lebensgeschichte, läßt traumatische Ereignisse aus der Kindheit wiedererleben und Einsichten in die fundamentalen psychodynamischen Prozesse gewinnen. In aufeinander folgenden LSD-Sitzungen konnte eine fortschreitende Entfaltung immer tieferer Schichten des Unbewußten beobachtet werden.

Einen wichtigen Zwischenbereich zwischen individueller und transpersonaler Psychologie stellen peri-natale Erfahrungen dar, die im Zusammenhang stehen mit der biologischen Geburt und den damit verbundenen körperlichen und seelischen Zuständen (Wiederbelebung des eigenen Geburtstraumas). Grof unterscheidet vier typische Erfahrungsmuster (Matrizen), die den aufeinander folgenden Stadien des biologischen Geburtsvorganges entsprechen. Diesen vier Erfahrungsmustern lassen sich die verschiedenen Aspekte des Jona-Wal-fisch-Komplexes ungezwungen zuordnen.

1. Die Ureinheit mit der Mutter

Das vorgeburtliche Stadium der ungestörten intra-uterinen Existenz in symbiotischer Einheit mit der Mutter ist ein optimaler Zustand, in dem das Kind sicher und geborgen ist und alle seine Bedürfnisse ohne eigene Mühe erfüllt werden.

Dieses Stadium ist das Grundmuster (Matrix) für die »Registrierung aller späteren Lebenssituationen, in denen ein Mensch entspannt und relativ frei von Bedürfnissen ist und nicht durch schmerzhafte oder unangenehme Reize gestört wird«. Diese Erfahrungen sind mit einem »glückseligen, undifferenzierten, ozeanischen Bewußtseinszustand« verbunden, dem eine kindliche, passiv-abhängige Haltung in dem Gefühl völliger Sicherheit und Geborgenheit entspricht. Es ist ein Zustand jenseits der Subjekt-Objekt-Spaltung und jenseits von Zeit und Raum, eine »Erfahrung kosmischer Einheit«. Hier sind die eingangs dieses Buches angeführten Beispiele einzuordnen, bei denen die Vorstellung »im Bauch des Wals« symbolischer Ausdruck für eben diesen Zustand war. Die Sehnsucht nach Wiederherstellung des uranfänglichen Zustandes vollkommener Erfüllung, wie er einst im Mutterleib erfahren wurde, ist die fundamentale Triebkraft eines jeden Menschen. »Dieses unstillbare Verlangen kann durch keine Errungenschaft und keinen Erfolg in der äußeren Welt, wie groß sie auch seien, befriedigt werden. Die einzige Antwort ist die Wiederherstellung der Verbindung mit diesem Ort im eigenen Geist, im eigenen Unbewußten«.

2. Der Konflikt mit der Mutter

In diesem Stadium wird das intra-uterine Leben gestört, zuerst durch chemische Einwirkungen, dann auf mechanische Weise durch das periodische Zusammenziehen der Gebärmutter. Daraus entsteht eine Situation äußerster Not und Lebensbedrohung mit den verschiedensten Anzeichen starken physischen Unbehagens. Der Muttermund ist noch geschlossen, der Weg nach außen noch nicht frei.

Diese Erfahrung ist das Grundmuster für die Registrierung aller unangenehmen Lebenssituationen, die das Überleben und die körperliche Unversehrtheit des Menschen gefährden, wie zum Beispiel: Operationen, Verletzungen und Unfälle, dramatische Kriegssituationen in passiver Rolle, Gefangenschaft und brutale Verhöre, Verschüttetsein und ähnliches. Der äußeren Situation entspricht das psychische Erlebnis von »Eingeschlossensein«, »Ausweglosigkeit« und »Höllenqual«. »Der in der Situation der ›Ausweglosigkeit‹ gefangene Mensch sieht deutlich, daß die menschliche Existenz sinnlos ist, und empfindet doch das verzweifelte Bedürfnis, einen Sinn im Leben zu finden. Die unmögliche Aufgabe, einen Sinn im Leben zu finden, könnte in diesem Zusammenhang als eine notwendige Bedingung erscheinen, ins Leben geboren zu werden und die unerträgliche Situation der ›Ausweglosigkeit‹ zu beenden.«

Diese Erfahrung ist häufig begleitet von symbolischen Bildern und Visionen, zum Beispiel von der »Vision eines gigantischen, unwiderstehlichen Strudels, eines kosmischen Wirbels, der den Betroffenen und seine Welt erbarmungslos in sich einsaugt«. Eine häufige Variante dieser Erfahrung des Verschlungenwerdens ist die, »von einem schrecklichen Ungeheuer verschlungen und einverleibt zu werden, z. B. von einem riesigen Drachen, einer gigantischen Schlange, Krake, Spinne oder einem Wal«. Eine weniger dramatische Form dieses Erlebnisses ist das »Hinabsteigen in die Unterwelt und die Begegnung mit monströsen Wesen verschiedener Art«.

Hier sind alle diejenigen in diesem Buch genannten Beispiele einzuordnen, in denen die psychische Situation symbolisch als Verschlungenwerden von einem Ungeheuer, als Hinabgezogenwerden vom Strudel des Todes, als Abstieg in das Totenreich und Aufenthalt im »Bauch der Hölle« beschrieben werden.

Die Schilderung der LSD-Lehrsitzung eines Sozialwissenschaftlers, die fast ausschließlich von Elementen dieses Erfahrungsmusters beherrscht war (es ist dies gewöhnlich die erste Situation, mit der die Versuchsperson konfrontiert wird), liest sich wie ein Bericht Jonas von seinem Aufenthalt im Bauch des großen Fisches: »Ich war völlig von einer Situation überflutet, aus der es kein Entrinnen geben konnte, außer durch den Tod … Ich dachte, ich würde diesen Ort nie mehr verlassen … Diesen Zustand, wenn auch nur für ein paar Stunden, so intensiv zu leben, als eine erweiterte Hölle, aus der es kein Entkommen gab, war eine wichtige Lektion... Ich wurde durch ein tiefinneres, alle meine Zellen durchdringendes Leiden hindurchgetrieben; es wurde mir einfach zugefügt, ich hatte keinen Einfluß darauf... Ich versuchte herauszufinden, was in meiner Vergangenheit mich an einen solch ungeheuerlichen Ort geführt hatte... Je weniger ich mein Schicksal akzeptieren konnte, desto schwieriger wurde es für mich. Es war, als sei ich gefangen in einem Konzentrationslager, und je hartnäckiger ich mich bemühte, herauszukommen, desto mehr würde man mich schlagen; je mehr ich mich zu befreien versuchte, desto straffer würden die Fesseln. Und doch wußte ich irgendwo tief innen, daß ich kämpfen mußte, daß ich entfliehen mußte und auch würde, aber wie?«

3. Die Zusammenarbeit mit der Mutter

In diesem Geburtsstadium ist der Muttermund weit geöffnet, und der schwierige Prozeß des Vorangetriebenwerdens durch den Geburtskanal kommt in Gang. Für den Fötus ist damit ein heftiger Kampf ums Überleben verbunden, mit gewaltsamem mechanischem Druck und hochgradigen Erstickungszuständen, aber mit Aussicht auf Beendigung der unerträglichen Situation. Das gemeinsame Bestreben von Mutter und Kind richtet sich auf die Überwindung des qualvollen Zustandes. In der Schlußphase dieses Stadiums kann das Kind in Berührung mit Blut, Schleim, Urin und Kot kommen.

Diese Erfahrung ist das Grundmuster für die Registrierung aller Lebenssituationen, in denen ein Mensch den Kampf gegen Schwierigkeiten und Gefahren, die ihm entgegenstehen, aufnimmt; wie Angriffe in Kriegen und revolutionären Aktionen, Jagden auf wilde Tiere, Ring- und Boxkämpfe mit einem starken Gegner, riskante Unternehmungen, gefährliche Hobbys und ähnliches. Als wichtigstes Charakteristikum dieser Erfahrung bezeichnet Grof »die Atmosphäre eines titanischen Kampfes, der häufig katastrophale Dimensionen erreicht«, eines Kampfes, bei dem es um Tod oder Wiedergeburt des Ich geht.

Oft wird dieses Stadium von Visionen und Erlebnissen begleitet, zu deren typischsten gehören: »Jagden auf große und gefährliche Tiere, Kämpfe mit riesigen Schlangen, Begegnungen von Tauchern mit Haien, Kraken und anderen gefährlichen

Wassertieren...« Dabei ist nicht selten die Fähigkeit zu beobachten, »übermäßiges Leiden in Lust und sogar in Ekstase zu transzendieren«. – Alle diese Elemente finden wir bei der Variante des Jona-Motivs, bei der von einem Kampf mit dem Walfischdrachen die Rede ist, insbesondere in der Geschichte von Ahabs Kampf gegen den weißen Wal (Melville), der Novelle vom Kampf des alten Mannes gegen den Schwertfisch (Hemingway) und in der Erzählung vom Kampf Stefan Rois gegen den Colombre (Buzzati).

Auch das Motiv der Berührung mit ekelerregendem Schmutz kommt im Zusammenhang mit der Jona-Situation vor. Aldous Huxley (geb. 1894) hat in einem Essay geäußert, daß er etwas besonders Abstoßendes und Schreckliches in dem Gedanken finde, im Gefängnis der Eingeweide des Wals eingeschlossen zu sein[81]. In seinem Gedicht »Jonah« wird ihm der in den Eingeweiden eingeschlossene Jona zum Sinnbild des Dichters, der singend das Elend der Welt überwindet:

»Wie Schaum schwimmt phosphoreszierendes Licht
auf der Brühe, die
seine Füße umspült – gerade ausreichend,
um herabhängende Zapfen tropfenden Schleims
erkennen zu lassen, Wirbel und Windungen,
riesige Girlanden gefleckter Gedärme
und kleinere zuckende Röhren,
in denen hefiger Brei gärt.
Auf dem wulstigen Hügel
einer ungeheuren Niere sitzend, betet Jona
und singt seine Lieder und Lobgesänge,
läßt das dumpfe Gewölbe widertönen
von Gottes Güte und geheimnisvollen Wegen,
bis der große Fisch beim Dahinschwimmen
Musik hinausbläst.«[82]

Die Erlebnisse im Rahmen dieses Grundmusters sind nach Grof »oft von tiefen Einsichten in die menschliche Natur, Gesellschaft und Kultur begleitet«. – Hier sind die Beispiele einzuordnen, die davon berichten, daß der Verschlungene im Bauch des Ungeheuers Offenbarungen empfangen und Mysterien geschaut habe (Pirkê de Rabbi Eliezer, Paracelsus, Väinämöinen).

4. Die Trennung von der Mutter

In diesem Geburtsstadium wird der Höhepunkt der qualvollen Erlebnisse überschritten. Die Ausstoßung durch den Muttermund beendet das Leiden und wird als Befreiung erlebt. Nach einem gewaltigen Schrei bekommt das Kind Mund und Hals frei und beginnt zu atmen. Die Nabelschnur wird durchgetrennt, das Kind existiert als anatomisches Einzelwesen.

Diese Erfahrung ist das Grundmuster für die Registrierung aller Lebenssituationen, in denen nach äußerster Anspannung und Qual eine Entspannung und Erlösung vom Leiden eintritt, wie zum Beispiel beim Sturz eines Diktators, beim Zusammenbruch eines totalitären Regimes, beim Ende eines langen, furchtbaren Krieges, beim Überleben einer Naturkatastrophe, beim Nachlassen eines unerträglichen Schmerzes.

Auf geistiger Ebene handelt es sich um den Ich-Tod, um den Verlust aller bisher sinnvollen Bezugspunkte, um den Zusammenbruch der bisherigen Wert-Welt. »Nachdem der Erlebende die tiefste, totale Vernichtung erfahren hat und ›auf dem kosmischen Tiefpunkt‹ angelangt ist«, sagt Grof, »wird er von Visionen eines blendenden weißen oder goldenen Lichts überfallen...« Hierher gehören alle Beispiele, in denen vom Durchgang durch Nacht zum Licht, durch Leiden zur Herrlichkeit und durch den Tod zum Leben die Rede ist (das »Aufleuchten der Sonne um Mitternacht«, die Verwandlung des Bauches der Hölle in den Schoß einer neuen Geburt, die Ausspeiung durch das Ungeheuer). Es herrscht eine Atmosphäre der Befreiung, der Erlösung und Wiedergeburt: »Der betreffende Mensch fühlt sich gereinigt und geläutert, als habe er eine unglaubliche Menge von ›Abfall‹, Schuld, Aggression und Angst abgeworfen. Er empfindet eine überwältigende Liebe zu seinen Mitmenschen, eine Hochschätzung warmherziger menschlicher Beziehungen, von Solidarität und Freundschaft. Diese Gefühle sind begleitet von Demut und der Bereitschaft, sich dem Dienst an anderen und karitativen Tätigkeiten zu widmen. Irrationaler und übertriebener Ehrgeiz, Streben nach Geld, Stellung, Ansehen oder Macht erscheinen in diesem Zustand als absurde und kindische Begierden; es fällt dem Betroffenen schwer, zu glauben, daß er diese Werte einmal für wichtig gehalten und mit Eifer angestrebt hatte.« – Hier sind das Beispiel von der befreiten Geisel und die Äußerungen der Reanimierten einzuordnen.

Die Erlebnisabfolge Tod – Wiedergeburt wird oft durch die Identifikation mit ganz bestimmten Göttern symbolisiert, die Tod und Auferstehung verkörpern. »Der wahrscheinlich am häufigsten vorkommende symbolische Bezugsrahmen für dieses Erlebnis sind Christi Tod am Kreuz und seine Auferstehung, das Karfreitagsmysterium und die Enthüllung des Heiligen Grals.« – Hier ist der typologische Zusammenhang von Jona und Christus einzuordnen sowie das Taufgeschehen als »Mit-Christus-Sterben« und »Mit-Christus-Auferstehen«.

Die traumatischen Erfahrungen, die mit der biologischen Geburt zusammenhängen, prägen als Primär-Erfahrungen im Gehirn die prototypischen Musterformen (Matrizen) späterer ähnlicher Erfahrungen. In LSD-Sitzungen werden gewöhnlich erst eine Reihe von Situationen ähnlicher Art aus verschiedenen Lebensperioden wieder lebendig, ehe die Primär-Erfahrung selbst erlebt wird. »Die Ähnlichkeit zwischen der Geburtserfahrung und gewissen traumatischen Ereignissen im späteren Leben könnte vielleicht der Grund dafür sein, daß dann (wenn in einer LSD-Sitzung das Geburtstrauma wiedererlebt wird) aus der Tiefe Gefühls- und Triebenergien entladen werden, die an dieses fundamentalste Trauma im menschlichen Leben gebunden sind.« Das Wiedererleben der biologischen Geburt, die Zurückführung gegenwärtiger Erfahrung auf die Ur-Erfahrung, kann die Auflösung darauf beruhender Schwierigkeiten bewirken.

Archetypische Stadien der Bewußtseinsentwicklung

Ein weiterer Bezugsrahmen für die Einordnung von Einzelaspekten des Jona-Walfisch-Komplexes bietet Erich Neumann, ein Schüler C. G. Jungs, mit seinem Werk »Ursprungsgeschichte des Bewußtseins« (1949)[83]. Jung schreibt in seinem Vorwort zu diesem Buch, es gehöre »zum Bedeutendsten...., was je auf diesem Gebiet geleistet wurde«. Neumann zeigt darin, »daß und wie eine Reihe von Archetypen einen wesentlichen Bestandteil der Mythologie bilden, gesetzmäßig zusammenhängen und im Nacheinander ihrer Stadien die Entwicklung des Bewußtseins bedingen«, und zwar sowohl die phylogenetische Entwicklung der Menschheit als auch die ontogenetische Entwicklung des Ich-Bewußtseins des einzelnen.

Weil die Bewußtseins-Entstehung, seine Entwicklung und seine Auseinandersetzung mit dem Unbewußten zu den einprägsamsten Erfahrungen der menschlichen Psyche gehören, deswegen sind sie archetypische Figur geworden und erscheinen in der Projektion des Mythos. Neumann faßt dementsprechend einen wesentlichen Teil der Mythologie als »unbewußte Selbstdarstellung der Entwicklung des Bewußtseins innerhalb der Menschheit«. Er unterscheidet drei archetypische Stadien der Bewußtseinsentwicklung, wobei diese ebenfalls den Stadien der biologischen Geburt entsprechen (vor der Geburt, Geburt, Selbstwerdung):

Das Stadium des Enthaltenseins des Ich im Unbewußten
(der Archetyp des Uroboros)

Die Ursprungssituation – das Enthaltensein des Ich im Unbewußten – findet ihren Ausdruck in der Natur- und Schöpfungsmythologie. Sie ist beherrscht von dem Archetyp des Uroboros, der Schlange, die sich in den Schwanz beißt und in sich selbst zeugt, sowie von dem Archetyp der Großen Mutter, der ein kindliches Ich und Bewußtsein zugeordnet ist. Der Uroboros als Symbol des umschlingenden Unbewußten, das den noch keine Selbständigkeit besitzenden Ich-Keim enthält, ist der psychologische Zustand einer menschlichen Frühzeit (phylogenetisch der frühesten Menschheit, ontogenetisch der frühesten Kindheit). Der Uroboros ist mit allen Symbolen der Vollkommenheit ausgestattet: Er ist das Pleroma, das Runde,

Abb. 12   Uroboros-Schlange aus einer griechischen Handschrift

das Paradies und der vorgeburtliche Ort; vorgeburtlich, das heißt vor Geburt des Ich und des Bewußtseins, also vor Spaltung, Konflikt und Leiden.

In diesem Stadium stellt sich das Verschlingungsmotiv in folgendem Sinne ein: Es ist die Sehnsucht des unentwickelten Ich, im Uroboros zu bleiben und darin aufzugehen. Neumann spricht von einem »uroborischen Inzest«, weil der Uroboros diesem unentwickelten Ich-Keim gegenüber auch als Mutter-Archetyp auftritt.

Diesem Stadium ordnet Neumann auch die »nihilistisch-uroborische Mystik« zu, in der sich die Sehnsucht ausdrückt, in einen mütterlichen Schoß zurückzukehren, um im göttlichen Schoß des Nichts selig nicht vorhanden zu sein. Sie ist nihilistisch, weil sie Welt, Mensch, Ich und Bewußtsein verneint. »In ihrem Nihilismus verwandelt sich der schöpferische Nichtspunkt zum Schlund-Schoß der furchtbaren Mutter, die das kaum Geborene schon wieder in ihren Todesschoß zurücksaugt, ohne es erst zum Leben und zu seiner Eigenständigkeit kommen zu lassen.«

Abb. 13   Drachenkampf. Töpfereimuster der Chimuindianer.
Peru

Das Stadium der Loslösung und Abhebung des Ich und des Bewußtseins vom Unbewußten (der Archetyp des Drachenkampfes)

Das Stadium der Loslösung und Abhebung des Ich und des Bewußtseins vom Unbewußten stellt sich im Helden-Mythos dar. Sein typisches Symbol ist der Drachenkampf. »Die Auseinandersetzung mit dem Mutterarchetyp, der, soweit er die festhaltende Kraft des Unbewußten darstellt, als furchtbare und verschlingende Mutter auftritt, beherrscht die Entwicklung der Kindheit und der ersten Jünglingszeit in der Menschheit und beim einzelnen.«

In diesem Stadium spielt das Verschlingungs- und Wiedergeburtsmotiv eine bedeutende Rolle. Dabei wird der Held als Repräsentant des Ich-Bewußtseins, das Nachtmeer-Ungeheuer als Verkörperung des Unbewußten und der göttliche Vater als Symbol des Selbst gedeutet.

Die Geburt des Helden – es handelt sich dabei immer um die Jungfrauengeburt, denn die ungewöhnliche und andersartige Natur des Helden wird als Gezeugtsein von einem Ungewöhnlichen, Andersartigen, Über- und Unmenschlichen, eben dem Dämon oder der Gottheit verstanden – die Geburt des Helden bezeichnet im Mythos die Geburt des »oberen Männlichen«, das mit dem Bewußtsein, dem Ich und dem Willen zusammengehört und dessen Symbol der Kopf und das Auge ist. Die obere Männlichkeit kommt mythologisch darin zum Ausdruck, daß der Held als Sohn Gottes die Macht des Himmels, der immer dem Männlichen zugeordnet ist, verkörpert. Als Vertreter der zeugenden geistigen Welt, die der Held dem Drachen gegenüber durchsetzt, wird er zum Befreier und Retter, zum Verkünder des Neuen, zum Heiland, Weisheits- und Kulturbringer. Der Held ist also »Ich-Held«, sein Kampf gegen den Drachen der Kampf des Ich-Bewußtseins gegen die Macht des Unbewußten.

»Bei dem Drachenkampf des Helden handelt es sich immer um die Gefährdung des geistig männlichen Eigenprinzips durch den Uroborosdrachen, um die Gefahr seines Verschlucktwerdens vom Mütterlichen Unbewußten. Der am weitesten verbreitete Archetyp des Heldenkampfes mit dem Drachen ist der Sonnenmythos, in dem der Held vom Nachtmeer-Ungeheuer abends im Westen verschluckt wird und in dieser Uterushöhle mit dem dort auftretenden, gewissermaßen verdoppelten Drachen siegreich kämpft. Im Osten wird er dann als neue siegreiche Sonne, als sol invictus wiedergeboren oder besser, er vollzieht, indem er sich aktiv aus dem Untier herausschneidet, seine eigene Wiedergeburt. In dieser Reihe von Gefahr, Kampf und Sieg ist das Licht, dessen Bewußtseinsbedeutung wir immer wieder betonen, das Kernsymbol der Heldenwirklichkeit.

Der Held ist immer der Lichtträger und der Repräsentant des Lichtes. Am tiefsten Punkt der Nachtmeerfahrt, auf der der Sonnenheld durch die Unterwelt fährt und den Kampf mit dem Drachen bestehen muß, wird um Mitternacht die neue Sonne entzündet, überwindet der Held das Dunkel ... Das neue Licht und der Sieg wird symbolisiert als Erleuchtung und Verklärung des Hauptes, als Krönung und als Glorienschein. – Die Glorifizierung stellt die Deifizierung dar. Der Held ist die Sonne oder der Mond, das heißt eine Gottheit.«[84]

Den Abschluß des Drachenkampfes bilden gewöhnlich zwei Ereignisse: die Gewinnung der schwer erreichbaren Kostbarkeit (sie ist das Symbol der eigenen schöpferischen Wandlung) und die Hochzeit mit der aus der Gewalt des Drachen befreiten Gefangenen. Die Jungfrau ist das Symbol der Anima, die dem mütterlichen Eros entspricht und im Manne den väterlichen Logos kompensiert. Die »Heilige Hochzeit« ist das Symbol für die schöpferische Vereinigung der Gegensätze.

Der Held ist der archetypische Vorläufer des Menschen überhaupt. Sein Schicksal ist Vorbild, das nachgelebt werden muß und stets nachgelebt wurde, zwar nachlaufend und im Abstand, aber doch soweit, daß die Stadien des Heldenmythos zu den Grundlagen der Persönlichkeitsentwicklung jedes einzelnen gehören. Wie die Menschheit, so durchläuft auch das Individuum diese Phasen: »Der Drachenkampf der ersten Lebenshälfte beginnt mit dem Weg durch die Welt des Unbewußten und endet mit der Heldengeburt des Ich. Die Nachtmeerfahrt der zweiten Lebenshälfte beginnt mit dem Weg durch die Welt und endet mit der Heldengeburt des Selbst.«

Diesem Stadium ordnet Neumann die Drachenkampf-Mystik zu. Ihre Voraussetzung ist das Annehmen der Tatsache der Weltspaltung, des Weltwiderspruchs und der Paradoxie des Lebens in dieser Welt durch das Ich. In dieser Mystik (indischer Yoga, Buddhismus, katholische Mystik der Theresa, Gebets- und Meditationsmystik der Kabbala) geht es keineswegs um einen regressiven Prozeß der Ich-Auflösung, sondern um den der Stärkung und Erweiterung des Bewußtseins. Charakteristisch dafür ist, daß diesen Formen der Hochmystik überall asketische und ethisch rigorose Riten und Haltungen als Vorbereitungen und selbstverständliche Voraussetzungen zugehören. Wie in der Einweihungsmystik der Pubertät und in den Mysterien dienen diese Maßnahmen einer Stärkung der Ich-Festigkeit, einer kontinuierlichen Bemühung, dem Prozeß des Innenweges mit seiner steigenden Manifestation des Numinosen gewachsen zu sein. Neumann sieht in den Hochmystikern Vorläufer dessen, was in der Moderne als Individuationsprozeß für viele, wenn nicht für alle Menschen der zweiten Lebenshälfte vorbildlich geworden ist.

Das Stadium der Individuation (der Archetyp des Osiris)

Das Stadium der Individuation führt nach Erich Neumann aus der Differenzierung zur Integration, von der Herrschaft des Ich als dem Zentrum des Bewußtseins zu der des Selbst als dem Zentrum der Persönlichkeit und aus der Spaltung der Systeme Bewußtsein – Unbewußtes zu ihrer neuen Synthetisierung. Dieses Stadium, das die End- und Reifephase der Menschheits- und Persönlichkeitsentwicklung darstellt, gewinnt im Wandlungs-Mythos Gestalt. Sein archetypisches Symbol ist die Gestalt des Osiris, die sich in unseren Motiv-Kreis einordnet.

»Entsprechend der Sonnenlaufbahn der Bewußtseinsentwicklung, die in der Entfaltung der Lebensalter in jedem Individuum sich wiederholt, bildet die Individuation das Ende des Tagesbogens. Über der Wandlung des Horus-Sonnen-Ich dieser Phase steht Osiris als ›Erster der Westlichen‹. Am Todes- und Endpunkt der Sonnenbahn empfängt Osiris als Selbst den Ich-Horus-Sohn zur Osirifizierung, zur Wandlung ins Selbst ... Das Geheimnis des Mysteriums, das heißt ›Ich und der Vater sind Eins‹, steht auch über dieser Endphase der Wandlung, die Individuation heißt und die den Tod des Ich und den Lebensabschluß krönt.«[85]

Diesem Stadium ordnet Neumann die End- oder Wandlungsmystik zu: »Die Lebensendmystik steht im Zeichen des West-Punktes; ihr archetypischer Herr ist Osiris, sie ist die Todes- und Nach-Todesmystik des ägyptischen und des tibetanischen Totenbuches.«

Der Archetyp des Großen Weiblichen

Erich Neumann hat in seinem 1956 erschienenen Werk »Die Große Mutter« dem Archetyp des Großen Weiblichen eine grundlegende Untersuchung gewidmet. Von daher fällt noch einmal Licht auf unser Motiv.

Über die Struktur des Archetyps des Großen Weiblichen sagt Neumann: Aus der komplexen Unübersichtlichkeit des »Urarchetyps«, in dem positive und negative, männliche und weibliche Elemente nebeneinander vorhanden sind, lösen sich mit zunehmender Differenzierung des Bewußteins spezifizierte Gestalten heraus: die des »Großen Weiblichen« und des »Großen Männlichen«. Aus dem »Großen Weiblichen« wiederum löst sich als zentraler Aspekt die Gestalt der »Großen Mutter«, in der eine Ordnung der Elemente sichtbar geworden ist. Sie enthält sowohl gute als auch böse Elemente, die auch selbständig in der Gestalt der »guten Mutter« und der »furchtbaren« oder »verschlingenden Mutter« heraustreten können. Die Gestalten dieser »archetypischen Gruppe« erscheinen, wie Neumann an Hand reichen Materials zeigt, in der Projektion des Mythos.

Neumann unterscheidet zwei Charaktere des Weiblichen (die zwar nebeneinander vorhanden sind, aber von denen immer einer dominiert): den Elementar- und den Wandlungscharakter.

Der Elementarcharakter wird überall da evident, wo Ich und Bewußtsein noch unentwickelt sind und das Unbewußte dominiert. Das noch schwache oder geschwächte Ich sinkt, der »psychischen Gravitation« folgend, immer wieder ins Unbewußte zurück, ja hat die Tendenz, in den ursprünglich unbewußten Zustand zurückzukehren. Er kann sowohl negativ als Verschlingung als auch positiv als Bergendes erfahren werden. In diesem Zusammenhang kommt Neumann auf den Sonnen-Verschlingungsmythos zu sprechen:

Eine psychische Depression ist durch einen »Libidoverlust« des Bewußtseins charakterisiert, »der sich in Lust- und Initiativelosigkeit, in Willensschwäche, Müdigkeit, Unfähigkeit zur Konzentration und zur Arbeit und in ›negativen‹ Inhalten äußert, wie Gedanken an Tod, Mißerfolg, in Lebensmüdigkeit, in Selbstmordneigungen. Dieses psychische Geschehen wird aber oft auch sichtbar. Es erscheint zum Beispiel in der bekannten Symbolik des ›Verschlungenwerdens‹ des Lichtes, der Sonne, des Mondes oder des Helden durch die Finsternis, die als Nacht, Abgrund, Hölle, Ungeheuer usw. auftritt. Eine tiefenpsychologische Analyse deckt dann auf, daß es sich um den Einbruch eines Archetyps handelt, wie die furchtbare verschlingende Mutter, deren psychische Attraktion kraft ihrer energetischen Ladung so groß ist, daß ihr die Ladung des Ich-Komplexes nicht gewachsen ist, so daß er ›absinkt‹ und ›verschlungen‹ wird. Eine Gegenbewegung kann sich nun symbolisch so darstellen, daß sich der vom Ungeheuer verschlungene Held ein Stück von dessen Herzen abschneidet und es tötet… Auf diese Weise wird das Ich gestärkt und das Bewußtsein erweitert. Es entzieht dem Archetyp auf diese Weise nicht nur die Libido, die es an ihn verloren hatte, sondern entnimmt darüber hinaus dem ›abgeschnittenen‹ oder ›abgespaltenen‹ Teil des Archetyps neue Libido, indem es ihn ›verarbeitet‹, das heißt verdaut.«[86]

Der Wandlungscharakter ist gekennzeichnet durch die entgegengesetzte Tendenz zur Veränderung und Erweiterung des Bewußtseins. Auch er kann negativ und positiv erfahren werden.

Beide Charaktere werden umschlossen von ein und demselben Symbol, das den Mittelpunkt der Symbolik des Großen Weiblichen bildet: das Symbol des Gefäßes. Das Körper-Gefäß-Symbol wird vom Primitivmenschen auf den Kosmos projiziert und so die Welt als Weltkörpergefäß erlebt. Bestimmte kosmische Größen, Weltgegenden, Sternbilder usw. werden den Regionen des Körpers zugeordnet. Diese Zu-Ort-nung, wie Leopold Ziegler sagen würde, wird vom Primitivmenschen so allgemein durchgeführt, daß die Welt-Körper-Entsprechung als ein Gesetz des primitiven Weltbildes gelten kann.

Der Mund »als fressendes, zerreißend-verschlingendes Symbol der Aggression ist für den gefährlichen ›negativen Elementarcharakter‹ des Weiblichen kennzeichnend«.

Der Bauch, zu dem der Schoß als Symbol des Eingangs in diese Region gehört, symbolisiert die Ganzheit des enthaltenden Gefäß-Körpers.

»Die tiefste Stufe dieser Welt des Bauches ist das Reich der Unterwelt, die im ›Bauch‹ oder im ›Schoß‹ der Erde enthalten ist. Teile dieses Bezirkes sind nicht nur die Dunkelwelt des Unterirdischen als Hölle und Nacht, sondern auch die Symbole von Schlucht, Schlund und Abgrund ebenso wie von Tal und Tiefe, die in unzähligen Riten und Mythen die Rolle des Schoßes der zu befruchtenden Erdregion spielen.« Das Bauchgefäß bestimmt auch »als Unheilsgefäß den Nachtweg der Gestirne durch die Unterwelt, es ist der Bauch des ›Walfischdrachens‹, welcher – wie Jona – den Sonnenhelden jede Nacht im Westen verschlingt«. – »In der Symbolgruppe, die zum Westpunkt des furchtbaren Weiblichen gehört – Nacht – Abgrund – Meer – Wassertiefe – Schlange – Drache – Walfisch –, sind alle Symbole miteinander kontaminiert und ineinander verwoben. Verschlingendes Wasser, zerreißender Erd-Schoß, Abgrund des Todes, feindliche Nacht- und Todesschlange, Walfisch, Meer und Walfisch im Meer; alle sind Aspekte des negativen Unbewußten, das als ›Wasser der Tiefe‹ in der Erde und der Welt der Menschen im nächtlichen Dunkel lebendig ist und als Gefahr der einbrechenden Wasser die Welt mit Wasser zu füllen droht.«[87]

Neumann faßt seine Analyse des Archetyps des Großen Weiblichen in dem nachstehenden Struktur-Schema zusammen, das die innere Dynamik des Archetyps veranschaulichen soll. Es besteht aus drei konzentrischen Kreisen und zwei diagonal laufenden Achsen. Die Kreise stellen die Entfaltungen der Charaktere des Weiblichen dar: Elementarcharakter, Wandlungscharakter und Geistwandlung (= grundsätzliche Veränderung der Persönlichkeit und des Bewußtseins). Die Achsen entsprechen den beiden Charakteren des Weiblichen. Sie sind durch den Schnittpunkt in eine obere positive und eine untere negative Hälfte geteilt. Das Zentrum des Elementarkreises erfüllt die Funktion des Enthaltens. Die Bewegung auf den Achsen repräsentiert die Bewegung des Ich und des Bewußtseins. In der positiven Richtung der Achse, die den Elementarcharakter bezeichnet, sind die Funktionen des Gebärens und Freigebens, der Neu- und Wiedergeburt eingezeichnet. Sie charakterisieren den Weg des Lebens und den Weg des Bewußtseins aus dem Dunklen ins Helle. Beide Wege führen immer und grundsätzlich aus der Nacht zum Licht. Dieser Bewegung sind die Vegetations-Mysterien zugeordnet. Wir haben es hier mit dem Aspekt der »guten Mutter« zu tun. In der negativen Richtung derselben Achse sind die Funktionen des Einfangens und Festhaltens, des Fressens und des Todes eingezeichnet. Sie bezeichnen die aggressive Tendenz der »furchtbaren« oder »verschlingenden Mutter«. Ihnen sind die Todes-Mysterien zugeordnet.

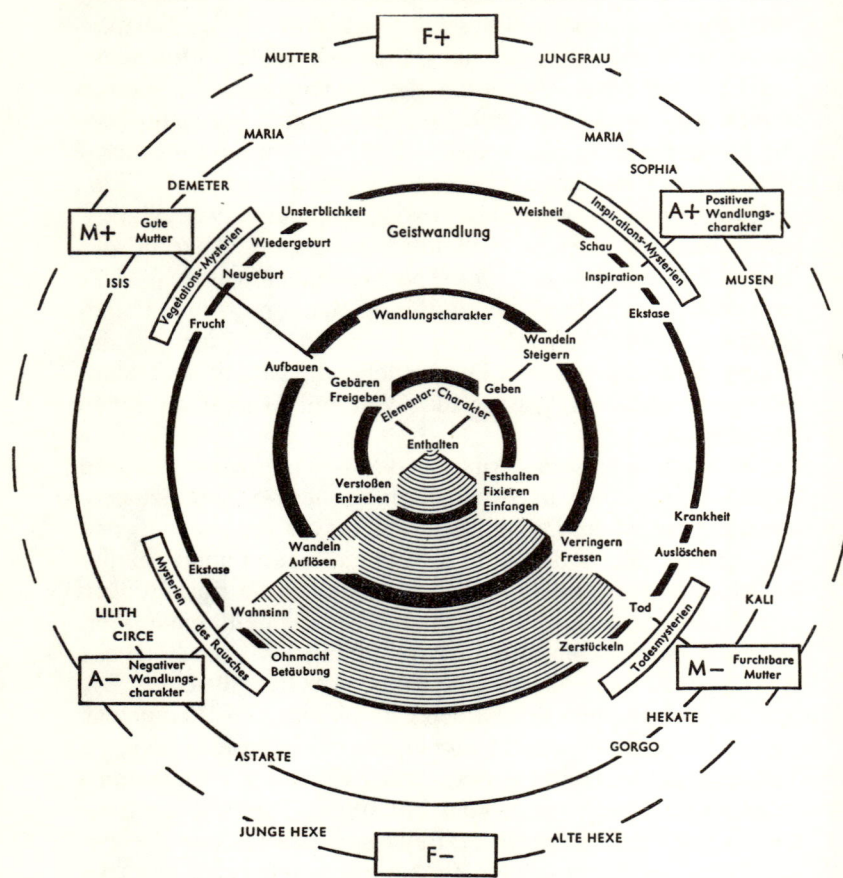

Struktur-Schema des Großen Weiblichen

Auf der Achse, die den Wandlungscharakter bezeichnet, entsprechen sich die Funktionen: Geben – Verstoßen; Steigern – Auflösen; Inspiration – Wahnsinn. Ihnen sind die Inspirations-Mysterien und die Mysterien des Rausches zugeordnet. Bei diesem Schema ist zu beachten, daß die äußeren Pole nicht Endpunkte, sondern Wendepunkte sind, an denen das Ich über diesen Pol hinaus in seinen Gegensatz gerät. So kann zum Beispiel der Weg über die Gefahr zum Heil, über die Auslöschung im Tode zur Wiedergeburt und Neugeburt führen.

Tiefenpsychologisches Symbolverständnis

Welches Symbolverständnis liegt der tiefenpsychologischen Symboldeutung, insbesondere der der Analytischen Psychologie C. G. Jungs zugrunde?

Sigmund Freud hat als erster die Erscheinungen des Unbewußten wissenschaftlich erforscht und die prinzipielle Wesensverwandtschaft von Träumen und Mythen erkannt. In seinem klassischen Werk »Die Traumdeutung« zieht er eine Parallele zwischen individualpsychologischen Erscheinungen und der Sage von König Ödipus, woraus er dann den Begriff »Ödipuskomplex« entwickelte. Auch zog er zur Deutung einer »Kindheitserinnerung des Leonardo da Vinci« mythisches Material heran. Aber als psychoanalytischer »Aufklärer«, der die Menschen aus ihrer selbstverschuldeten Unmündigkeit befreien wollte, war seine Auffassung vom Symbol negativ bestimmt. Man kann das »Freudsche Symbol« (Ernest Jones) so charakterisieren:

Symbole (Traumsymbole, Symbolhandlungen) sind Ausdruck eines dahinterstehenden innerseelischen Konflikts: Sie repräsentieren Triebregungen des Unbewußten, die verdrängt wurden, weil sie mit den anerzogenen Norm- und Wertvorstellungen nicht übereinstimmen. Nur in Gestalt eines symbolischen Ersatzausdrucks (symbolische Stellvertretung für ein reales Geschehen) werden sie bewußtseinsfähig, wird eine Abfuhr der Triebenergien ermöglicht.

Die Verbindung von Symbolbildung und Verdrängungsvorgang läßt die individuellen und kollektiven Symbole durchweg als Ausdruck der individuellen Geschicke und Triebschicksale des einzelnen (Erinnerungen, Strebungen, Verdrängungen) erscheinen. Sie werden auf ein persönliches Unbewußtes zurückgeführt. Abnorme und normale Verhaltensweisen unterscheiden sich nicht grundsätzlich voneinander; sie sind nur quantitativer, nicht aber qualitativer Art. Die Symbolbildung wird analog zur Entstehung des neurotischen Symptoms verstanden. Normale Symbolbildungsprozesse werden durch pathologische erklärt. Philosophie wird als eine Form des Wahns aufgefaßt, Religion als eine kollektive Zwangsneurose und Kunst als eine Form »milder Narkose«, der jedoch auch einige gute Seiten abzugewinnen sind.

Symbole sind mehrdeutig; sie sind aber in (rationale) Eindeutigkeit zu überführen. Die Symbolbildung muß beseitigt und der Mensch zu einem direkten Umgang mit der harten, unerbittlichen Realität erzogen werden (Symbolisierung als nur indirekter, medialer Umgang mit der Wirklichkeit).

Im Werk Freuds selbst finden sich Ansatzpunkte zu einer Revision dieses psychoanalytischen Symbolbegriffs, die auf eine Rehabilitierung der Symbolfunktion hinauslaufen: Nicht die Verdrängung bewirkt die Symbolbildung, sondern umgekehrt: Der Verzicht auf Symbole, die unterdrückte Bedürfnisse und Konflikte darstellen, bewirkt die Verdrängung. Das Symbol ist nicht das Symptom einer Neurose, sondern wenn Symbole in der öffentlichen Kommunikation ausgeschlossen und in Privatsprache umgesetzt werden, droht eine Neurose. Symbole sind nicht generell pathologische Erscheinungen; sie können die »Befreiung von dem augenblicklichen Zwang der äußeren wie vom triebhaften Zwang der inneren Wirklichkeit« (Friedrich Hacker) ermöglichen, weil sie dieselben Gefühle auf sich ziehen können wie das, wofür sie stehen. (Neurotische Symbole werden im Unterschied dazu als »Klischee« bezeichnet.) Die Symbolbildung ist nicht dem Übergang von der Sachvorstellung zur Wortvorstellung, also dem Vorgang der Begriffsbildung (Sekundärprozeß) zuzuordnen, sondern dem Übergang von der Sache selbst zur Sachvorstellung (ohne über die Wortvorstellung und den Begriff zu gehen), (Primärvorgang). Die Symbolfunktion liegt zwischen Zeichenfunktion und Klischeebildung. Kollektive Symbole führen die Konflikte des einzelnen auf allgemein-menschliche Grundkonflikte zurück.

Heute kann von einem Psychoanalytiker der Freudschen Schule gesagt werden: »Auf breiter Basis hat sich heute die Erkenntnis durchgesetzt: der Umgang mit Symbolen ist lebenswichtig für den Menschen.«[88]

Der Neuformulierung des psychoanalytischen Symbolbegriffs entspricht in der Theologie die Erkenntnis, daß die Symbolsprache keine überholte, sondern die adäquate Ausdrucksweise religiöser Wahrheit ist. Symbole dürfen nicht als Information über reale Tatsachen mißverstanden werden. Sie können nicht durch rationale Begriffe ersetzt werden. Der Umgang des heutigen Menschen mit Symbolen kann aber nicht mehr der des naiven, undifferenzierten Menschen sein, sondern kann nur noch im Bewußtsein des symbolischen Charakters des Symbols geschehen.

Im unterschiedlichen Symbolverständnis lag der Grund für den Bruch zwischen Freud und Jung. C. G. Jung versteht sein Buch »Symbole der Wandlung« (erste Auflage: »Wandlungen und Symbole der Libido«) als »Markstein« an der Stelle, an der sich sein Weg von dem Freuds trennt: »Der begriffliche Rahmen, in welchen Freud die seelische Erscheinung spannte, erschien mir unerträglich eng. Ich meine damit ... den reduktiven Kausalismus seines allgemeinen Standpunktes und das sozusagen vollständige Außerachtlassen der für alles Psychische so charakteristischen Zielgerichtetheit.«[89]

Jungs Buch war ein »Programm der folgenden Jahrzehnte« seines Lebens und Forschens, in denen er den als zu eng empfundenen Rahmen erweiterte, um das Ganze des psychischen Phänomens ins Blickfeld zu rücken. Es ging ihm hauptsächlich darum, »die medizinische Psychologie von dem damals vorherrschenden subjektiven und personalistischen Charakter ihrer Anschauungsweise wenigstens soweit zu befreien, daß es möglich wurde, das Unbewußte als eine objektive und kollektive Psyche zu verstehen«. Jung hat an diesem Buch bis zu seiner endgültigen Fassung (4. Aufl. 1952) vierzig Jahre immer wieder gearbeitet. Es gilt als eine seiner »zentralsten und bahnbrechenden Schriften«. Der Titel der letzten Auflage, »Symbole der Wandlung«, zeigt, daß es um das Symbolverständnis geht, und zwar auf folgendem Hintergrund: »Unsere Kultur hat ja schon längst vergessen, symbolisch zu denken, und selbst der Theologe weiß mit der Hermeneutik der Kirchenväter nichts mehr anzufangen. Die cura animarum (Seelsorge) liegt beim Protestantismus vollends im argen.«[90]

Jung hat mit seinem Buch keine abstrakte Abhandlung über die Bedeutung der Symbole schreiben, auch nicht eine allgemeine Mythentheorie aufstellen wollen, sondern er hat das Phantasiematerial einer ihm unbekannten jungen Amerikanerin analysiert, das in einer psychologischen Zeitschrift veröffentlicht worden war. Es geht ihm in erster Linie um ein Verstehen der menschlichen Seele und erst im Zusammenhang damit um das Verstehen der Symbole als Ausdruck einer seelischen Situation: »Die Symptomatik dieses Falles bildet den Ariadnefaden durch die Labyrinthe symbolistischer Parallelen,

…welche zur Feststellung des Sinnes archetypischer Zusammenhänge unerläßlich sind.« Jung wollte also kein Buch über Symboldeutung schreiben, sondern einen Beitrag zu einer »Wissenschaft von der Seele« leisten, um dem Übelstand abzuhelfen, daß das medizinische Wissen nur Kenntnis von einer Krankheit hat, nicht aber von der Seele, die krank ist. Er ist überzeugt: Es kann Lebensrettung bedeuten, wenn der Arzt sich der Phantasieprodukte annimmt und den darin angedeuteten Sinn dem Patienten zugänglich macht, so daß er dies Stück des Unbewußten aufnehmen und die gefahrdrohende Trennung von Bewußtsein und Unbewußtem abbauen kann; denn: »Je weiter sich der Spalt zwischen Bewußtsein und Unbewußtem auftut, desto näher rückt die Spaltung der Persönlichkeit, welche bei neurotisch Disponierten zur Neurose, bei psychotisch Veranlagten aber zur Schizophrenie, zum Persönlichkeitszerfall, führt« – wie bei dem von ihm analysierten Fall.

Jungs Methode besteht darin, daß er bei der Analyse individual-psychologischer Probleme in reichem Maße mythologisches und etymologisches Vergleichsmaterial heranzieht, um von dorther neue Einsichten in die Grundlagen der Psychologie zu gewinnen. Denn: »Neben den offensichtlichen persönlichen Quellen verfügt die schöpferische Phantasie auch über den vergessenen und längst überwucherten primitiven Geist mit seinen urtümlichen Bildern, die sich in den Mythologien von allen Zeiten und Völkern offenbaren. Die Gesamtheit dieser Bilder formiert das kollektive Unbewußte, welches in potentia jedem Individuum durch Vererbung mitgegeben ist. Es ist das psychische Korrelat der menschlichen Gehirndifferenzierung. In dieser Tatsache liegt der Grund, warum die mythologischen Bilder spontan und unter sich übereinstimmend nicht nur in allen Winkeln der weiten Erde, sondern auch zu allen Zeiten immer wieder aufs neue entstehen können. Sie sind eben immer und überall vorhanden.«

Aufgrund der weitreichenden »Analogie zwischen dem psychologischen Aufbau der historischen Relikte und der Struktur moderner individueller Produkte« können sich beide wechselseitig erhellen: Historische, zeitlich und ethnisch entlegene Materialien können neues Licht in individualpsychologische Zusammenhänge bringen, und umgekehrt können psychologische Erkenntnisse, die aus der Tätigkeit der modernen unbewußten

Seele geschöpft sind, das Verständnis mythologischer Gebilde fördern. »Die schöpferische Grundlage ist nämlich überall die gleiche menschliche Psyche und das gleiche menschliche Gehirn, das mit relativ geringen Variationen überall in der gleichen Weise funktioniert.« Weil die Grundstruktur der unbewußten Seele überall dieselbe ist, darum kann Jung zum Beispiel Traummotive einer modernen Amerikanerin und einen indianischen Mythos zueinander in Beziehung setzen.

Wie geschieht es, daß das Kollektive Unbewußte sich in Phantasieprodukten heute lebender Menschen manifestiert? Wenn ein Mensch – meist infolge von Schwierigkeiten – seine seelische Energie (Libido) von den äußeren Objekten abzieht und nach innen, ins Subjekt wendet (introvertiert), dann greift er »zurück auf die individuelle Vergangenheit und holt aus dem Schatzhause der Erinnerungen jene früh geschauten Bilder herauf, welche die Zeit, wo die Welt noch voll und rund war, wiederbringen. Zuallererst und an oberster Stelle sind es die Erinnerungen der Kindheit und darunter Vater- und Mutterbild. Sie sind die Einzigartigen und Unvergänglichen, und es braucht darum im Leben des Erwachsenen nicht viel an Schwierigkeiten, um jene Erinnerungen wieder wachzurufen und wirksam zu machen.«

Geht die Regression weiter, über die Kindheitsphase hinaus, in die vorbewußte (»pränatale«) Phase, »so treten archetypische Bilder auf, welche sich nicht mehr mit Individualerinnerungen verbinden, sondern zu jenem Schatze ererbter Vorstellungsmöglichkeiten gehören, welche mit jedem Menschen wieder geboren werden«. Wohlgemerkt, Jung spricht nicht von ererbten Vorstellungen, sondern von ererbten Vorstellungsmöglichkeiten, das heißt von einer »angeborenen Disposition zu parallelen Vorstellungsbildungen« oder von »universalen, identischen Strukturen der Psyche«, die dem biologischen Begriff des »pattern of behaviour« entsprechen. Diese Strukturen der unbewußten Psyche nennt Jung »Archetypen«. Es handelt sich bei dieser »Mythenwelt der Archetypen« nicht um infantile Reminiszenzen pathologischer Natur, sondern um archaische Denkformen, die im Kindesalter klarer hervortreten, aber ebenso im Phantasiedenken erwachsener Menschen zum Ausdruck kommen können.

In diesem Zusammenhang stellt Jung die Frage, wie es zur

Symbolbildung kam, wie die Menschheit sich die Welt der Mythen mit ihren oberen und unteren Göttern schuf und was es bedeutet, wenn sie der sinnlich wahrnehmbaren Wirklichkeit eine andere, anders geartete geistig-religiöse Wirklichkeit überordnete. Jung führt aus: Die schöpferische Phantasie schuf sich Analogien der Triebvorgänge und leitete die seelische Energie (Libido) auf sie über. Diese Analogien sind die auf Archetypen beruhenden Symbole. Symbole sind nach der Definition Jungs Bilder für zum größten Teil bewußtseinstranszendente Inhalte. Ein Symbol hat zahlreiche analoge Varianten, und je mehr Varianten es hat, desto völliger und zutreffender stellt es den unbewußten Inhalt dar. Die Gesamtheit der Symbole spiegelt die Grundstruktur des Kollektiven Unbewußten wider. Symbole bilden demnach nicht die Wirklichkeit der Welt, sondern die Wirklichkeit der Seele ab. Sie sind gleichsam die Strombetten, in denen sich der Fluß des psychischen Geschehens bewegt.

Durch die Überleitung der seelischen Energie auf analoge symbolische Vorstellungen wurde sie aus ihrer bloßen Triebhaftigkeit befreit, wurde sie aus einer niederen Form in eine höhere, aus ihrer sinnlichen Gebundenheit ins Geistige übergeleitet. Symbole funktionieren also als »Umformer« und sind als solche »Brücke zu allen größten Errungenschaften der Menschheit«.

Jung veranschaulicht diesen Vorgang an einem der stärksten Triebe, nämlich der Sexualität. Die meisten Symbole, auch die religiösen, stellen mehr oder weniger Analogien dieses Triebes dar. Auf sie wird die sexuelle Triebkraft übergeleitet und sublimiert. Wo sie ihre bindende Kraft verlieren oder verworfen werden, fällt der Mensch wieder in die ursprüngliche Triebhaftigkeit, Roheit und Unbewußtheit zurück.

Ein anderes Beispiel Jungs: Die wichtigste Beziehungsform der Kindheit, nämlich die Beziehung zur Mutter, wird, wenn der Mensch erwachsen und selbständig wird, durch den Archetyp der Mutter kompensiert. Die Mutter stellt als Ursprungswesen dem Bewußtsein gegenüber das Unbewußte dar. Der Archetyp der Mutter wird beispielsweise auf die »Mutter Maria« oder ein anderes Muttersymbol (Stadt, Quelle, Höhle und andere), auf die »Mutter Kirche« oder eine Gemeinschaft übertragen, in der der Mensch ursprüngliches Vertrauen und ursprüngliche Geborgenheit erfährt. Im christlichen Bereich stehen für diesen Vorgang die Worte Jesu: »Wer den Willen tut meines Vaters im Himmel, der ist mein Bruder und meine Schwester und meine Mutter« (Matthäus 12, 50).

Ein weiteres Beispiel für eine symbolische Vorstellung, auf die seelische Energie übergeleitet wird, ist die der »Nachtmeerfahrt«, des wandernden Sonnenhelden, des verschlingenden und wieder ausspeienden Walfischdrachen, die uns in diesem Buch vornehmlich beschäftigt. Sie ist, wie deutlich wurde, nichts anderes als »unser bildgewordenes ewiges Wissen von Sonnenuntergang und Wiedergeburt« (J. Jacobi)[91].

Grenzen tiefenpsychologischer Symboldeutung

C. G. Jung hat die Symbole zwar einseitig unter tiefenpsychologischem Aspekt gedeutet, aber er war sich der Begrenztheit seiner Symboldeutung vollauf bewußt. Das kommt zunächst darin zum Ausdruck, daß er zwischen der Deutung auf der »Subjektstufe« und der Deutung auf der »Objektstufe« unterscheidet[92].

Bei der Deutung auf der Subjektstufe werden die in den Produkten des Unbewußten vorkommenden Personen und Verhältnisse »auf subjektive, gänzlich der eigenen Psyche angehörende Faktoren bezogen«. Die Symbole des Unbewußten sind Bilder der subjektiven Beziehung zum Objekt und vertreten relativ selbständige Funktionskomplexe in der Psyche.

Bei der Deutung auf der Objektstufe dagegen werden die in den Produkten des Unbewußten vorkommenden Personen und Verhältnisse »auf objektiv-reale Personen oder Verhältnisse bezogen«. Für diese Deutung sind die Bilder des Unbewußten Ausdruck einer »mit dem Objekt, der Welt, verknüpften Beziehungsfunktion, welche das Individuum in eine unbedingte, verpflichtende und unauflösbare Gemeinschaft mit der Welt versetzt«.

Jung leugnet also nicht, daß mythischen Aussagen ein objektives Geschehen zugrunde liegt (zum Beispiel der Weg der Sonne), und er bestreitet nicht die Berechtigung der naturmythologischen Deutung (Frobenius). Aber er weiß, daß beim mythischen Menschen Innen und Außen noch nicht unterschieden werden, daß sich in den außen wahrgenommenen Vorgängen unbewußte, innerseelische Vorgänge widerspiegeln. Darum ergänzt Jung die Deutung auf der Objektstufe durch die Deutung auf der Subjektstufe. Es ist richtig, daß Jung sich als Psychologe allein für die psychologische Seite mythischer Aussagen interessiert, aber es ist falsch, ihm deshalb zu unterstellen, er löse den Mythos in Psychologie auf, so daß dieser als Naturerklärung und Weltdeutung verschwinde (Walter F. Otto). Jung sah eine Entsprechung zwischen naturgesetzlich-welthaften Abläufen im Kosmos und innerseelischen Abläufen in der menschlichen Psyche (»Synchronizität«). Die »Wirklichkeit der Welt« und die »Wirklichkeit der Seele« waren für ihn zwei Seiten der »Einheitswirklichkeit«, die Materie und Psyche umgreift.

Zum andern läßt die Unterscheidung zwischen der Deutung auf der Subjektstufe und auf der Objektstufe auch Raum für den sozialen Aspekt des Symbols, wie er von der psychoanalytischen Sozialpsychologie und der Soziologie ausgearbeitet worden ist. Nach C. G. Jung steht das individuelle Dasein in der »Tiefe« weit umfassender und wirklicher mit der Umwelt und mit anderen Menschen in Wechselbeziehung, als dies jede bewußtheitliche Relation zu fassen vermag[93]. Für den mitmenschlich-menschheitlichen Aspekt der Kollektivität des Unbewußten verwendet er den Begriff der »Sozialität«. Dieser absichtlich gebrauchte Begriff zeigt die Nähe zur modernen soziologischen Wissenschaft, die das Symbol als Ausdruck der Beziehungen des Menschen zu anderen Menschen und zu seiner Umwelt versteht (symbolischer Interaktionismus). »Ein wesentlicher Teil des Selbstes«, sagt der Soziologe, »besteht aus den anderen in der eigenen Person« (Horst Kämpfer)[94]. Die wachsende Einsicht in die Verflechtung der psychischen und sozialen Dimension – der Mensch wird gleicherweise von den unbewußten Niederschlägen früherer Erfahrungen wie von den unbewußten Auswirkungen der augenblicklichen sozialen Realität psychisch beeinflußt – erfordert eine engere Zusammenarbeit zwischen Psychoanalytikern und Sozialwissenschaftlern (H. E. Richter)[95].

Sodann hat Jung immer wieder betont, daß er als grenzbewußter Psychologe vom theologischen Gesichtspunkt absehe. Er hat wiederholt klargestellt, daß seine psychologische Symboldeutung keineswegs an die Stelle metaphysischer Deutung tritt. Das archetypische Gottesbild, das unabhängig von der

Einstellung des Bewußtseins existiert, ist »eine seelische Existenz, die als solche nicht mit dem Begriff eines metaphysischen Gottes verwechselt werden darf. Die Existenz des Archetypus *setzt* weder einen Gott, noch leugnet sie einen solchen.«[96] Jung hat selbst darauf hingewiesen, daß das Wort »typos«, das in dem Begriff »Archetypus« enthalten ist, »Einprägung« bedeutet, daß also die archetypischen Bilder ein der Seele Eingeprägtes, ein Prägendes voraussetzen. Der grenzbewußte Psychologe richtet sein Augenmerk nicht auf das Prägende, sondern allein auf das Geprägte, auf die Manifestationen des Prägenden in der menschlichen Seele. Insofern ist die psychologische Symboldeutung ein Korrektiv zur theologischen Symboldeutung, als sie das in der Seele Erfahrene im Blick hat, nicht aber das rational Gewußte. Zwischen beiden klafft oft eine tiefe Kluft.

Das archetypische Gottesbild und das archetypische Bild des Selbst entsprechen einander. (Das Selbst ist nach Jung das Zentrum der Bewußtes und Unbewußtes umfassenden Ganzheit des Menschen.) Selbsterfahrung und Gotteserfahrung sind zwei Seiten desselben Vorgangs. Christus ist das der Seele eingeprägte Gottesbild. Er stellt als Gott-Mensch eine Ganzheit dar, die alle Gegensätze in sich vereint. Als Ganzheitssymbol ist er die bewegende Kraft, die den Menschen in Richtung auf seine Ganzheit (Heil) in Bewegung setzt. Die Neuwerdung des Menschen vollzieht sich im Unterwegssein zur Vereinigung mit dem wahren Selbst. Dieser Prozeß der Selbstwerdung (Individuation) ist ein Weg der Wandlungen, der sich in den »Symbolen der Wandlung« manifestiert.

»Bestände nicht eine Affinität (›Magnet‹!) zwischen der Figur des Erlösers und gewissen Inhalten des Unbewußten, so hätte nie ein menschlicher Geist das Licht in Christo erblicken und es mit Inbrunst erfassen können. Das Verbindungsstück beider ist der Archetypus des Gottmenschen, der einerseits in Christo historische Wirklichkeit wurde und andererseits, als ›ewig‹ vorhanden, die Seele als übergeordnete Ganzheit, eben als Selbst, beherrscht...«[97]

Gert Hummel resümiert: »In der Koinzidenz von Selbst- und Gottesbild offenbart sich die imago Dei, die Gottebenbildlichkeit des Menschen in des Wortes eigentlicher und doppelter Bedeutung: als göttliches Bild des Menschen *und* als menschliches Bild Gottes.«[98]

Eine »Tiefentheologie«, die – in ähnlicher Weise wie die Tiefenpsychologie die Psychologie um die Jahrhundertwende ergänzte – die rationalistische Theologie unserer Tage ergänzen würde, müßte sich in die Tiefe hinabbegeben, die auf denkerischem Weg, auf dem Weg biblischer Textanalyse, historischer Forschung und allgemeiner theologischer Reflexion nicht zu erreichen ist, die sich nur der seelischen Erfahrung erschließt[99]. Das heißt, der Mensch müßte selber – wie der mythische Held – in jene »ungeheuerliche« Tiefe hinabsteigen, in unbekannte Bereiche vordringen, die ihn mit Schaudern erfüllen und die ihn ängstlich erzittern lassen. Aber vielleicht würde er das Mysterium schauen und als Erneuerter wiedergeboren werden, um seiner göttlichen Berufung zu folgen.

Abschließend und zusammenfassend läßt sich sagen: Die tiefenpsychologische Symboldeutung erfaßt im wesentlichen einen Teilaspekt des komplexen Symbols, nämlich den, der Ausdruck der Beziehung des Menschen zu sich selbst ist, wobei dieses »Selbst« Bewußtes und Unbewußtes umfaßt. Solange dieser Aspekt nicht absolut gesetzt und für allein gültig angesehen wird, ist die tiefenpsychologische Symboldeutung hilfreich und erhellend. Das Symbol ist mehrdimensional. Wie sich der Körper des Menschen im dreidimensionalen Raum und in der Zeit bewegt, so lebt die »Seele« des Menschen in einem dreidimensionalen Beziehungssystem. Dieses ist bestimmt durch die Beziehung zu sich selbst (Bewußtes und Unbewußtes), zu seiner Umwelt (Personen und Sachen) und zum Absoluten, Unbedingten, Umfassenden, Letzten (Gott). Das Symbol ist Ausdruck dieses komplexen Beziehungsgefüges. Es kann darum unter drei verschiedenen Aspekten gedeutet werden, die wohl unterschieden, nicht aber voneinander geschieden werden können: der tiefenpsychologische, der soziologische und der religiöse Aspekt des Symbols. Das wird gerade an dem Symbol des »Selbst« deutlich, das einen individuellen, einen sozialen und einen religiösen Bezug aufweist[100].

Nimmt man doch die Dimension der Zeit hinzu, so zeigt sich, daß Symbole – kollektiv wie individuell – wandelbar sind: Sie tauchen auf und sinken ab, sie gewinnen bindende Kraft und verlieren ihre Verbindlichkeit, sie üben Faszination aus und verkommen zu eindeutigen Zeichen oder zwanghaften Klischees.

Anmerkungen zu »Das Jona-Motiv in der Deutung der Tiefenpsychologie«

1 F. Seifert/R. Seifert-Helwig, Bilder und Urbilder. Erscheinungsformen des Archetypus, München/Basel 1965, S. 134 ff.

2 Ch. Beradt, Das Dritte Reich des Traums (suhrkamp taschenbuch 697), München 1981, S. 20

3 Chr. Meckel, Werkauswahl. Lyrik-Prosa-Hörspiel. Zusammengestellt von W. Unverhau, München 1971, S. 118

4 I. Grünauer, in: Beispiele (6) des Württembergischen Staatstheaters Stuttgart 1973

5 G. Orwell, Im Innern des Wals. Ausgewählte Essays I (detebe 63/II), Zürich 1975, S. 94 ff.

6 Günter Kunert, Jonas; in: Camera Obscura (Fischer Taschenbuch Verlag 2108), Frankfurt a. M. 1980, S. 92

7 Karl Saurer, Alain Tanner. Die Gegenwart mit den Augen der Zukunft sehen; in: Film in der Schweiz (Reihe Hanser 265, Reihe Film 17), München/Wien 1978, S. 167 ff.

8 C. G. Jung, Psychologie und Religion, Zürich 1940, S. 93

9 C. G. Jung, Von den Wurzeln des Bewußtseins. Studien über den Archetypus, Zürich 1954, S. 6 f.

10 C. G. Jung, s. Anm. 8, S. 126

11 C. G. Jung/K. Kerényi, Einführung in das Wesen der Mythologie, 4. Aufl. 1951, S. 145

12 U. Steffen, Das Mysterium von Tod und Auferstehung. Formen und Wandlungen des Jona-Motivs, Göttingen 1963

13 C. G. Jung, Symbole der Wandlung. Analyse des Vorspiels zu einer Schizophrenie, Olten/Freiburg i. Br. 2. Aufl. 1977, S. 376

14 Ebd., S. 377 f.

15 Leo Frobenius, Das Zeitalter des Sonnengottes, Berlin 1904

16 Ebd.

17 C. G. Jung, s. Anm. 13, S. 286

18 Ebd., S. 445

19 Esther Harding, Das Geheimnis der Seele. Ursprung und Ziel der psychischen Energie, Zürich o. J., S. 288

20 Ebd., S. 289

21 Ebd., S. 289

22 Ebd., S. 298

23 H. Wöller, Reingefallen, und doch ein Held. Die Geschichte des Jona. Rundfunkessay am 18. 12. 1977 im SFB

24 Chr. Meves, Die Bibel antwortet uns in Bildern. Tiefenpsychologische Textdeutungen im Hinblick auf Lebensfragen heute (Herderbücherei Bd. 461), Freiburg i. Br. 1973, S. 52 f.; Dies., Ninive darf nicht untergehen. Verantwortung für die Zukunft. Fünf Anreden, Kassel/Wuppertal 1975, S. 18 f.

25 Erich Fromm, Märchen, Mythen, Träume. Eine vergessene Sprache, Stuttgart 1980, S. 26

26 Ebd., S. 26

27 Erich Fromm, Psychoanalyse und Ethik (Ullstein Materialien 35 038), Frankfurt a. M./Berlin/Wien 1978, S. 113 ff.

28 Nelly Dix, Der Herr ist über Land gefahren. Erzählungen und Bilder nach dem Alten Testament. Hrsg. von G. Kinkelin, München 1961, S. 117 ff.

29 Hartwig Faby, zit. in: DIE WELT vom 4. 11. 1977

30 Vgl. E. Wiesenhütter, Blick nach drüben. Selbsterfahrungen im Sterben, Hamburg 1974; J. Chr. Hampe, Sterben ist doch ganz anders. Erfahrungen mit dem eigenen Tod, Stuttgart/Berlin 1975; R. Moody, Leben nach dem Tod, Hamburg 1977

31 K. M. Miskotte, Wenn die Götter schweigen. Vom Sinn des Alten Testaments, München 1964, S. 419 ff.

32 U. Steffen, ... und deinen Nächsten wie dich selbst. Variationen über das Thema Selbstliebe, Nächstenliebe und Gottesliebe, 2. Aufl. Breklum 1977

33 E. Buess, Geschichte des mythischen Erkennens, München 1953, S. 139

34 E. Fromm, s. Anm. 25, S. 32

35 G. von Rad, Theologie des Alten Testaments Bd. I, München 1957, S. 397; E. Haller, Die Erzählung von dem Propheten Jona, 2. Aufl. Gladbeck/W. 1965, S. 44 ff.

36 Chr. Meves, s. Anm. 24, S. 42 ff.

37 H.-J. Harder, Nachrichten aus Babylon. Gedichte, Hamburg 1980, S. 48

38 H. Chr. Piper, Jona und die Sprache des Todes, in: Dt. Allgem. Sonntagsblatt vom 21. 11. 1978, S. 9 f.; Ders., Gespräche mit Sterbenden, 2. Aufl. Göttingen 1980, S. 164 f.

39 H. Melville, Moby Dick. Übers. von Th. Mutzenbecher u. unter Mitwirkung von E. Schnabel. Mit einem Essay u. einer Bibliographie von H.-J. Lang (Rowohlts Klassiker 37/8), Hamburg 1958, S. 400. Vgl. dazu: K. Ensslen, Moby Dick – eine Interpretation; in: Illustrationen zu Melvilles Moby-Dick. Katalog zur Sonderausstellung des Schl.-Holst. Landesmuseums, Schleswig vom 18. 6.–19. 9. 1976. S. 51 ff. – H. Flügel, Ahab und der weiße Wal; in: Konturen des Tragischen. Exemplarische Gestalten der Weltliteratur, Stuttgart 1965, S. 149 ff.

40 E. Hemingway, Der alte Mann und das Meer (rororo 328), Hamburg 1959, S. 118. Dazu: H.-J. Baden, Poesie und Theologie, Hamburg 1971, S. 70 ff.

41 G.-A. Astre, Hemingway in Selbstzeugnissen und Bilddokumenten (Rowohlts Monographien 73), Hamburg 1961, S. 146

42 E. Antkowiak (Hrsg.), Der Colombre, Leipzig 1977, S. 13 ff.

43 M. Eliade, Ewige Bilder und Sinnbilder. Vom unvergänglichen menschlichen Seelenraum, Olten/Freiburg i. Br. 1958, S. 184 ff.

44 L. Frobenius, s. Anm. 15, Anhang

45 Zit. b. H. Schmidt, Jona. Eine Untersuchung zur vergleichenden Religionsgeschichte, 1907, S. 154 f.

46 Vgl. W. Neuß, Die Kunst der alten Christen, 1926, S. 31 f.; A. Baumstark, Eine Parallele zur Commendatio animae in griechischer Kirchenpoesie; in: Oriens christianus N. S. Bd. IV, 1915, S. 298 ff.

47 Die Lübecker Totentänze, Oldenburg i. H., o. J.

48 K. Schubert, Die Kultur der Juden. I. Israel im Altertum. S. 223 ff.

49 H. Schmidt, s. Anm. 45

50 A. Wünsche, Aus Israels Lehrhallen. Kleine Midraschim zur späteren legendarischen Literatur des Alten Testaments, Leipzig 1907, S. 50

51 C. G. Jung, s. Anm. 13, S. 312

52 M. Eliade, Mythen, Träume und Mysterien, Salzburg 1961, S. 135 ff. u. 208 ff.

53 C. G. Jung, s. Anm. 13, S. 422

54 Ebd.

55 Der Born Judas. Legenden, Märchen und Erzählungen, gesammelt von M. J. bin Gorion, Wiesbaden 1959, S. 427 f.

56 M. Eliade, s. Anm. 52, S. 315

57 Siebzehnter Gesang in der Übersetzung von Lore und Hans Fromm; in: Der Kranich, 1964, S. 85 u. 96

58 Th. Immoos, »Die Sonne leuchtet um Mitternacht«. Ein literarischer und religionsgeschichtlicher Topos in Ost und West; in: Aspekte Analytischer Psychologie. Zum 100. Geburtstag von C. G. Jung (1875–1961), Basel/München/Paris/London/New York/Sydney 1975, S. (290) 482 ff.

59 M. Eliade, s. Anm. 52, S. 122

60 J. Chr. Hampe, s. Anm. 30, S. 82

61 s. Anm. 58, S. (303) 495

62 R. Steiner, Das Lukas-Evangelium. Ein Zyklus von zehn Vorträgen, gehalten in Basel vom 15. bis 24. Sept. 1909, 1955, S. 213

63 C. G. Jung, s. Anm. 13, S. 422 f.

64 Übers. von J. H. Voß, in: Griechische Klassiker, ausgew. u. mit einem Nachwort vers. von Walter Jens, Wien/München/Basel 1959, S. 544

64a Märchen der Welt, Bd. 5 Afrika und Ozeanien (dtv weltliteratur Dünndruck-Ausgabe 2041), München 1980, S. 328 ff.

65 Vgl. L. Frobenius, s. Anm. 15, S. 175; E. Bradford, Reisen mit Homer. Die wiederentdeckten Inseln, Küsten und Meere der Odyssee, Bern/Stuttgart 1976, S. 179 f.

66 C. G. Jung, s. Anm. 13, S. 517

67 J. Engmann, Untersuchungen zur Sepulkralsymbolik der späteren römischen Kaiserzeit (Jahrbuch für Antike und Christentum. Ergänzungsband 2), 1973, S. 70

68 A. Stuiber, Refrigerium interim (Theophaneia 11), 1957, S. 142; E. Stommel, Zum Problem der frühchristlichen Jonasdarstellungen) in: Jahrbuch für Antike und Christentum, Jahrgang 1, 1958, S. 112 ff.

69 F. Gerke, Ideengeschichte der ältesten christlichen Kunst; in: Zeitschrift für Kirchengeschichte 3. F. 10, 1940, S. 80; Ders., Die christlichen Sarkophage der vorkonstantinischen Zeit (= Studien zur spätantiken Kunstgeschichte, 11), 1940

70 L. Goppelt, Typos. Die theologische Deutung des Alten Testaments im Neuen (= Beiträge z. Erforschung christl. Theologie, 2. Reihe Bd. 43), 1939; G. von Rad, Typologische Auslegung des Alten Testaments; in: Ev. Theol. 12. Jg. (1952/3), 17 ff.; E. Fuchs, Hermeneutik, 1954; H.-W. Wolff, Erwägungen zur typologischen Auslegung des Alten Testaments – Thesen, in: Wie eine Fakkel. Predigten aus drei Jahrzehnten, Neukirchen-Vluyn 1980, S. 226 ff.

71 G. Ph. Telemann, Musikalische Werke Bd. XV. Kassel/Basel/Paris/London/New York 1964, S. 170 ff.

72 U. Steffen, s. Anm. 12, S. 187 ff. u. 229 ff.

73 H. Barz, Selbsterfahrung. Tiefenpsychologie und christlicher Glaube (Maßstäbe des Menschlichen Bd. 2) Stuttgart 1973, S. 57 ff.

74 H. Wöller, Die getaufte Revolution. Mythus aus dem Underground (Kaiser Traktate 9), München 1973

75 C. G. Jung, Psychologie und Dichtung; in: Gestaltungen des Unbewußten (Psychol. Abh., Bd. VII), Zürich 1950, S. 5 ff.

76 Zit. b. W. Wilkens, Jonas, ein Mensch des 20. Jahrhunderts; in: Kirche und Mann, Dez. 1957

77 H. Meier, Jonas und der Nerz; in: Theater im S. Fischer Verlag I, Frankfurt a. M. 1962, S. 627 ff.

78 G. Leutenegger, Ninive. Roman, Frankfurt a. M. 1977

79 P. Jokostra, Spiel mit dem Todeswissen. Gertrud Leuteneggers mythischer Roman; in: WELT DES BUCHES v. 19. März 1977, VI

80 St. Grof, Topographie des Unbewußten. LSD im Dienst der tiefenpsychologischen Forschung, Stuttgart 1978

81 Zit. b. G. Orwell, s. Anm. 5, S. 137

82 in: U. Steffen, Jona, Sinnbild gegenwärtiger Existenz. Gedichte und Grafiken des 20. Jahrhunderts, 2. Aufl. Breklum 1975, S. 49

83 E. Neumann, Ursprungsgeschichte des Bewußtseins, 1949

84 Ebd., S. 165 f.

85 E. Neumann, Der mystische Mensch; in: Kulturentwicklung und Religion, 1953, S. 164

86 E. Neumann, Die Große Mutter. Der Archetyp des Großen Weiblichen, Darmstadt 1957, S. 41 f.

87 Ebd., S. 181

88 J. Scharfenberg/H. Kämpfer, Mit Symbolen leben. Soziologische, psychologische und religiöse Konfliktbearbeitung, Olten/Freiburg i. Br. 1980, Buchrückseite

89 C. G. Jung, s. Anm. 13, S. 12

90 Ebd., S. 558

91 J. Jacobi, Die Psychologie von C. G. Jung. Eine Einführung in das Gesamtwerk (Fischer Taschenbuch 680), Frankfurt a. M. 1977, S. 54

92 C. G. Jung, Psychologische Typen, Zürich 1949, S. 492 u. 514 f.

93 Vgl. G. Hummel, Theologische Anthropologie und die Wirklichkeit der Psyche (Impulse der Forschung Bd. 5), Darmstadt 1972, S. 370 ff.

94 Horst Kämpfer, s. Anm. 88, S. 99

95 Horst E. Richter, Flüchten oder Standhalten, Hamburg 1980

96 C. G. Jung, s. Anm. 13, S. 81

97 C. G. Jung, Aion. Psychologische Abhandlungen Bd. V, Zürich 1952, S. 263

98 G. Hummel, s. Anm. 93, S. 501

99 G. Wehr, C. G. Jung und das Christentum. Olten/Feiburg i. Br. 1975; Ders., Stichwort: Damaskus-Erlebnis. Der Weg zu Christus nach C. G. Jung (Psyche und Glaube 3), Stuttgart 1982, S. 180 ff.

100 M.-L. von Franz, Der Individuationsprozeß; in: Der Mensch und seine Symbole, Olten/Freiburg i. Br. 1968, S. 160 ff.

Das Jona-Motiv in Riten und Märchen

Als »Jona-Motiv« wird in der einschlägigen Literatur das Motiv der »Nachtmeerfahrt«, des Verschlungen- und Wiedergeborenwerdens aus dem Bauch des Ungeheuers, dem Schoß der Großen Mutter, häufig bezeichnet, weil die biblische Erzählung von Jona in unserem Kulturkreis die bekannteste Ausprägung dieses Motivs ist.

In diesem Kapitel wird zunächst dargestellt, welche entscheidende Rolle das »Jona-Motiv« in den Wiedergeburtsriten der Naturvölker spielt. In diesen Riten wird der Weg des mythischen Helden (Sonne) vom einzelnen nachvollzogen. Riten sind gegangene oder getanzte Archetypen (E. Neumann)[1].

Sodann wird gezeigt, daß der Weg des Märchenhelden oder der Märchenheldin in seiner stereotypen Abfolge dem Initiationsweg des Einzuweihenden in den Wiedergeburtsriten entspricht. »Wenn es ein zentrales Thema in einer großen Vielfalt von Märchen gibt, dann ist es die Wiedergeburt auf einer höheren Ebene« (Bruno Bettelheim)[2].

Wiedergeburtsriten

Übergangsriten nennt man jene Riten, die beim Übergang von einer Daseinsweise zu einer anderen vollzogen werden, zum Beispiel beim Übergang von der Daseinsweise des Kindes zu der des Erwachsenen (Pubertät) oder beim Übergang von der Daseinsweise des unverheirateten Mannes zum Ehemann oder der unverheirateten Frau zur Ehefrau (Hochzeit) oder beim Übergang vom diesseitigen ins jenseitige Leben (Tod). Diese Übergänge werden durch eine rituelle »Einweihung« in die neue Daseinsweise begangen; darum spricht man auch von »Initiationsriten« (in-ita = Eingang bezeichnet im Lateinischen diese einweihende Handlung). Jeder dieser Übergänge schließt auf die eine oder andere Weise die Erfahrung des Todes in sich: Man stirbt einer bestimmten Seinsweise ab, um zu einer anderen zu gelangen. Da es sich also letztlich immer um einen Übergang vom Leben zum Tod und vom Tod zum Leben handelt, werden diese Riten auch als »Wiedergeburtsriten« bezeichnet. Mircea Eliade hat sie in seinem Buch »Das Mysterium der Wiedergeburt« ausführlich geschildert und ihre kulturelle und religiöse Bedeutung dargelegt. »Sie umfassen«, so sagt er, »auf mehr oder weniger erkennbare Weise einen rituellen Tod, auf den eine Auferstehung oder Wiedergeburt folgt.«[3] Damit sind die beiden grundlegenden Vorstellungen genannt; sie sind durch die beiden Gegensatzpaare:

Tod – Auferstehung
Rückkehr in den Mutterschoß – Wiedergeburt

gekennzeichnet. Das zentrale Erlebnis jeder Initiation wird durch die Zeremonie dargestellt, die den »Tod« des Initianden und seine »Wiedergeburt« symbolisiert: Er kehrt als neuer Mensch ins Leben zurück, der eine neue Seinsweise auf sich genommen hat.

Die schematische Abfolge, das einheitliche Grundmuster, das allen Wiedergeburtsriten (Pubertätsriten, Aufnahmeriten in Geheimbünde und Bruderschaften, Mysterienhandlungen) zugrunde liegt, ist durch drei Stadien gekennzeichnet: Trennung (Tod) – Einweihung (Initiation) – Rückkehr (Wiedergeburt).

Trennung (Tod)

Die Riten beginnen mit einer manchmal dramatischen Entfernung des Einzuweihenden aus seinem bisherigen Lebenskreis. Harte Trennungsexerzitien reißen den Geist mit der Wurzel von den Bedingungen und Lebensgewohnheiten des zu beendenden Stadiums los. Bei den Reifezeremonien, auf die ich mich im folgenden vor allem beziehe, werden die zehn- bis vierzehnjährigen Jungen nachts von einer vermummten, maskierten Gestalt, dem Ahnen- oder Stammesgeist, überfallen, von ihren Müttern getrennt und gewaltsam an einen isolierten Ort (Zeremonienplatz) verschleppt. Busch, Wald, Finsternis sind Sinnbilder des Jenseits (zur bewohnten Welt), der Unterwelt. Durch die plötzliche und radikale Absonderung wird der Bruch mit der mütterlichen Welt und dem Zustand der Verantwortungslosigkeit und Geschlechtslosigkeit vollzogen. Dieser Vorgang wird sowohl von den Müttern, die ihre Kinder wie Tote beweinen, als auch von den Einzuweihenden selbst als Sterben erlebt, als unwiederbringliches Ende der Kindheit, der Unwissenheit und des profanen Lebens, kurz: als Ende der natürlichen Seinsweise. Manchmal werden die Initianden symbolisch begraben. Auch werden sie häufig weiß angemalt, denn weiß ist die Farbe der Verstorbenen, der Geister. Der Initiationstod kommt in einer Reihe von Initiationsprüfungen und -torturen zum Ausdruck. Die Initiationsprüfungen bestehen aus verschiedenen Tabus, die den Initianden auferlegt werden; zum Beispiel dürfen sie drei Tage lang nach ihrer Entführung in den Busch nicht schlafen, nicht essen und trinken, nicht sprechen und sich nicht bewegen. Alle diese Prüfungen sollen nicht nur die körperliche Widerstandskraft stärken, sondern auch ihre geistige Kraft fördern. Nicht schlafen »bedeutet nicht nur, die körperliche Müdigkeit überwinden, es ist hauptsächlich ein Beweis für Willen und geistige Kraft: wach sein heißt, bewußt gegenwärtig sein in der Welt, in Verantwortung.«[4] Die Initiationstorturen bestehen zum Beispiel in Mißhandlungen und Verstümmelungen, im Ausbrechen eines Zahnes und im Außreißen der Haare, in Beschneidung und Subinzision, in schmerzhaften Tätowierungen, Einschnitten in die Rückenhaut und anderer Marter, die der Initiand ohne Schmerzensäußerungen über sich ergehen lassen muß. Alle diese Torturen

110

dienen der Einübung im Ertragen von Schmerzen, die mit dem Leben verbunden sind, aber auch der Einführung in die Geheimnisse des Blutes und der Sexualität.

Häufig wird das rituelle Sterben als ein Akt des Verschlungenwerdens dargestellt, nicht nur in Worten, die zu den Uneingeweihten gesagt, sondern auch in Handlungen, die an den Einzuweihenden vollzogen werden. Die Verschlingung wird beispielsweise in Neuguinea dadurch sinnfällig demonstriert, daß der Initiand durch ein Krokodilmodell hindurchkriechen muß, oder dadurch, daß er mehrere Tage und Nächte in einem aus Rohr und Weidenruten geflochtenen Ungeheuer verbringen muß, oder dadurch, daß er sich mit anderen Initianden unter einer mehrere Meter langen Initiationsmaske verbergen muß. Das verschlingende Ungeheuer ist der Ahnen- oder Stammesgott und hat in Amerika die Gestalt eines Bären oder Wolfs, in Afrika die eines Löwen, eines Leoparden oder eines Krokodils und in Ozeanien die eines großen Fisches. Häufig wird durch die Bezeichnung des Ungeheuers seine Beziehung zur Unterwelt deutlich, zum Beispiel in Süd-Borneo, wo das verschlingende Krokodil als Diener der Unterwelt gilt. Zuweilen wird auch die Einweihungshütte deutlich mit dem Ungeheuer identifiziert: Die Initianden werden, während die Stimme des Ungeheuers ertönt (Schwirrholz), in den als Rachen gekennzeichneten Eingang der Hütte hineingetragen und befinden sich dann gleichsam im Bauch des Ungeheuers, wo sie drei Tage und Nächte oder eine längere Zeit verbringen müssen. Der Bauch des Ungeheuers ist aber zugleich der Mutterschoß, aus dem sie am Ende von neuem geboren werden. Der Initiand wird in den embryonalen Zustand zurückversetzt: Er muß nackt in der Hütte kauern wie ein Kind im Mutterleib und darf sich nicht bewegen; er wird mit einem Fell umhüllt, das die äußere Membran des Embryos darstellt. Die Finsternis im Innern des Bauches entspricht der kosmischen Nacht vor der Schöpfung, denn: »Mit dem Einweihungskandidaten kehrt symbolisch die ganze Welt in die kosmische Nacht zurück, um neugeschaffen, um wiedergeboren zu werden.«[5]

Einweihung (Initiation)

Der Initiationstod schafft eine tabula rasa als Voraussetzung dafür, daß die Offenbarungen der neuen Seinsweise aufgenommen werden können; denn das ist die diesen Riten zugrundeliegende Auffassung: Erst muß eine Seinsweise aufgehoben werden, ehe eine neue Platz greifen kann. Es geht nicht um allmähliche Wandlung, sondern um radikale Verwandlung, bei der eine Seinsweise zu ihrem Ende kommt und eine neue beginnt.

Häufig werden dem Initianden während der Zeit der Einweihung die Ohren verstopft, die Augen verbunden und das Sprechen verboten. Daran wird deutlich, daß es sich im ursprünglichen Sinne des Wortes um ein »Mysterium« handelt; denn der Wortstamm myein bedeutet: die Augen, den Mund verschließen. Da, wo der Mensch die Augen schließt und verstummt, sieht und hört er schweigend nach innen, da wird er seiner Seele ansichtig. Dazu soll die Initiation führen: zu Konzentration und Introversion, zur Öffnung der Sinne für die mythische Welt, zur Umwandlung von der natürlichen zur geistig-kulturellen Daseinsweise, vom profanen zum geheiligten Leben.

Der isolierte Ort (Zeremonienplatz), an dem der Initiand eingeweiht wird, ist ein geweihter, heiliger Bezirk. Der früheste heilige Bezirk der Urzeit ist nach E. Neumann wahrscheinlich der, in dem die Frauen geboren haben. In Malekula finden wir den »Geburtsbezirk« nicht nur als echtes Gehege, innerhalb dessen die Frauen gebären, sondern auch als Gehege um den Ort, an dem die Wiedergeburtsmysterien der Männer begangen werden[6]. Hier werden die Initianden in die mythische, heilige Zeit zurückversetzt, in der der Stammesgott die Mysterien begründete, die dort begangen werden. Es ist die mythische Zeit, von der die Mythen als von der Urzeit (im Anfang = in principio) sprechen und die im Ritus wiederholt wird. Es ist die mythische Zeit, von der die Märchen erzählen, wenn sie mit den Worten beginnen: »Es war einmal...«

III   Jona und Christus.
Initial des 69. Psalms. Kristina-Psalter, Paris um 1230

Die Rückkehr in die Urzeit ist die Rückkehr zu den Ahnen, die durch Masken gegenwärtig sind, und zu der von ihnen übermittelten Lehre. Die positive Seite der Absonderung von der Alltagswelt ist also die Einführung in die Geheimnisse von Zeugung, Geburt und Tod, in die Geheimnisse des Blutes und der Sexualität, in die Geheimnisse des Jagdzaubers und der weiblichen Tätigkeiten (Weben, Spinnen, Flechten usw.), in die heiligen Überlieferungen, in denen alle religiösen, sozialen und kulturellen Einrichtungen des Stammes gründen, kurz: die Offenbarung des Heiligen. Solche Einführung geschieht nicht durch rationale Belehrung, sondern durch Gesänge, Tänze und Pantomimen. Am Ende hat der Initiand durch die Einweihung Wissen, Weisheit und Unsterblichkeit erlangt.

Rückkehr (Wiedergeburt)

Die Rückkehr des Initianden wird deutlich als Wiedergeburt gekennzeichnet. Die Initiationshütte einiger Stämme hat zwei Öffnungen: Die eine stellt den Rachen dar und ist ziemlich breit, die andere, die den Schwanzteil symbolisiert, ist dagegen viel kleiner. Durch diese enge Öffnung kriecht der Eingeweihte hindurch und erblickt das Licht der Welt. Die Wiedergeburtssymbolik wird noch dadurch unterstrichen, daß die aufeinanderfolgenden zeremoniellen Handlungen deutlich an die Vorgänge einer wirklichen Geburt erinnern. Dabei spielen die Nabelschnur, das Schreien des Neugeborenen, das darauf folgende Waschen und das Verabreichen von Milch eine Rolle. Ganz allgemein wird das Fest des Herauskommens, der Rückkehr nach der Initiation, als eine Wiedergeburt gefeiert. Häufig stellen sich die Wiedergeborenen so, als kennten sie ihre Eltern und ihre heimatliche Umgebung nicht mehr, so daß ihnen alles aufs neue gezeigt werden muß. Auch erinnern sie sich ihres eigenen Namens nicht mehr und erhalten darauf einen neuen Namen. Gestorben ist das Kind, wiedergeboren ist der heiratsfähige Mann, die mannbare Frau. Vielfach werden auch die alten Kleider für immer abgelegt und neue Kleider angezogen.

Abschließend zu den Wiedergeburtsriten noch zwei Bemerkungen.

Erstens: Hinter der Vorstellung der Wiedergeburt steht die

Gestalt der Großen Mutter in ihrem positiven und negativen Aspekt als Herrin des Lebens und des Todes. Die Wiedergeburt ist, so sagt E. Neumann, ein »matriarchalisches Wandlungsmysterium«, und zwar auch dann, wenn seine Symbolik oder Interpretation patriarchalisch getarnt ist[7]. Zu den Mysterien der Großen Mutter gehört es, »daß sie nur über den Tod das Leben und nur über das Leiden die Entwicklung zur neuen Geburt gewährt«[8]. In dem Mysterium der Wandlung kehrt das zu Wandelnde in den Schoß der Großen Mutter zurück – mag er nun als Erde, Wasser, Unterwelt, Höhle, Zauberkessel oder Sarg symbolisiert sein –, um daraus wiedergeboren zu werden zu neuem Leben. »Es kann sich bei dem Wiedergeburtsgeschehen um einen Schlaf in der nächtlichen Höhle, um den Abstieg in eine Welt unter der Erde zu den Geistern und Ahnen der Unterwelt, um die Fahrt über das Nachtmeer oder aber um eine durch irgendwelche Mittel verursachte Betäubung handeln – in jedem Falle ist die Rückkehr zur Erneuerung nur nach dem Tode der alten Persönlichkeit möglich.«[9] Zur Zentralsymbolik des Großen Weiblichen gehören zum Beispiel Gefäß, Backofen, Brunnen, Baum, Kleid – jene Symbole also, die uns in Märchen und Mythen vielfältig begegnen.

Zweitens: Der Initiand ahmt im Ritus ein mythisches Vorbild nach. Das Urbild aller mythischen Vorbilder ist die Sonne, die aufsteigt und untergeht (verschlungen wird, stirbt), die das nächtliche Totenreich durchquert und wieder aufgeht (ausgespien wird, aufersteht), die immer wieder in den mütterlichen Schoß der Erde oder des Meeres eingeht, um ihre Lebenskräfte zu erneuern und aus ihm wiedergeboren zu werden. Der Einweihungsweg ist Nachvollzug des Sonnenweges, der in die Finsternis führt (Tod) und wieder ans Licht (Geburt). Indem der Initiand mit dem Sonnenheros eins wird, wird er zu einem Sohn des höchsten himmlischen Wesens, zu einem »Kind des Lichts«.

114

Wiedergeburtssymbolik im Märchen

Wenden wir uns von den Initiationsriten den Märchen zu, so fallen sogleich gewisse Entsprechungen ins Auge. Insbesondere die Entsprechungen zu den Reifezeremonien sind seit Beginn dieses Jahrhunderts von vielen Forschern herausgestellt worden; ich nenne nur: Adolf Thimme, James G. Frazer, Herbert Silberer, Paul Saintyves, Alfred Winterstein, Jan de Vries und Mircea Eliade. Dazu drei Zitate als Belege:

Eliade sagt: »Es ist nicht zu leugnen, daß sich die Prüfungen und Abenteuer der Helden und Heldinnen im Märchen fast immer in Ausdrücke, die zur Initiation gehören, übersetzen lassen. – Die Initiationszenarien sind – selbst wenn sie verhüllt sind wie im Märchen – Ausdruck eines Seelendramas, das einem tiefen Bedürfnis des Menschen entspricht. Jeder Mensch möchte gewisse gefährliche Situationen erleben, außergewöhnliche Prüfungen bestehen, den Weg in die ›andere‹ Welt finden – das alles erfährt er auf der Ebene seines imaginativen Lebens beim Hören oder Lesen von Märchen.«[10]

Wittgenstein sagt: »Es war einmal in alter Zeit, da mußten die heranwachsenden Kinder eine Reifeprüfung machen. Das war eine Weihe, vor deren Prüfung die Jugendlichen in die Urgründe eingeführt wurden. In dieser Reifeprüfung wurde nicht, wie heute, das angelernte Wissen geprüft. Es wurde nicht festgestellt, ob die Prüflinge für eine Hochschule reif seien. Die Mädchen und Jungen mußten – in Initiationsriten – beweisen, daß sie reif für ihre zukünftigen Lebensaufgaben sind, für die Aufgaben, die ihnen das Leben als Erwachsene stellt. Sie mußten zeigen, daß sie fähig sind, Mütter und Väter zu sein. – Märchen erzählen von Initiationen. Sie berichten, was in Kindern und Jugendlichen vorgeht, wenn sie heranreifen.«[11]

Bettelheim sagt: »Man kann das, was mit den Helden und Heldinnen in den Märchen geschieht, mit Initiationsriten vergleichen, in die der Novize naiv und ahnungslos eintritt und aus denen er am Ende auf einer höheren Existenzebene entlassen wird, von der er sich zu Anfang seiner heiligen Reise, auf der er seine Belohnung oder das Heil gewinnt, nicht hätte träumen lassen. Nachdem der Held oder die Heldin wahrhaft zu sich selbst gefunden haben, sind sie auch würdig, geliebt zu werden.«[12]

Die Beziehungen zwischen Initiationsriten und Märchen sind nicht derart, daß diese von jenen abgeleitet worden sind oder jene darstellen, sondern daß beiden dieselbe archetypische Symbolik zugrunde liegt.

Zunächst fällt auf, daß die Märchen zumeist in drei Abschnitten verlaufen, die denen der Wiedergeburtsriten entsprechen. Sie beginnen durchweg damit, daß der Held die gewöhnliche profane Welt, in der er lebt, verläßt. Also: Trennung (Tod). Manchmal geschieht das unabsichtlich, indem er vom Weg abkommt oder sich verirrt, die Orientierung verliert; manchmal geschieht es, daß er gegen seinen Willen ausgesetzt wird; manchmal geschieht es aus eigenem Entschluß, um die »unerreichbare Kostbarkeit« (das Wasser des Lebens, den Schatz, die Jungfrau) zu gewinnen. Der Übergang von der Alltagswelt ins eigentliche Märchenland spiegelt oft Entrückungs- oder Traumerlebnisse wider, ist also psychologisch der Übergang vom Bewußtsein zum Unbewußten.

Die eigentliche Märchenhandlung spielt sich in dem »magischen Reich« (Hedwig von Beit) ab, in das der Held auf seiner abenteuerlichen Suchwanderung gerät. Psychologisch entspricht es dem Unbewußten. Wald, Wasser, Berg, Insel usw. stellen jeweils einen anderen Aspekt des Unbewußten dar. Das magische Reich hat meist ein geometrisches Zentrum: Haus, Burg, Schloß, Höhle, Insel usw. Hier wird – psychologisch gesprochen – das Kernproblem berührt. In vielen Märchen – das läßt an den Zeremonienplatz der Reifezeremonien denken – wird das magische Reich als Ahnenland, als Urheimat und Aufenthaltsort verstorbener oder entrückter Ahnengeister und damit als Totenreich beschrieben. Psychologisch gesprochen: »Die mythische Totenwelt mit ihren Bewohnern ist ... ein Bild für die unbewußte Seele mit ihren Inhalten, ist doch das Unbewußte der Aufbewahrungsort alles Vergangenen, der Vorstellungen vieler Generationen, der Ahnenwelt in uns selber.«[13]

Am Ende des Märchens kehrt der Märchenheld als ein Verwandelter mit den gewonnenen Schätzen in seine Heimat, in die profane Welt, zurück. Zum Beispiel im Märchen »Hänsel und Gretel«: Sie überqueren ein »großes Wasser« – das symbolisiert »einen Übergang und einen Neubegin auf einer höheren

Existenzebene (wie bei der Taufe)«[14] – und kehren, selbständig geworden – sie können den Übergang nicht gemeinsam, sondern müssen ihn einzeln vollziehen –, und mit den Edelsteinen, die sie von der Hexe geerbt haben, zu ihren Eltern zurück. Die Schätze symbolisieren »die neugewonnene Unabhängigkeit der Kinder in ihrem Denken und Handeln, ihr neues Selbstvertrauen, welches das Gegenteil der passiven Abhängigkeit ist, die sie charakterisierte, als sie ausgesetzt wurden«[15].

Auch im Märchen ist die Erneuerung und Wiedergeburt mit der Gestalt der Großen Mutter verbunden, und zwar in ihrem doppelten Aspekt als gute, nährende und bergende Mutter und als furchtbare, verschlingende, festhaltende Mutter. Sie erscheint als Mutter und Stiefmutter, als gute Fee und böse Hexe, als Erdkuh und als Drache, als Herrin des Himmels und der Unterwelt, des Waldes und des Meeres usw. In ihren Symbolkreis gehören: Brunnen, Backofen, Höhle, Baum, Kleid usw.

Ich greife zwei Symbole des Großen Weiblichen heraus:

1. Das Erdkühlein[16]. In Indien glauben viele an die Wiedergeburt aus der Kuh, ja es gab einen alt-indischen Wiedergeburtsritus, in dem ein Mensch durch die goldene Statue einer Kuh hindurchgezogen wurde[17].

2. Der mütterliche Baum. Im Grimmschen Märchen »Aschenputtel« wächst ein Baum auf dem Grab von Aschenputtels Mutter: Seine Wurzeln reichen in die Totenwelt hinab, und er schüttelt seinen Reichtum über Aschenputtel aus – »und ein himmlisches Wachstum, dessen verborgene Kräfte aus der Welt der Ahnen und Urbilder stammen, entfaltet unerwartet eine Blütenfülle seelischen Lebens«[18].

Oft wird die Suchwanderung des Helden mit der Wanderung der Sonne verglichen, »daher die Helden auch immer der wandernden Sonne ähnlich sind«[19]. Darauf deuten die goldenen Haare des Märchenhelden, die wie Sonnenstrahlen glänzen, oder das goldene Gewand, in das sie gekleidet sind. Mit der Sonne steigen sie hinab in die Unterwelt, ins Totenreich, um ihre Lebenskräfte zu erneuern und als Wiedergeborene daraus hervorzugehen.

Von daher wird ein häufig verkommendes Mythen- und Märchenmotiv verständlich: das Abenteuer der Nachtmeerfahrt, das Verschlungen- und wieder Ausgespienwerden, das Jona-Motiv. In einem litauischen Märchen heißt der Held (wohl in bewußter Anspielung auf die biblische Geschichte): Jonas[20].

Das Jona-Motiv kommt in zwei Varianten vor: In der einen wird der Held passiv verschlungen und nach einer inneren Wandlung wieder ausgespien. In der andern dringt er in heroischem Abstieg in den Rachen und Leib des Ungeheuers, der Unterwelt, des Totenreiches, ein, um Wissen und Weisheit, um Unsterblichkeit zu erlangen. Der »Bauch des Ungeheuers« ist die »Hölle«, in der das Leben zugrunde geht, und zugleich der »Mutterschoß«, aus dem es wiedergeboren wird[21].

Der Übergang vom Kleinkind zum Schulkind

Die Gefahr, verschlungen zu werden, ist das zentrale Thema der Grimmschen Märchen »Hänsel und Gretel« und »Rotkäppchen«. Das Märchen »Hänsel und Gretel« handelt von den »Schwierigkeiten und Ängsten des Kindes, das sich gezwungen sieht, seine abhängige Bindung an die Mutter aufzugeben und sich von seiner oralen Fixierung freizumachen«[22]. Das Haus im Walde stellt den mythischen Aspekt des Elternhauses dar und die Hexe den negativen Aspekt der Mutter, die sie gezwungen hat, das Elternhaus zu verlassen. Zunächst erscheint die Hexe als gute, nährende, bergende Mutter: »Sie faßte beide an der Hand und führte sie in ihr Häuschen. Da ward gutes Essen aufgetragen, Milch und Pfannekuchen mit Zucker, Äpfel und Nüsse. Hernach wurden zwei schöne Bettchen weiß gedeckt, und Hänsel und Gretel legten sich hinein und meinten, sie wären im Himmel.«[23] Aber am nächsten Tag werden sie jäh aus ihrem Traum vom Paradies herausgerissen, indem sie erkennen: »Die Alte hatte sich nur so freundlich angestellt, sie war aber eine böse Hexe, die den Kindern auflauerte … Wenn eins in ihre Gewalt kam, so machte sie es tot, kochte es und aß es.«[24] Die gute, nährende, bergende Mutter wird zur furchbaren, verschlingenden, festhaltenden Mutter.

Die bösen Absichten der Hexe zwingen schließlich die Kinder dazu, die Gefahren rückhaltloser Gier und Abhängigkeit zu erkennen, ihre Wunscherfüllungsphantasien aufzugeben und durch intelligentes Planen und zielgerichtetes Handeln zu verhindern, daß sie von ihren unreifen Begierden überwältigt, verschlungen werden. In Begriffen der Freudschen Psychoanalyse ausgedrückt: »Wenn sich die Kinder ungehemmt ihren Es-Impulsen hingeben, wie sie in ihrer unbeherrschten Gefräßigkeit symbolisiert sind, so riskieren sie, vernichtet zu werden. – Anstatt dem Drängen des Es nachzugeben, müssen sie dem Ich entsprechend handeln.«[25] »Nachdem das Kind seine ödipalen Schwierigkeiten überwunden, seine oralen Ängste gemeistert, diejenigen seiner Begierden, die nicht realistisch befriedigt werden können, sublimiert und gelernt hat, sein Wunschdenken durch verständiges Handeln zu ersetzen, kann es mit seinen Eltern wieder glücklich zusammenleben.«[26] Von daher kann es als das Hauptanliegen dieses Märchens bezeichnet werden, vor der Regression in den »himmlischen« Zustand zu warnen, weil sie jedes Streben nach Selbstverwirklichung (Individuation) zunichte und die Entwicklung zu einer höheren Ebene des psychologischen und intellektuellen Seins unmöglich macht.

Ich möchte dazu anmerken: Daß die orale Gier den Menschen selbst zu verschlingen droht, gilt nicht nur für das Kind in seiner oralen Phase, sondern auch für den Erwachsenen, der in irgendeiner Weise oral fixiert geblieben ist, sei es als unmäßiger Esser, Raucher oder Trinker, kurz: als unmäßiger Konsument. Das gilt nicht nur in dem Sinne, daß die Sucht ratenweise die Gesundheit des Menschen verschlingt, sondern auch in dem Sinne, daß die Konsumsucht die natürlichen Grundlagen des menschlichen Lebens verschlingt. Um es mit einem wiederholt gebrauchten Bild zu sagen: Der Mensch verzehrt das Floß, das ihn trägt und das ihn davor bewahrt, von der dunklen Tiefe verschlungen zu werden.

Während in »Hänsel und Gretel« die Hexe nur androht, die Kinder zu fressen, werden in »Rotkäppchen« Großmutter und Kind tatsächlich vom Wolf verschlungen. Ähnlich wie die Hexe zeigt auch der Wolf zunächst seine freundliche Seite: »Rotkäppchen, sieh einmal die schönen Blumen, die ringsumher stehen. Warum guckst du dich nicht um? Ich glaube, du hörst gar nicht, wie die Vöglein so lieblich singen? Du gehst ja für dich hin, als wenn du zur Schule gingst, und ist so lustig hausen in dem Wald.«[27] Man könnte das, was in »Hänsel und Gretel« von der Hexe gesagt ist, genauso vom Wolf sagen: Der Wolf hatte sich nur freundlich angestellt, er war aber ein böser Wolf, der Rotkäppchen fressen wollte.

Wie die Mutterfigur oft in die gute, nährende und in die furchtbare, verschlingende Mutter aufgespalten ist, so hier die Vaterfigur in den gefährlichen Verführer (Wolf) und den verantwortungsvollen Jäger, der das Gute rettet und das Böse bestraft. Psychologisch, in der Begrifflichkeit der Freudschen Psychoanalyse ausgedrückt: In der gegensätzlichen Figur von Wolf und Jäger kommt der Konflikt des Kindes zwischen dem Es und den Ich-Überich-Aspekten zum Ausdruck. Indem Rotkäppchen nach dem Lustprinzip anstatt nach dem Realitätsprinzip handelt, erliegt es der Verführung, fällt es auf eine primitivere, frühere Existenzstufe zurück. Aber das war vorübergehend für das Mädchen notwendig, damit es zu einer höheren Stufe der Organisation der Persönlichkeit gelangte. Es muß, indem es vom Wolf verschlungen und in seinem Bauch in einen Zustand innerer Dunkelheit versetzt wird, gleichsam den Weg bis zu seiner vorgeburtlichen Existenz im Mutterleib zurückgehen, um daraus wiedergeboren zu werden.

Nicht von ungefähr kommt Bettelheim im Zusammenhang mit diesem »lebensimmanenten Tod« auf die Geschichte von Jona zu sprechen. Ich zitiere ihn hier ausführlich, weil seine Worte auf dem Hintergrund dessen, was über die Wiedergeburtsriten gesagt wurde, unmittelbar verständlich sind. »Es ist dasselbe, wie wenn man jemand sagt, in der biblischen Geschichte sei Jona nicht ›wirklich‹ gestorben, als ihn der Walfisch verschluckt habe. Jeder, der diese Geschichte hört, weiß intuitiv, daß Jonas Aufenthalt im Bauch des Fisches einen bestimmten Zweck hatte, daß er nämlich als ein besserer Mensch ins Leben zurückkehren sollte. Das Kind weiß intuitiv, daß es keinesfalls das Ende der Geschichte bedeutet, wenn Rotkäppchen vom Wolf verschlungen wird, sondern daß das eben mit zur Geschichte gehört, genauso wie wenn andere Märchenhelden eine Zeitlang aus verschiedenen Gründen scheinbar tot sind. Andererseits versteht das Kind aber auch, daß Rotkäppchen als das Mädchen, das sich vom Wolf verführen ließ, richtig ›gestorben‹ ist und daß es, wenn es in der Geschichte heißt: ›da sprang das Mädchen heraus‹, aus dem Bauch des Wolfs als eine andere Person wieder ins Leben zurückkehrt. Dieses Bild ist notwendig, weil ein Kind innere Wandlungen noch nicht begreifen kann. Daher gehört zu den großen Verdiensten des Märchens, daß es dem Kind den Glauben gibt, daß solche Wandlungen möglich sind. Das Kind versteht, was es bedeutet, daß der Wolf die Großmutter und das kleine Mädchen verschlingt, daß nämlich die beiden hierdurch zeitweise der Welt verloren sind – daß sie die Fähigkeit verloren haben, mit dem, was weiter geschieht, in Berührung zu kommen und es zu beeinflussen. Deshalb muß ihnen jemand von außen zu Hilfe kommen...«[28]

Als Rotkäppchen aus dem aufgeschnittenen Bauch des Wolfs heraussprang, rief es:»Ach, wie war ich erschrocken, wie war's so dunkel in dem Wolf seinem Leib!«[29] Rotkäppchen, so bemerkt Bettelheim dazu,»hat sich vor der Dunkelheit gefürchtet, weil es durch sein Verhalten sein höheres Bewußtsein verloren hatte, welches Licht auf seine Welt geworfen hatte. Oder es hatte Angst, wie ein Kind, das weiß, daß es Unrecht getan hat, oder welches sich von seinen Eltern nicht mehr wohlbehütet glaubt, das Gefühl hat, daß sich die dunkle Nacht mit ihren Schrecken auf es herabsenkt.«[30] Aber wie Jona, der sich im Bauch des Fisches durch sein Gebet Gott unterwirft, wird Rotkäppchen in dem Zustand innerer Dunkelheit»bereit und aufgeschlossen für ein neues Licht, für ein besseres Verständnis der emotionalen Erfahrungen, die es meistern muß, und für jene anderen, die es noch meiden muß, weil sie es sonst überwältigen würden.«[31]

Die Quintessenz des Märchens in den Worten Bettelheims:»Rotkäppchen hat seine kindliche Unschuld verloren, als es mit den Gefahren konfrontiert wurde, die in ihm selbst und in der Welt existieren, und hat dafür Einsicht gewonnen, die nur ein ›zweimal Geborener‹ besitzen kann. – Rotkäppchens Unschuld stirbt, als der Wolf sich ihm in seiner wahren Natur enthüllt und es verschlingt. Als es wieder aus seinem Bauch herausgeschnitten wird, wird es auf einem höheren Existenzniveau wiedergeboren. Nun kann es zu seinen Eltern in eine positive Beziehung treten und – nicht länger ein Kind – als junges Mädchen ins Leben zurückkehren.«[32]

Die beiden erwähnten Märchen,»Hänsel und Gretel« und »Rotkäppchen«, sind Märchen, die den Übergang vom Kleinkind zum Schulkind schildern. Der Arzt W. Zeller hat diesen Übergang als den»ersten Gestaltwandel« bezeichnet; denn während der über zwei Jahre sich erstreckenden Übergangszeit löst sich die harmonische kleinkindliche Körpergestalt allmählich auf, die Körperformen werden disharmonisch, bis sich am

Ende der Wandlung die Gestalt des Schulkindes in harmonischer Ausgewogenheit ausgeprägt hat. Den körperlichen Veränderungen entsprechen seelische Veränderungen: Das Kind wird nervös, überreizt und ängstlich, schläft schlecht und träumt schreckliche Träume. Es träumt von einem Wolf, von einer Hexe oder von einem bösen Mann, der es holen und verschlingen will. Die Traumbilder sind in zahlreichen Variationen immer dieselben, weil sie Ausdruck einer archetypischen Situation sind: der Situation des Überganges von einer Lebensstufe zu einer anderen. Das Kind erleidet diesen Übergang vornehmlich als Untergang seiner kleinkindlichen Existenz, als Hin- und Hergerissenwerden zwischen Regression und Progression, als »Reifungselend« (Jöckel). Es wird »gestoßen und gezogen, und es wird ihm Gewalt angetan, damit es auf seinem Lebensweg ›weiterkommt‹, und diese Mächte werden personifiziert«[33]. Aber nach zahlreichen Prüfungen gelangt es schließlich zu einer reiferen Lebensstufe. Die Ärztin Josephine Bilz sagt, indem sie sich der Sprache der Wiedergeburtsriten bedient, daß der Gestaltwandel »das Kleinkind gleichsam sterben läßt, um das Schulkind wiederzugebären«[34]. Sie führt dazu aus – und wir denken dabei an die Reifezeremonien, bei denen die Kinder plötzlich und gewaltsam aus ihrer kindlichen Welt entführt werden: »Das Kind benötigt für seinen Reifungsprozeß von seiten der austreibenden und verschlingenden Mächte im Grunde nicht mehr und nicht weniger, als daß es aus seiner kindlichen Welt und von seinem kindlichen Sein weggeholt und ausgemerzt wird. Hexen und Stiefmütter sind, so gesehen, Varianten des Abholwesens. Das ›Holen der Kinder‹ – eine in der Geburtshilfe gebräuchliche Bezeichnung für Hebammendienste und ärztliche Entbindungen – ist der Auftakt im Reigen der Abholungen von einer Reifestufe zur anderen. Den Nabelschnurschnitt erleidet das Subjekt von fremder Hand. So stehen Stiefmütter und Hexen als Personifikationen der ablösenden und fortreißenden Kräfte des Werdens an den Wendepunkten der Entwicklung. Sie sind berufen, Haltefäden schmerzhaft zu durchtrennen.«[35]

Der Übergang vom Jugendlichen zum Erwachsenen

Der »zweite Gestaltwandel«, der ebenso wie der erste eine ganzheitliche Verwandlung der leib-seelischen Existenzform darstellt, vollzieht sich während der Pubertät im Übergang vom Jüngling zum Mann, von der Jungfrau zum Weib.

Es ist nach den bisherigen Ausführungen nur allzu verständlich, daß die Märchen, die von diesem Übergang handeln, deutliche Parallelen zu den Pubertätsriten aufweisen. Dazu gehören vor allem: das gewaltsame Entrissenwerden des Kindes aus seiner vertrauten Welt durch ein übermächtiges Wesen, das Abgesondertwerden des Helden oder der Heldin an einem isolierten Ort (Haus, Schloß oder Turm) und daß sie einer Reihe von Prüfungen unterzogen werden. Eliade sagt: »Die Erinnerung an die einsame Initiationshütte im Wald hat sich in den Volksmärchen erhalten – sogar auch in Europa –, als die Pubertätsriten schon lange nicht mehr praktiziert wurden. Die Psychologen haben die Bedeutsamkeit gewisser archetypischer Bilder hervorgehoben: sie bringen das immer wiederkehrende Psychodrama eines plötzlichen Todes, auf den eine Wiedergeburt folgt, zum Ausdruck. Die Symbole des Initiationstodes und der Wiedergeburt ergänzen sich.«[36]

Als Beispiel für den Reifungsweg eines Jungen sei das Grimmsche Märchen »Der Eisenhans« angeführt. Der Eisenhans, der als »wilder Mann« bezeichnet wird, nimmt den achtjährigen Königssohn mit sich in den finstern Wald und sagt zu ihm: »Vater und Mutter siehst du nicht wieder, aber ich will dich bei mir behalten ... Wenn du alles tust, was ich dir sage, so sollst dus gut haben. Schätze und Gold habe ich genug und mehr als jemand in der Welt.«[37] Die Aufgabe, die ihm gestellt wird, ist: den Goldbrunnen des Eisenhans zu hüten, daß nichts hineinfällt, das ihn verunehrt. Der Junge kann diese Aufgabe nicht erfüllen, darum spricht der Eisenhans zu ihm: »Du hast die Probe nicht bestanden und kannst nicht länger hierbleiben«. Er muß in die Welt hinaus, muß Knechtsdienste verrichten als Küchen- und Gärtnerjunge, muß »erfahren, wie die Armut tut.« Doch darf er, weil Eisenhans es gut mit ihm meint, wenn er in Not ist, ihn rufen, so will er kommen und ihm helfen. Am Ende gewinnt er eine Königstochter und die Schätze des Eisenhans dazu. – Der Name »Eisenhans« und die Tatsache,

123

daß dieser einen Brunnen besitzt, der alles, was hineinfällt, vergoldet, weist nach v. Beit auf alchimistische Vorstellungen hin. Daß dem Knaben beim Betrachten seines Angesichts im Wasserspiegel die Haare in den Brunnen fallen und sie vergoldet werden und glänzen »wie die Sonne«, besagt, daß er zur Bewußtwerdung berufen ist. Daß er sein goldenes Haar verbergen muß, sagt aus, daß er die Werte, die er errungen hat, nicht vorzeitig der Welt enthüllen darf, »da diese sie nur anzunehmen vermag, wenn sie zuvor in Taten sichtbar geworden sind«[38].

Noch häufiger zeigen die Märchen Parallelen zu den Pubertätsriten der Mädchen. H. Silberer weist besonders auf eine Gruppe von Märchen hin, die Paul Arfert als »Brangänemärchen« bezeichnet hat (Brangäne opfert in der Tristanerzählung an Isoldes Statt in der Brautnacht ihre Reinheit dem König Marke): »Die Mehrzahl dieser Märchen zeigt den typischen Eingang, daß die Heldin von ihrem tyrannischen Vater eine bestimmte Zeit in einem Turm eingeschlossen wird, aus dem sie sich erst nach vielen Jahren befreien kann.« A. Winterstein ist diesem Motiv des »Mädchenexils«, wie er es nennt, in einem Aufsatz über »Die Pubertätsriten der Mädchen und ihre Spuren im Märchen« (1928) nachgegangen. Er deutet es von der Freudschen Psychoanalyse her so: »Das Mädchenexil verfolgt vor allem den Zweck, den Vater von der Tochter fernzuhalten. – Die inzestuöse Neigung des Vaters zur Tochter, deren Abwehr das Mädchenexil dienen soll, tritt ... in den Märchen ganz offenkundig zutage: Der Vater benimmt sich wie ein eifersüchtiger Liebhaber der Tochter, gönnt sie keinem Freier und schließt sie, um sie gleichsam nur für sich zu haben, in einen Turm ein.«[39]

Uns ist dieses Motiv vor allem durch das Grimmsche Märchen »Rapunzel« bekannt. Bettelheim nennt es »die Geschichte eines Mädchens im Pubertätsalter und einer eifersüchtigen Mutter, die es nicht zur Unabhängigkeit gelangen lassen will«[40]. Seine Eltern übergaben es nach der Geburt einer Zauberin, weil ihnen ihre eigenen Gelüste wichtiger waren, als ihr Kind zu erhalten. »Als es zwölf Jahre alt war, schloß es die Zauberin in einen Turm, der in einem Walde lag, und weder Treppe noch Türe hatte«[41] – also unzugänglich war. Trotzdem gelangt der Königssohn mit Hilfe ihres Haares zu ihr. Als die Zauberin durch einen Versprecher Rapunzels davon erfährt, sagt sie: »Ich dachte, ich hätte dich von aller Welt geschieden, und du hast mich doch betrogen!«[42] Sie schneidet Rapunzel die Haare ab – sie muß also »Haare lassen«, was so viel heißt wie: Kraft einbüßen, zu Schaden kommen, rituell getötet werden. Sie wird von der Zauberin in eine Wüstenei gebracht, »wo sie in großem Jammer und Elend leben mußte«. Als der Königssohn an Stelle Rapunzels der Zauberin gegenübersteht und aus ihrem Munde gesagt bekommt: »Für dich ist Rapunzel verloren!«, springt er in seiner Verzweiflung vom Turm hinab. Er kommt zwar mit dem Leben davon, aber seine Augen werden ihm von den Dornen zerstochen. Weil Rapunzel und der Königssohn noch nicht reif füreinander sind, werden sie ins »Reifungselend« gestürzt und beweinen ihr Schicksal. Sie müssen erst eine Zeit der Prüfungen und Widerwärtigkeiten, des inneren Wachstums im Unglück, durchstehen, ehe sie bereit und fähig sind, einander zu retten und gemeinsam ein gutes, glückliches Leben zu führen.

Die wesentlichen Züge von »Rapunzel« sind denen von »Dornröschen« verwandt. Als es fünfzehn Jahre alt ist, kommt es an einen alten Turm, sticht sich mit der Spindel in den Finger und fällt in einen hundertjährigen Schlaf. Der hundertjährige Schlaf, den Dornröschen erleidet, bedeutet die »totenähnliche Zeit des Überganges«, die das heranwachsende Mädchen durchzumachen hat, bis es »als reifer Mensch dem vollen Leben zurückgegeben wird«[43]. Die Dornenhecke, die um das Schloß wächst, entspricht dem unzugänglichen Turm in »Rapunzel« und dem Glassarg im »Schneewittchen«. Die Freier, die vor Beendigung der Reifezeit zu Dornröschen dringen wollen und in den Dornen hängen bleiben, entsprechen dem Königssohn, der aus Verzweiflung darüber, daß er Rapunzel verloren hat, sich vom Turm stürzt und dem die Dornen die Augen zerstechen. Bettelheim faßt die »Botschaft« von »Dornröschen« so zusammen: »Was am Ende der Kindheit sich wie eine Periode einer todesähnlichen Passivität ausnimmt, ist nichts als eine Zeit des ruhigen Wachstums und der Vorbereitung, aus welcher der Betreffende reif und bereit für die Vereinigung mit dem Partner aufwachen wird. – Der Kuß des Königssohns bricht den Zauber des Narzißmus und weckt in Dornröschen die Weiblichkeit, die bis dahin noch unterentwickelt war. Nur wenn aus dem Mädchen die Frau wird, kann das Leben weitergehen.«[44] Aus einem todesähnlichen Schlaf erwachen, aus einem Mädchen zur Frau reifen – die Beziehung zum Thema Wiedergeburt ist unmittelbar deutlich.

Auch das Märchen vom »Marienkind« weist in seiner Symbolik auf die der Mädchenweihen zurück: Im vierzehnten Lebensjahr versinkt das Marienkind infolge des Öffnens der verbotenen Tür in einen tiefen Schlaf und erwacht »mitten in einer Wildnis« (Introversion, Tod), wohnt in einem hohlen Baum (zwischen Himmel und Erde), bringt keinen Laut hervor (Schweigegebot, Stummheit als Eigenschaft der Toten), wird von dichten Dornenhecken zurückgehalten (die vorgeschriebene Bewegungslosigkeit der Kandidatinnen im Exil)[45].

Zusammenfassend seien die typischen Züge der Pubertätsriten, die sich auch im Märchen finden, noch einmal genannt: Der Held oder die Heldin werden gewaltsam aus ihrer bisherigen Lebenswelt herausgerissen; sie leben eine Zeitlang in einem gesonderten Bezirk; die Mädchen kommen häufig in die Obhut einer alten Frau und werden in häusliche Tätigkeiten wie Spinnen, Weben und Flechten eingewiesen; Jungen und Mädchen müssen schwere Prüfungen bestehen, niedrige Dienste versehen und unlösbare Aufgaben verrichten; sie müssen Mißhandlungen erdulden, ohne einen Laut von sich zu geben; den Mädchen werden die Haare abgeschnitten; Jungen und Mädchen werden bestimmte Verbote auferlegt: Sie dürfen nicht schlafen, nicht essen, nicht sprechen, nicht lachen; sie erleiden einen symbolischen Tod (todähnlicher Schlaf, Enthauptung, Zerstückelung); die Mädchen dürfen nicht die Erde berühren, müssen auf einem Baum wohnen und müssen sich vor der Sonne verbergen.

Der Übergang vom Einzeldasein zur Partnerschaft

Mit der Pubertät ist die Reifung des Menschen keineswegs abgeschlossen. Der Mensch macht, wie Goethe sagt, wiederholte Pubertäten durch; er befindet sich ständig auf dem Weg der Reifung. Die der Pubertät folgende Reifephase ist die der Reifung zur Partnerschaft (Partnerwahl, Werbung und Vereinigung). Märchen mit dieser Thematik beginnen zum Beispiel so: »Als nun die Zeit kam, wo sie (die Königstochter mit dem

Königssohn, dem sie versprochen war) vermählt werden sollte und das Kind in ein fremdes Reich abreisen mußte...« (Die Gänsemagd)[46]. Wenn das Märchen aus der Sicht des Mannes erzählt wird, heißt es beispielsweise: »Als der Jüngling die Königstochter sah, ward er von ihrer großen Schönheit so verblendet, daß er alle Gefahr vergaß und sich als Freier meldete« (Die weiße Schlange)[47]. Die Gewinnung der Königstochter ist eine schwere Aufgabe, die nur unter Einsatz des Lebens erfüllt werden kann. Stereotyp heißt es: Wer die Königstochter zur Frau gewinnen will, muß »sein Leben daran setzen«[48]. Viele sind bereits an dieser Aufgabe gescheitert und haben ihr Leben verloren. Es gilt, schier unlösbare Aufgaben zu vollbringen: einen goldenen Ring aus dem Meer heraufzuholen, zehn Säcke Hirsekörner aus dem Gras zusammenzulesen, einen Apfel vom Baum des Lebens zu bringen (Die weiße Schlange), zwei gefährliche Riesen zu töten, ein Einhorn und ein Wildschwein zu fangen (Das tapfere Schneiderlein), mit einem Auerochsen zu kämpfen und ihn zu töten (Die Kristallkugel), ein schweres Rätsel zu lösen (Das Rätsel) oder gar aus der Hölle drei goldene Haare von dem Haupt des Teufels zu holen (Der Teufel mit den drei goldenen Haaren). Wer die Aufgaben nicht lösen kann, hat sein Leben verwirkt.

Geglückte Partnerschaft wird im Märchen als gegenseitige Erlösung dargestellt. Die Königstochter befindet sich in der Gewalt einer Hexe, eines Zauberers oder eines Drachen und muß vom Königssohn daraus befreit werden. Oder sie muß von ihrem Aschenputteldasein oder aus ihrer häßlichen Gestalt erlöst werden. Zum Beispiel im Grimmschen Märchen »Die Kristallkugel«, wo es heißt: »Wie erschrak er, als er sie anblickte: sie hatte ein aschgraues Gesicht von Runzeln, trübe Augen und rote Haare. ›Seid ihr die Königstochter, deren Schönheit alle Welt rühmt?‹ rief er aus. ›Ach‹, erwiderte sie, ›das ist meine Gestalt nicht, die Augen der Menschen können mich nur in dieser Häßlichkeit erblicken, aber damit du weißt, wie ich aussehe, so schau in den Spiegel, der läßt sich nicht irre machen, der zeigt dir mein Bild, wie es in Wahrheit ist.‹« Und dann stellt der Mann die entscheidende Frage, die in dieser Art Märchen immer wiederkehrt: »›Wie kannst du erlöst werden? Ich scheue keine Gefahr!‹ Sie sprach: ›Wer die kristallene Kugel erlangt und hält sie dem Zauberer vor, der bricht damit seine Macht,

127

und ich kehre in meine wahre Gestalt zurück. Ach‹, setzte sie hinzu, ›schon mancher ist darum in seinen Tod gegangen und du junges Blut, du jammerst mich, wenn du dich in die großen Gefährlichkeiten begibst.‹ – ›Mich kann nichts abhalten‹, sprach er, ›aber sage mir, was ich tun muß.‹ – ›Du sollst alles wissen‹, sprach die Königstochter, ›wenn du den Berg, auf dem das Schloß steht, hinabgehst, so wird unten an einer Quelle ein wilder Auerochs stehen, mit dem mußt du kämpfen. Und wenn es dir glückt, ihn zu töten, so wird sich aus ihm ein feuriger Vogel erheben, der trägt in seinem Leib ein glühendes Ei, und in dem Ei steckt als Dotter die Kristallkugel...‹«[49]

Im Märchen »Der Froschkönig« ist es der Königssohn, der in einen garstigen Frosch verwandelt ist und von der Königstochter dadurch erlöst wird, daß sie ihn aus allen Kräften gegen die Wand wirft. Mit einer Riesenaggression lehnt sie sich auf gegen den süchtigen, drängenden Absolutheitsanspruch der Sexualität, die im Frosch verkörpert ist. »Nur so kann der verstellte, der menschliche Anteil der Liebe wieder in Erscheinung treten: der Prinz ist erlöst. Das Mädchen wird gesund und wird reif für eine zwischenmenschliche Partnerschaft. In dem Augenblick aber, in dem es diesen Reifeschritt vollzieht, erlöst es zugleich auch den Mann aus seiner primitiven, allein von sexuellen Wünschen geleiteten Tierhaftigkeit.«[50] – Max Lüthi sagt zu dem Motiv der Verwandlung und macht damit den Bezug zu unserem Thema deutlich: »Die Verzauberung ins Tier und dessen Entzauberung zum Menschen ist zugleich auch Bild für Tod und Rückkehr zu neuem Leben; ähnlich wie ja auch der Versteinerung im Märchen oder der Versenkung in tausendjährigen Schlaf fast immer die Wiedererweckung nachfolgt.«[51] Im letztgenannten Motiv ist das am unmittelbarsten deutlich: die Erlösung aus einem todähnlichen Schlaf (Dornröschen), die Errettung von einer tödlichen Krankheit (Der Gevatter Tod), die Wiedererweckung aus dem Tod (Die drei Schlangenblätter) oder die Wiederbelebung eines enthaupteten oder zerstückelten Menschen (Fitchers Vogel, von dem Machandelboom). Die Vorstellung von der Zerstückelung und Skelettierung ist aus schamanischen Initiationen und aus der religiösen Vorstellung der Jägerkultur sowie aus den Meditationen des indosibirischen und mongolischen Buddhismus bekannt. Eliade sagt: »Der Knochen symbolisiert die letzte Wurzel tierischen Lebens, die

›Gebärmutter‹, aus welcher ununterbrochen das Fleisch hervorgeht. Vom Knochen aus werden die Tiere und die Menschen wiedergeboren; sie bleiben einige Zeit im fleischlichen Zustand, und wenn sie sterben, reduziert sich ihr ›Leben‹ auf ein konzentriertes Sein im Skelett, von wo aus sie von neuem geboren werden. Auf das Skelett reduziert, erleben die zukünftigen Schamanen den mystischen Tod, der ihnen erlaubt, sich in die andere Welt zu begeben, in die Welt der Geister und der Ahnen, und dort an ihrem Wissen teilzuhaben.«[52]

Im allgemeinen ist im Märchen entweder die Erlösung der Königstochter durch den Mann oder die Erlösung des Königssohnes durch die Frau dargestellt; aber es gibt auch Märchen, in denen Mann und Frau sich gegenseitig erlösen, zum Beispiel im Grimmschen Märchen »Der Trommler«[53]. Erst erlöst der junge Trommler die Königstochter aus der Gewalt einer Hexe, die sie auf einem unzugänglichen Glasberg gefangen hält; dann erlöst die Königstochter den Jüngling, der sich von seinen Eltern nicht hatte trennen können und seine Braut vergessen hatte. Sie »bedachte, daß er sein Leben daran gesetzt hatte, um sie zu erlösen, und sprach: ›Du hast alles für mich gewagt, aber ich will auch für dich alles tun.‹« – Gibt es eine tiefere Deutung gelungener Partnerschaft als die, die das Märchen gibt: daß Mann und Frau ihr Leben daran setzen müssen, um sich gegenseitig aus einem einsamen, verhexten Zustand zu partnerschaftlichem Leben zu erlösen?

Auf der Subjektstufe, auf der nach C. G. Jung die im Märchen vorkommenden Personen als dynamische Wirklichkeiten der seelischen Innenwelt zu deuten sind, ist die Königstochter oder der Königssohn, die erlöst werden sollen, nichts anderes als der Teil der menschlichen Seele, die den Menschen zur Ganzheit ergänzt (»Anima«, »Animus«), und die gegenseitige Vereinigung nichts anderes als die heilbringende Ganzwerdung oder Selbstwerdung[54]; denn das Selbst umfaßt sowohl das Bewußtsein als auch das Unbewußte. Das »Ich« muß das Leben einsetzen, um das höhere »Selbst« zu gewinnen.

Der Übergang von der Frau zur Mutter

Josephine Bilz hat das Grimmsche Märchen »Rumpelstilz-chen« als eine Auseinandersetzung verschiedener Übergänge und menschlicher Reifungserlebnisse gedeutet: »immerwäh-rende Verwandlung von Gestalt zu Gestalt. Stroh wird zu Gold, das Müllerskind zum Mädchen, das Mädchen zur Frau in könig-licher Reife und die Königin zur Königin-›Mutter‹, die reif und bereit werden muß, ihr Kind auf den ›Königsweg‹ menschlicher Reifung entlassen zu können.«[55]

Die Ausführungen haben deutlich gemacht, daß die »Wie-dergeburt auf einer höheren Ebene« in der Tat ein »zentrales Thema in einer großen Vielfalt von Märchen« ist, wie es in dem Satz von Bruno Bettelheim ausgesagt wurde.

Die Wiedergeburt gehört nach C. G. Jung »zu den Uraussa-gen der Menschheit überhaupt«[56]; darum ist sie zu allen Zeiten gleich aktuell. M. Eliade hat es als höchst bedeutungsvoll be-zeichnet, »daß selbst religionslose Menschen in der Tiefe ihres Seins das Verlangen nach dieser geistigen Verwandlung fühlen, die in andern Kulturen das eigentliche Ziel der Initiationen bil-det«. Dieses Verlangen ist »der moderne Ausdruck der ewigen Sehnsucht des Menschen, einen positiven Sinn für den Tod zu finden, den Tod anzunehmen als einen Übergangsritus zu einer höheren Seinsweise«[57].

Gott im Märchen?

Günter Lange stellte in seinem Straßburger Vortrag[58] fest, daß in den »klassischen« Märchen Gott nicht vorkommt. Das ist richtig, wenn damit gemeint ist, daß in ihnen von Gott nicht die Rede ist. Aber kommt er auch der Sache nach im Märchen nicht vor?

Lange sagt, das Märchen enthält eine »religiöse Komponente«, und er zitiert seinen Lehrer Kampmann, für den die Welt der Märchen »ein naturreligiöser Vorhof für die Welt der Offenbarung« ist. Hier stellt sich die Frage, wie das Verhältnis von Religion und Offenbarung zu verstehen ist. Ist es das Verhältnis von reiner Immanenz und Transzendenz? Ist es das von Wunschvorstellung und Erfüllung? Ist es das von vorletzter und letzter Realität?

Lange stellt Entsprechungen zwischen Grundaussagen der Märchen und der christlichen Glaubensberichte heraus. Wie sind diese Entsprechungen zu verstehen? Handelt es sich lediglich um strukturelle Entsprechungen oder auch um inhaltliche Entsprechungen? Ist der religiöse Aspekt »in allen anderen Aspekten als verborgene Wirklichkeit mitenthalten« und somit ein »Hinweis auf das Eine, Letztwirkliche, Göttliche, das als gestaltende Lebenskraft allem Seienden innewohnt«[59]? Anders gefragt: Sind dieselben Bilder im Märchen und in den biblischen Glaubensberichten auf verschiedene Wirklichkeiten bezogen oder nur auf verschiedene Dimensionen derselben Wirklichkeit?

Zunächst ist deutlich, daß sich auch die Bibel der allgemeinmenschlichen, archetypischen Bildersprache der Seele bedient, wenn sie Glaubenserfahrungen mit Gott berichtet. Das ist naheliegend, denn die Symbolsprache ist – wie Erich Fromm sagt – »die einzige universale Sprache, die die Menschheit jemals entwickelt hat«[60]. Insbesondere die Symbolik der Wiedergeburt spielt dabei eine wesentliche Rolle.

Am Anfang des Christenlebens steht das Sakrament (griechisch: Mysterium) der Taufe. Als Eingangssakrament (sacramentum initiationis) entspricht sie phänomenologisch den Einweihungsriten und Mysterienkulten. Sie ist – in ihrer ur-

sprünglichen Gestalt der Erwachsenentaufe – ein »Übergangsritus«, bei dem es um den Übergang vom Nichtglauben zum
Glauben geht. Als Übergangsritus verläuft die christliche Taufe
in den drei Stadien, die für alle Übergangsriten charakteristisch
sind: Sterben – Einweihung – Wiedergeburt. Der Taufbewer-
ber stirbt dem bisherigen Leben mit seinen heidnischen Ge-
wohnheiten ab: »Was er gestorben ist, das ist er der Sünde gestorben ein für allemal« (Römer 6, 10).

Die Einweihung geschieht durch den Taufunterricht als Vorbereitung für das Einswerden mit Christus im Mysterium des
Herrenmahles. Die Taufe ist ein »Bad der Wiedergeburt und
Erneuerung im heiligen Geist« (Titus 3, 5). Dabei handelt es
sich um die Wiedergeburt zu einem neuen Leben im Glauben
und Gehorsam gegen Gott: »Was er lebt, das lebt er Gott«
(Römer 6, 10).

Das in der Taufe rituell vollzogene Sterben und Auferstehen
ist ein Mitsterben und Mitauferstehen mit Christus, also ein
Nachvollzug des Weges Christi, der wie der Weg der Sonne als
Abstieg in die Wasser des Todes (Totenreich), als Kampf mit
den satanischen Mächten (Drachenkampf) und als Wiedergeburt zur Gottessohnschaft dargestellt wird[61]. Wie im Ritus der
Mythus aktualisiert wird, so wird in der Taufe das Christusgeschehen für den einzelnen aktualisiert. Die Taufe als einmal
vollzogene Handlung ist die Initiation, der Eingang in eine Lebensweise, die »durch tägliche Reue und Buße« das eigene Leben dahingibt in den Tod, um das neue Leben von Gott zu empfangen: »Wer sein Leben verliert um Christi willen, der wird's
finden« (Matthäus 10, 39). Das Leben in dieser Welt entspricht
dem »Reifungselend«, in dem der Christ der endgültigen Erlösung entgegenreift.

Auch das Erlösungsgeschehen wird in der Bibel mit archetypischen Bildern beschrieben. Im Märchen wird häufig der
Übergang von einer Daseinsweise in eine andere dadurch ein-
geleitet, daß der Märchenheld in unbezwingbarer Neugier eine
verbotene Tür öffnet. So in dem Grimmschen Märchen »Der
getreue Johannes«, wo der alte König zu seinem getreuen Diener Johannes sagt: »Nach meinem Tode sollst du meinem Sohn
das ganze Schloß zeigen, alle Kammern, Säle und Gewölbe,
und alle Schätze, die darin liegen: aber die letzte Kammer in
dem langen Gange sollst du ihm nicht zeigen...«[62] Die verbo-

tene Tür ist symbolischer Ausdruck für einen seelischen Raum, dem der Mensch noch nicht gewachsen ist und vor dem er deshalb durch ein Tabu geschützt werden muß. Das Öffnen der verbotenen Tür stürzt den Menschen meist in großes Unglück (das »Marienkind« wird aus dem Himmel hinabgestürzt), er stirbt der bisherigen Daseinsweise ab, wird aber am Ende durch den königlichen Gatten wieder dem Leben zugeführt. Nachdem er durch Schuld und Leid zu höherer Einsicht gelangt ist, wird er zu einem neuen Leben wiedergeboren. Das Übertreten des Verbots, der unerlaubte Einblick, vermittelt also letztlich dem menschlichen Bewußtsein »eine Erkenntnis, die sich nach der Katastrophe als lebendige geistige Kraft zeigt«[63].

Auch das Drama der menschlichen Seele mit Gott wird ähnlich beschrieben. Am Anfang der Bibel heißt es »Und Gott gebot dem Menschen: Du darfst essen von allen Bäumen im Garten, aber von dem Baum der Erkenntnis des Guten und Bösen sollst du nicht essen; denn an dem Tag, da du von ihm issest, mußt du des Todes sterben« (1. Mose 2, 16f.). Die Folge der Übertretung des göttlichen Gebotes ist, daß der Mensch aus der Geborgenheit des Paradieses ausgetrieben wird ins Elend, in die Gottesferne. Aber diese Austreibung ist ein »Anstoß zur Reife«[64], zu permanenten neuen Verwandlungen, zu schmerzhaften Prozessen innerseelischen Werdens, in denen der Mensch zugrunde gehen, durch die er aber auch wiedergeboren werden kann zu einem neuen Sein.

Von dieser Sicht her erscheinen die Geschichten von der Auflehnung Jonas gegen Gottes Befehl und vom Auszug des »verlorenen Sohnes« aus dem Vaterhaus als Varianten der Urgeschichte vom »Sündenfall«.

Es ist deutlich: Das Verständnis der Bildersprache der Seele ist für das Verstehen der religiösen Sprache hilfreich. Nicht Entmythologisierung der Bibel im Sinne von Eliminierung der bildhaften Redeweise, sondern Wiedergewinnung eines neuen, tieferen Verständnisses der Symbolsprache als Ausdruck für Vorgänge, die sich in der Tiefe der menschlichen Seele abspielen, ist notwendig. E. Fromm hat in seinem Buch über die vergessene Symbolsprache zu Recht gefordert, es sollte auf unseren höheren Schulen und auf den Universitäten ebenso wie der Unterricht in anderen »Fremdsprachen« auch der Unterricht in der Symbolsprache in den Lehrplan aufgenommen werden[65].

Nun ist aber zugleich deutlich: Ein archetypisches Bild hat seinen Sinn nicht in sich selbst, sondern es erhält ihn erst durch den Zusammenhang, in dem es erscheint. Das gilt für den »Ort« im Ablauf des Seelendramas innerhalb verschiedener Märchen; das gilt erst recht für den »Ort« eines archetypischen Bildes auf den verschiedenen geistigen Ebenen des Märchens, des Mythus und der christlichen Glaubensaussagen. Das archetypische Grundmuster des Überganges von einer Daseinsweise zu einer anderen bezieht sich bei den Übergangsriten der Naturvölker auf Übergänge innerhalb der natürlichen Entwicklung, zum Beispiel vom Kind zum Erwachsenen. Kann man sagen, daß sich dasselbe Grundmuster im Kontext christlicher Glaubenserfahrung auf den Übergang von der natürlichen Daseinsweise zur geistlichen Daseinsweise bezieht, etwa in dem Sinne, wie Paulus von dem »natürlichen Menschen« (psychikos), der nichts vom Geist Gottes vernimmt, und von dem »geistlichen Menschen« (pneumatikos), der des Herrn Sinn erkennt, spricht? (1. Korinther 2, 14f.).

Wir hatten gesehen, daß auch die Übergangsriten der Naturvölker als religiöses Geschehen verstanden werden, durch das die natürliche Entwicklung transzendiert wird, durch das der Initiand am »heiligen Ort« vom natürlichen Menschen zum geistigen Menschen, zum Menschen überhaupt, gewandelt und mit dem »Großen Geist« gleichgestaltet wird. Wenn auch die christliche Kirche den Menschen vornehmlich bei den Übergängen (Geburt, Pubertät, Hochzeit, Beerdigung) mit dem Wort der christlichen Botschaft begleitet, so wird deutlich, daß es auch hier um die Transzendierung des natürlichen Geschehens geht, um die Beziehung des natürlichen Geschehens auf Grund, Sinn und Ziel alles Seins: auf Gott. Hier, in dem, was als Grund, Sinn und Ziel alles Seins verkündet wird, liegt der Unterschied zwischen Naturreligion und christlichem Glauben.

Wie ist dieser Unterschied angemessen zu beschreiben? Ich würde ihn nicht mit Karl Barth in die gegensätzlichen Begriffe »Religion« und »Offenbarung« im Sinne von Erwartung und Erfüllung fassen, sondern mit Paul Tillich sagen: Offenbarung als Manifestation des Seinsgeheimnisses innerhalb der alltäglichen Erfahrung kann in jedem Ding, in jeder Person und in jedem Ereignis geschehen, weil diese am Grund und Sinn des Seins teilhaben. Der Unterschied zwischen verschiedenen Offenbarungen besteht in ihrer Bedeutung und Gültigkeit. Für den Christen ist die Offenbarung des Seinsgeheimnisses in der Person Jesu Christi »letztgültige Offenbarung«, das heißt entscheidende, erfüllende, unüberbietbare, universal gültige und normgebende Offenbarung, die letzte Wahrheit über das Mysterium des Seins und seine Beziehung zu ihm. Tillich sagt: »Ohne die religiösen Erfahrungen der Vorbereitungsperiode hätte es keine Kategorien und Formen gegeben, mit denen die letztgültige Offenbarung hätte ergriffen werden können.«[66] Er meint das nicht nur im Blick auf die biblische Offenbarungsgeschichte, sondern auch im Blick auf die »vorbereitenden Offenbarungen« im Judentum und im Heidentum. Von daher komme ich zu dem Schluß: Die archetypischen Bilder, die die Märchen, Mythen und Riten sowie die biblischen Glaubenszeugnisse verwenden, sind die »Kategorien und Formen«, mit denen die universale Offenbarung angemessen ausgesagt werden kann. »Wie vermöchte denn je das von Gott gewirkte Heil unser Unbewußtes zu erreichen, wenn es nicht auch dessen Sprache zu sprechen, auch dessen ›Denkkategorien‹ zu übernehmen fähig wäre?«[67]

Es ist richtig, daß von Gott im klassischen Märchen nicht die Rede ist. Aber ich würde nicht anstehen zu sagen, daß es auf seine Weise das Geheimnis des Seins widerspiegelt. So wie sich in den Naturgesetzen, die der Naturwissenschaftler entdeckt, die »zentrale Ordnung der Welt« (Werner Heisenberg) widerspiegelt, so wie in der Musik das Vertrauen in die zentrale Ordnung der Welt Ausdruck finden kann, ohne daß es sich um Kirchenmusik handelt und ohne daß Gott genannt wird, so kommt im Märchen das Vertrauen in die zentrale Ordnung zum Ausdruck, wie sie sich im Kollektiven Unbewußten, das durch jahrtausendealte Gesamterfahrung der Menschheit geprägt ist, als archetypische Struktur der menschlichen Seele widerspiegelt.

In dieser Auffassung besteht unter denen, die sich aus theologischer Sicht mit Märchen befaßt haben, weitgehende Übereinstimmung. Dazu drei Zitate als Belege:

Otto Betz sagt: »Das Märchen berichtet nicht von Gott. Aber es geht von einem Verständnis der Welt aus, das von Vertrauen getragen ist. Die Welt wird als große und verläßliche Ordnung geschildert. Wohl gibt es in dieser Welt dunkle und gefährliche Kräfte, es ist durchaus abenteuerlich, sich darin zurechtzufinden. Und dennoch ist die durchgehende Botschaft: Sei zuversichtlich, hab Vertrauen!

Man könnte diese elementare Zuversicht ›Seinsvertrauen‹ nennen. Auch wenn diese unsere Welt rätselhaft erscheint und von uns nicht verstanden und erklärt werden kann, sie hat einen geheimen letzten Sinn und fällt nicht ins Bodenlose. Nichts ist vergebens, niemand ist ganz allein.

Vielleicht ist diese vertrauensgetragene Sicht der Welt und des Daseins die entscheidende Chiffre für den Gott, der im Märchen nicht beim Namen genannt wird.«[68]

Dorothee Sölle sagt: »In ihnen (den Märchen) steckt eine ›natürliche‹ Theologie, das heißt eine, die nicht durch spezielle Offenbarung vermittelt ist und nicht durch Religionsbeamte verwaltet wird.

Gottseidank sprechen die Märchen äußerst selten von Gott und haben mit organisierter Religion fast nichts zu tun. Sie sprechen narrativ, nicht begrifflich, vom Neuen Sein, von der Gnade. Sie erzählen, wie Menschen im Licht der Gnade leben, handeln, sich auf die Suche machen.

Gnade ist, sich nicht mit einem einmal eingerichteten Zustand abzufinden, sich auf die Suche machen, dem Ruf des weiter treibenden Lebens zu folgen. Gnade ist eine Art von Lebendigbleiben.

Dies sind die drei Wirkungen der Gnade, daß sie uns ganz macht, daß sie uns verbunden macht mit den Geschwistern der Schöpfung und bezogen auf sie und daß sie uns mit dem Grund von Selbst und Welt zusammenschließt.«[69]

Dietrich Thyen sagt: »Das Menschenbild des Märchens weist über die alltäglich erfahrene Wirklichkeit des Menschen hinaus auf einen Bereich realen Hoffens und Glaubens. Der Mensch ist, was er ist, nicht dank des Vermögens seines eigenen Ichs, sondern auf Grund dessen, was ihm begegnet, zukommt, anspricht, aufruft, ja aus seiner Todesstarre zurück ins Leben bringt.

Gott und Engel, also die uns namentlich geläufigen transzendenten Mächte, spielen im Märchen keine oder so gut wie keine Rolle. Das Überweltlich-Transzendente wird im Märchen in aller Regel so in den Ablauf der Geschehnisse verwoben, daß es als Größe eigenen Gewichts nahezu unkenntlich bleibt.

Gerade weil das Märchen jeden direkten Hinweis auf Göttliches unterläßt, nimmt es den Hörer in eine umfassende Sinngebung des Ewigen mit hinein, in der das ›Es war einmal‹ zur Ermöglichung eigenen Menschseins in der Zukunft aufruft. Denn das Märchen weiß nicht nur um die tatsächliche Verborgenheit und Unzugänglichkeit des Göttlichen, sondern es respektiert durch sein beredetes Schweigen das Geheimnis des Absoluten. Ihm genügt es, wenn das erzählte Geschehen über sich selbst hinausweist…«[70]

Zu den Offenbarungen des Seinsgeheimnisses im Märchen gehören im wesentlichen drei Grunderfahrungen:

Erstens: Nur wer sich aus seinen natürlichen Bindungen (Heimat, Familie, Besitz) löst und verläßt, was er hat, kann das Geheimnis des Seins erfahren. In dem Überschreiten der Grenze vom Altgewohnten zum Unbekannten, nur in diesem transcedere gewinnt das menschliche Leben Transzendenz. Erich Fromm hat dies als Wesenszug der Existenzweise des Seins im Gegensatz zu der des Habens beschrieben[71].

Zweitens: Nur wer sein Leben hingibt, kann es gewinnen. Nur wer sich selbst verliert, kann sich in Wahrheit finden. Nur wer leidet, kann zur Herrlichkeit gelangen, und nur wer stirbt, kann des wahren Lebens teilhaftig werden.

Drittens: Nur wer nach dem sucht, was ihm fehlt, wird heil und ganz. Ganz wird er durch das, was ihn zum Ganzen ergänzt. Heil wird er dadurch, daß er aus einem todähnlichen Zustand zu neuem Leben erweckt wird.

Diese drei Grunderfahrungen menschlichen Seins, die im Märchen zum Ausdruck kommen, haben für mich im christlichen Glauben ihre tiefste und letztgültige Ausprägung gefunden; genauer gesagt: in dem Mysterium von Tod und Auferstehung Christi und dem daraus erwachsenden Glauben an den Gott, der die Sünder gerecht und die Toten lebendig macht.

Anmerkungen zu »Das Jona-Motiv in Riten und Märchen«

1 E. Neumann, Die Große Mutter. Der Archetyp des Großen Weiblichen, Darmstadt 1957, S. 172

2 Bruno Bettelheim, Kinder brauchen Märchen (dtv-Sachbuch Nr. 1481), München 1980, S. 205

3 M. Eliade, Das Mysterium der Wiedergeburt. Initiationsriten, ihre kulturelle und religiöse Bedeutung, Zürich/Stuttgart 1961, S. 13

4 Ebd., S. 38

5 M. Eliade, Mythen, Träume und Mysterien, Salzburg 1961, S. 313

6 E. Neumann, s. Anm. 1, S. 157

7 Ebd., S. 68

8 Ebd., S. 264

9 Ebd., S. 276

10 M. Eliade, s. Anm. 3, S. 215; B. Bettelheim, s. Anm. 2, S. 44

11 Ottokar Graf Wittgenstein, Märchen, Träume, Schicksale, Düsseldorf-Köln 1965, S. 116 u. 211

12 B. Bettelheim, s. Anm. 2, S. 325

13 Hedwig von Beit, Symbolik des Märchens. Versuch einer Deutung, Bern 1952, S. 189

14 B. Bettelheim, s. Anm. 2, S. 188

15 Ebd., S. 189

16 in: Ch. Rougemont, ...dann leben sie noch heute. Erlebnisse und Erfahrungen beim Märchenerzählen, Münster/W. 1962, S. 163 ff.

17 Hedwig von Beit, s. Anm. 13, S. 169 ff.

18 E. Neumann, s. Anm. 1, S. 264

19 H. von Beit, s. Anm. 13, S. 336

20 H. von Beit, Gegensatz und Erneuerung im Märchen, Bern 1957, S. 463

21 U. Steffen, Das Mysterium von Tod und Auferstehung. Formen und Wandlungen des Jona-Motivs, Göttingen 1963

22 B. Bettelheim, s. Anm. 2, S. 195

23 Kinder- und Hausmärchen, gesammelt durch die Brüder Grimm, München 1949, S. 122

24 Ebd., S. 122

25 B. Bettelheim, s. Anm. 2, S. 186

26 Ebd., S. 189 f.

27 s. Anm. 23, S. 176

28 B. Bettelheim, s. Anm. 2, S. 206

29 s. Anm. 23, S. 179

30 B. Bettelheim, s. Anm. 2, S. 207

31 Ebd., S. 208

32 Ebd., S. 211

33 J. Bilz, Märchengeschehen und Reifungsvorgänge unter tiefenpsychologischem Gesichtspunkt; in: Ch. Bühler/J. Bilz, Das Märchen und die Phantasie des Kindes, 1958, S. 95

34 Ebd., S. 102

35 Ebd., S. 92

36 M. Eliade, s. Anm. 3, S. 69

37 s. Anm. 23, S. 637

38 H. von Beit, Gegensatz und Erneuerung im Märchen, Bern 1957, S. 317

39 A. Winterstein, Die Pubertätsriren der Mädchen und ihre Spuren im Märchen; in: Imago 14 (1928), S. 239f.

40 B. Bettelheim, s. Anm. 2, S. 24

41 s. Anm. 23, S. 105

42 Ebd., S. 106

43 J. Bilz, s. Anm. 33, S. 91

44 B. Bettelheim, s. Anm. 2, S. 169 u. 171

45 A. Winterstein, s. Anm. 39, S. 254

46 s. Anm. 23, S. 443

47 Ebd., S. 132

48 Ebd., S. 798

49 Ebd., S. 799

50 Chr. Meves, Erziehen und Erzählen. Über Kinder und Märchen. Stuttgart/Berlin 1971, S. 54

51 Europäische Volksmärchen, ausgew. u. hrsg. von Max Lüthi, (Manesse-V.) 1951, S. 562

52 M. Eliade, s. Anm. 5, S. 162

53 s. Anm. 23, S. 782ff.

54 Marie-Louise von Franz, Das Weibliche im Märchen (Psychologisch gesehen 32), 3. Aufl. Stuttgart 1980

55 J. Bilz, s. Anm. 33, S. 108

56 Eranos-Jahrbuch 1939 (Bd. VII), Vorträge über die Symbolik der Wiedergeburt in der religiösen Vorstellung der Zeiten und Völker, Zürich 1940, S. 405

57 M. Eliade, s. Anm. 3, S. 228f.

58 Günter Lange, Märchen aus der Sicht eines Religionspädagogen; in: Katechetische Blätter. Zeitschrift für Religionsunterricht, Gemeindekatechese, Kirchliche Jugendarbeit 7/79, S. 516ff.

59 Wilhelm Laiblin, Die Symbolik der Erlösung und Wiedergeburt im deutschen Volksmärchen; in: Zentralblatt für Psychotherapie und ihre Grenzgebiete, Bd. 15 (1943), S. 96

60 Erich Fromm, Märchen, Mythen, Träume. Eine vergessene Sprache, Stuttgart 1980, S. 9

61 Uwe Steffen, s. Anm. 21, S. 184ff.

62 s. Anm. 23, S. 66

63 Hedwig von Beit, s. Anm. 38, S. 574

64 Christa Meves, Die Bibel antwortet uns in Bildern. Tiefenpsychologische Textdeutungen im Hinblick auf Lebensfragen heute (Herderbücherei 461), Freiburg i. Br. 1973, S. 14ff.

65 Erich Fromm, s. Anm. 60, S. 10

66 Paul Tillich, Systematische Theologie, Bd. I, Stuttgart 1956, S. 166

67 Mircea Eliade, Ewige Bilder und Sinnbilder. Vom unvergänglichen menschlichen Seelenraum, Olten/Freiburg i. Br. 1958, S. 202

68 Otto Betz, Der abwesend-anwesende Gott in den Volksmärchen; Gott im Märchen. Vortragsreihe der Ev. Akademie Nordelbien, Hamburg 1980, S. 3ff.

69 Dorothee Sölle, Suchen und Gefundenwerden. Zur Bedeutung der Gnade im Märchen; in: Gott im Märchen, s. Anm. 68, S. 25ff.; auch abgedruckt in: Evangelische Kommentare. Monatsschrift zum Zeitgeschehen in Kirche und Gesellschaft, 13. Jg. (1980), S. 697ff.

139

70 Dietrich Thyen, Transzendenz und Wirklichkeit in der Schau der Märchen; in: Gott im Märchen, s. Anm. 68, S. 45 ff.; vgl. auch: Franz Vonessen, Vertrauen zur Wahrheit. Das Märchen und die »natürliche Offenbarung«; vervielfältigtes Manuskript eines Vortrages am 25. 3. 1981 in der Ev. Akademie Nordelbien, Hamburg
71 Erich Fromm, Haben oder Sein. Die seelischen Grundlagen einer neuen Gesellschaft (dtv-Sachbuch 1490), Stuttgart 1979.

Der Mann im Fisch.
Der Jona-Roman von Stefan Andres

Die Faszination, die die Jona-Geschichte der Bibel auf den Menschen unserer Zeit ausübt, zeigt sich vor allem darin, daß sie auffallend häufig in der bildenden Kunst und Literatur des 20. Jahrhunderts nachgestaltet worden ist.

In den vergangenen drei Jahrzehnten erschienen im europäischen Raum allein drei Jona-Romane: in den fünfziger Jahren der Jona-Roman des dänischen Schriftstellers Harald Tandrup »Profeten Jonas – privat«, deutsch: »Der Prophet Jona – privat« (1959)[1], in den sechziger Jahren der Jona-Roman des deutschen Schriftstellers Stefan Andres »Der Mann im Fisch« (1963)[2] und in den siebziger Jahren der Jona-Roman des Algerien-Franzosen Elie Georges Berreby »Le Singe du Prophete« (1972), deutsch: »Jonas oder Der Affe des Propheten« (1973)[3].

Alle drei Jona-Romane sind in ihrer Art und Anlage grundverschieden:

Der dänische Roman ist eine heiter-phantasievolle Nacherzählung der biblischen Jona-Geschichte, die den Leser in die bunte orientalische Welt vor zweieinhalb Jahrtausenden zurückversetzt und dabei ein aus vielen Quellen gespeistes Sittenbild der Alten Welt entwirft. Der Titel deutet an, daß Jona hier in seiner Zwiespältigkeit als von Gott berufener Prophet und als durchschnittlicher Kleinbürger geschildert wird, der davon träumt, sein Glück zu machen und reich zu werden. »Vielleicht«, so heißt es von ihm, »hatte er ein Zwilling werden sollen, dann wäre es klar gewesen, daß der eine Bruder Ackerknecht und der andere Priester würde. In ihm wohnten beide Seelen. Er war ein dem jämmerlichen, irdischen Staub verhafteter Mensch, und doch lebte in ihm ein mächtiger Drang zum Ewigen. Am hellen Tage glückte es ihm jedoch, die Priesterseele kurz zu erhalten. Ihre Stunde kam erst nachts, wenn alles still ward und das Unbegreifliche des Daseins sich bei ihm einschlich...«[4]

Der französische Jona-Roman, aus einer satirischen Komödie erwachsen, hat die Form einer Satire à la Kishon und gibt sich als eine zeitgenössische Version der biblischen Jona-Geschichte (zum Beispiel tritt an die Stelle des großen Fisches ein Atomunterseeboot). Jona ist in diesem Roman ein kleiner Provinzrabbiner, der sich in unserer Wohlstandsgesellschaft gemütlich eingerichtet hat und sich nur widerstrebend durch die

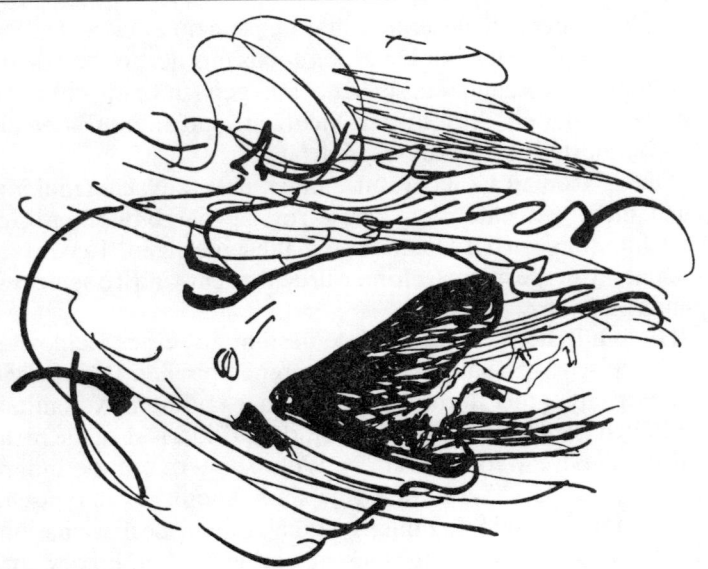

*Abb. 14   Illustration zu Harald Tandrups Jona-Roman von
Hanns Georgi*

Stimme Gottes aus seiner bürgerlichen Ruhe aufschrecken
läßt. Seine Zwiegespräche mit Gott erinnern an diejenigen Don
Camillos mit dem Christus vom Hochaltar. Der im Romantitel
genannte Affe ist der einzige Besitz des Rabbi Jonas und heißt
»Kikajon« – das ist das hebräische Wort für die Rizinusstaude,
die Jona die Hitze des Tages erträglich machte und über Nacht
verdorrte. Als der Affe stirbt, schreit Jonas in seinem Schmerz
laut auf und wünscht sich zu sterben. Da spricht Gott zu ihm:
»Du hast Mitleid mit einem kleinen Tier. Und da sollte ich nicht
Mitleid haben mit der großen Stadt, wo Menschen leben, die
nicht zu unterscheiden wissen, was rechts und links ist ... und
dazu noch viele Tiere?«[5] Der Roman ist als ein »todernstes
Buch« avisiert, »über das man sich köstlich amüsieren kann
und dessen lächelnde Philosophie zugleich wirksamer und
tröstlicher ist als viele gewichtige theologische Werke«.

Der nach Umfang und Inhalt bedeutendste dieser Jona-Romane ist Stefan Andres' »Der Mann im Fisch«. Er erzählt in
seinem ersten Teil die Geschichte des Propheten Jona nach Art

143

eines Schelmenromans und stellt ihr in seinem zweiten Teil die Geschichte des Pfarrers Dr. Hans Jonas aus der Mitte des 20. Jahrhunderts gegenüber; schließlich begegnen beide einander im Bauch des Fisches, in der Nichtzeit, und führen über die Jahrhunderte hinweg ein Gespräch.

Dieser Roman ist nicht nur eine amüsante Nacherzählung, auch nicht nur eine Vergegenwärtigung der biblischen Geschichte, sondern der Dichter sah in ihr seine eigene Lebensgeschichte widergespiegelt. Jona wurde ihm zur Chiffre seiner eigenen Existenz.

Die biblische Jona-Geschichte besteht aus einer Reihe von archetypischen Situationen, die in archetypischen Bildern wie der Verschlingung durch ein Ungeheuer und dem Aufenthalt im Bauch der Hölle ausgedrückt sind; in Bildern also, die nicht auf die äußere Wirklichkeit der Welt, sondern auf die innere Wirklichkeit der Seele bezogen sind. Dieser archetypische Charakter der Jona-Erzählung erklärt die große Faszination, die sie zu allen Zeiten auf Menschen ausgeübt hat. Es bewahrheitet sich das Wort Friedrich Schillers:

»Alles wiederholt sich nur im Leben,
Ewig jung ist nur die Phantasie:
Was sich nie und nirgends hat begeben,
Das allein veraltet nie!«[6]

Stefan Andres hatte als Dichter eine lebendige Beziehung zu den Urbildern der menschlichen Seele, aber gleicherweise auch zu der Zeit, in der er lebte und deren feinste Erschütterungen er wie ein Seismograph wahrnahm. Das ist die Voraussetzung für die Gestaltung echter Symbole, in denen zeitloses Bild der Seele und zeitgeschichtliches Erleben »zusammenfallen«. (Das Wort »Symbol« ist von dem griechischen Verb »symballein« abgeleitet, das wörtlich »zusammenwerfen«, zur Ganzheit »zusammenfügen« bedeutet.) Gestalt und Schicksal des Jona waren für Andres ein solches Symbol, in dem sich inneres und äußeres Geschehen zu einer Einheit und Ganzheit zusammenfügen.

Der Dichter und sein Werk

Stefan Andres ist nach dem Urteil seines Verlegers Klaus Piper »einer der erfolgreichsten Autoren der deutschen Literatur in den mittleren Jahrzehnten dieses Jahrhunderts«[7]. Er wurde 1906 als Sohn bäuerlicher Eltern im Moselland geboren, siedelte 1937 aus politischen Gründen nach Italien über, kehrte 1950 nach Deutschland zurück, um dann 1961 Rom zu seinem »bekenntnishaft endgültigen Aufenthaltsort« zu wählen. Dort starb er 1970 drei Tage nach Vollendung seines 64. Lebensjahres an den Folgen einer Operation. Andres gehörte zu den wenigen großen Erzählern seiner Zeit; er ist in etwa »zwischen Heinrich Mann und Siegfried Lenz« anzusiedeln[8]. Am berühmtesten ist seine Meisternovelle »Wir sind Utopia« (1942), die in zwölf Sprachen, darunter ins Finnische und Japanische, übersetzt worden ist. Sein Werk umfaßt 18 Romane, zahlreiche Novellen, Erzählungen und andere Prosastücke, 8 dramatische Werke, 4 Gedichtbände sowie eine Reihe von Essays und kleineren Aufsätzen.

Der Dichter, so sagte Stefan Andres einmal, »lebt nicht in einem elfenbeinernen Turm, sondern dort, wo alle leben: in der gegenwärtigen Stunde«[9]. Es gibt kaum ein Buch von Stefan Andres, das nicht geprägt ist vom Zeitgeschehen und von seinen persönlichen Erfahrungen. 1933 mußte Andres wegen unvorsichtiger Äußerungen gegen die Nationalsozialisten nach Italien entweichen. Als ihm nach einem halben Jahr das Geld ausging, kehrte er nach Deutschland zurück. Die folgenden Jahre waren damit ausgefüllt, das Notwendigste für das alltägliche Leben aufzubringen. 1935 wurde er vom Deutschen Rundfunk entlassen, weil er »noch immer nicht den rassischen Nachweis für sich und seine Frau erbracht« hatte. Seine Frau Dorothee Freudiger war Halbjüdin. 1937 stieß man ihn aus der Reichsschrifttumskammer aus. Andres zog sich zunächst in die »innere Emigration« ins Riesengebirge zurück; dann, zwei Jahre später, vollzog er die »äußere Emigration« nach Italien. Aber auch dort war seine Familie vor faschistischen Spitzeleien nicht sicher. Darum siedelte er von Positano nach Rom über. Bei Kriegsausbruch wurde seine Frau von den Italienern ausgewiesen, durfte aber überraschenderweise 1940 wieder zu ihrer Familie nach Rom zurückkehren. Stefan Andres hatte also allen Grund, bei den italienischen Behörden ebensowenig aufzufallen wie bei den deutschen. Sein 1938 geschriebener Roman »Die Hochzeit der Feinde« konnte nicht erscheinen, weil er angeblich zu pazifistisch war. Von 1942 ab war es ihm unmöglich, seine Arbeiten zu veröffentlichen. Das kam praktisch einem Berufsverbot gleich und traf ihn um so härter, als er auf der Höhe seiner dichterischen Schaffenskraft stand.

Die Dimension seiner in dieser Zeit geschriebenen Werke als Widerstandsdichtung hat sich erst nach und nach immer klarer herausgestellt[10]. Sie tritt am deutlichsten in seinen Novellen »El Greco malt den Großinquisitor« (1936) und »Wir sind Utopia« (1942) zutage sowie in seiner großangelegten Roman-Trilogie »Die Sintflut« (von 1949 bis 1959), deren Vorarbeiten bis weit in diese Zeit selbst zurückgehen. Aber auch da, wo der Dichter in entlegene Räume der Geschichte entweicht, ist seine Zeit der Stoff, den er gestaltet.

Kennzeichnend für die Art und Weise, in der er sich mit seiner Zeit auseinandersetzte, ist seine Roman-Trilogie. Er hat mit ihr keinen realistischen Zeitroman geschrieben, der sich zu größtmöglicher historischer Treue verpflichtet weiß, sondern er hat Gestalten und Ereignisse frei erfunden, die – von allen zeitgeschichtlichen Zufälligkeiten gereinigt – in verdichteter Form darstellen, was in dieser Zeit an Tendenzen zum Ausdruck kam. Zum Beispiel erfand er an Stelle des »Führers« den »Normer«, der selbst die Norm darstellt, nach der alle genormt werden. Er, der ehemalige katholische Professor der Dogmatik, wird zum monströsen Heiland der Norm und zum politischen Großinquisitor. Von einem vitalen Instinkt zur Macht besessen, errichtet er durch die Partei der Genormten das Reich der Genormten.

Durch diese Form der Darstellung gewinnt Andres Distanz zu seiner Zeit und erhebt das Ringen des Individuums gegen die entpersonalisierende Macht der Normung ins zeitlos Gültige. Denn Andres gehört zu denen, die am frühesten begriffen, daß Nationalsozialismus und Faschismus nicht nur eine katastrophale Episode und nicht nur eine Angelegenheit der sie tragenden Nationen waren. »Die Geschichte von den Genormten«, so schrieb Andres im Vorwort zum ersten Band seiner Roman-

Trilogie, »mag sie auch in Vergangenheitsform geschrieben sein, enthält in jedem Satz ein drohendes Futur! Das Experiment der Genormten steht, wiewohl einige Labors in die Luft flogen, erst in den Anfängen, das müssen wir wissen. Die Epoche der politischen Theologen hat erst begonnen.«

Stefan Andres hat sich selber den »mythischen Dichtern« zugerechnet. Im Mythos sah er den »Gegenraum der Geschichte«, der dem Dichter die seiner Meinung nach einzige Möglichkeit bietet, »dem Nachtmaar der Geschichte ebenso wie dem mittäglichen Dämon der Wissenschaftlichkeit zu entgehen, einfach weil er ihn in Verbindung hält mit der aus den Urzeiten aufsteigenden, ersten und größten Bemühung des Menschen: hinter dem scheinbar Sinnlosen und Zufälligen höchst lebendige und personale Kräfte am Werke zu sehen, die für den Text des Ganzen verantwortlich sind«[12] – ohne jedoch die eigene Verantwortung und Schuld aufzuheben.

Was Andres unter »Mythos« versteht, stimmt insofern mit C. G. Jungs Begriff des »Symbols« überein, als er ausdrückt, was über das rational Begreifbare hinausgeht und darum nicht in Begriffen wiederzugeben ist. Geschichtliche Geschehnisse, die mit Mitteln der schriftstellerischen Fotografie, mögen die Linsen noch so scharf und objektiv sein, nicht einzufangen sind, »Stoffe, die das menschliche Fassungsvermögen in jeder Hinsicht an Grauen und Sinnverschlossenheit übersteigen, können nur mit den Mitteln der mythischen Darstellung eingeholt, gestalthaft umrissen und transparent gemacht werden«[13].

Das mythische Erlebnis, das den mythischen Dichter ausmacht, verdeutlicht Andres, indem er es gegen das Erlebnis des einfachen Menschen und gegen das Erlebnis des mythologisch und psychologisch gebildeten Menschen abgrenzt. Der einfache Mensch weiß nichts von Mythen, aber in einer bestimmten Situation kann sich bei ihm das entsprechende archetypische Bild einstellen, das in seinem Kollektiven Unbewußten enthalten ist, ohne daß er es durch persönliche Erfahrungen erworben hat. So gerät er unter die Gewalt des Mythos.

Der mythologisch und psychologisch gebildete Mensch kennt die mythologischen Urbilder, die einer bestimmten Situation entsprechen, er weiß sie zu deuten und ästhetisch zu genießen, aber der Mythos erreicht nur seinen Verstand, seine Seele wird von ihm nicht ergriffen. Es kommt nicht zu einem mythischen Erlebnis, es bleibt unverbindliches allegorisches Spiel.

Zu dem Bereich des Mythischen und des Religiösen gehört für Andres auch der Traum. Zu Recht ist bemerkt worden, daß kein deutscher Dichter der Vergangenheit und der Gegenwart dem Traum in seinem Werk so breiten Raum gibt wie Stefan Andres. Er führt die Träume auf »in der Seele bereitliegende Urzeichen« zurück; darin deckt sich seine Auffassung des Traumes mit der Archetypenlehre C. G. Jungs. Aber er deutet die Träume nicht vom Standpunkt des Psychologen, sondern von dem des gläubigen Menschen aus. Stefan Andres »war sich der tiefen Kluft sehr wohl bewußt, die sich zwischen seiner Traum-Deutung und der der modernen ›Seelenkunde‹ auftut, jenem Produkt des ›heutigen Zivilisationsbarbaren‹, der – ›allen heiligen Bindungen entraten‹ – das Numinose nie erfahren haben will und nicht selten sogar stolz auf seine Traumunfähigkeit ist (›Ägyptisches Tagebuch‹)« (Hans-Jörg Nagelschmied)[14].

Für Andres ist der Traum einerseits »Podium des Gewissens«: Das Wissen des Traums verfolgt den Menschen bis in seinen Schlaf (Andres spricht einmal von der »Treibjagd der Träume«). Die Nacht läßt nicht zu, diesem Wissen zu entkommen, dauernd in Schuld zu leben, ohne sie eingestehen zu wollen. Oft genügt ein einziger Traum, um »den Boden aufzureißen, und alle gemaßregelten Gedanken stehen um den Abgrund herum und blicken hinein – verlegen und blaß«[15].

Andrerseits sieht Andres den Traum als »von Gott kommend« an; er ist für ihn eine »Stätte der Begegnung mit Gott« (H.-J. Nagelschmied). In kritischen Augenblicken, an den Kreuzwegen, bestimmt ein Traum im Werk Andres das Leben seiner Hauptfiguren. Er ist ihnen im wahrsten Sinne des Wortes »richtungweisend«. Andres glaubte an die »Führungskraft der Träume«, an ihre »Künftiges enthüllende Kraft«; er teilte diesen Glauben mit den Autoren der Heiligen Schrift, die immer wieder von »gottgesandten, zukunftweisenden Träumen« erzählen[16]. Indes bleibt es oft schwierig, die Botschaft des Traumes am Tage zu dechiffrieren und ihre Herkunft zu bestimmen.

Das allgemein Gesagte gilt in ganz besonderer Weise von dem Propheten Jona, wie Andres ihn in seinem Roman schildert. Sechs Träume an den wichtigen Wendepunkten seines an überraschenden Wendungen reichen Lebens verweben sich unlöslich mit dem realen Geschehen. Auch die Stimme, die ihn zum Propheten von Ninive beruft, vernimmt er im Traum. Es ist die Stimme eines Engels, der die Züge seines Freundes und Erretters trägt. Vielleicht, so geht es Jona durch den Sinn, sind sie eine Person: »der freundliche, der ihn tags belehrte, und der furchtbare, der ihm nachts donnernd seinen Namen nachwarf« wie Steine, die die Treppe hinter ihm her poltern, um ihn zu zerschmettern. Jona grübelt darüber nach, »woher die Träume kommen« und was ihn bedrängt: Gott, ein Dämon oder einfach die Angst und Not eines Mannes, der sich selbst und seinen Erinnerungen entfliehen möchte? Jona kann und will nicht glauben, daß Gott durch den Traum zu ihm spricht, daß er es ist, der ihm aufträgt, Ninive zu predigen. Aber je mehr Jona sich diesem Ruf entzieht, desto mehr wird der Engel zum »Quälengel«, der ihn mit Stimmen und Gesichten quält und schlägt, so daß er fürchtet, er könne dadurch an seinem Verstand Schaden erleiden. Jonas Angst vor den Träumen ist größer als die Angst vor der Peitsche seines Sklavenhalters, die Träume sind schlimmer als der Überfall der Räuber und die Ruten der Dämonenbeschwörer. Jona klagt: »Sein Engel dringt in jeden Traum ein, und Sein Atem – alles, alles durchbläst er, durchfragt er, durchschauert, durchängstigt, durchglüht und durcheist er, ah, und verschlingt er – ich werde mich wohl ergeben müssen...«[17]

Jona wünscht sich Schlaf ohne Traum; er beneidet die Menschen hundert Generationen nach ihm, die in der Mehrzahl gar keine innere Welt besitzen, die kein Organ mehr haben, um überhaupt noch Stimmen aus einer anderen, höheren Welt zu vernehmen. Dr. Jonas, ein Vertreter dieser Menschen, die das Numinose leugnen, führt auch das, was der Mensch träumt, »auf seine innere oder äußere Ursache« zurück und kann kraft seiner Wissenschaft, der Seelenkunde, »beinahe alles verstehen, entschuldigen, aber auch durchschauen und entlarven«. Für Gott ist kein Raum in seinem Leben, weder in dem, was er denkt, noch in dem, was er träumt.

Der Jona-Roman

Stefan Andres Jona-Roman »Der Mann im Fisch« erschien 1963 nach einer längeren Zeit des Schweigens – er hat sich offenbar intensiv mit dem Thema befaßt. Ein »lebenslang durchdachtes Buch« hat Karl Adolf Sauer diesen Roman genannt[18]. Vermutlich ist es eine autobiographische Äußerung, die Andres seinem Dr. Jonas in den Mund gelegt hat: »Damals (da meine Vernunft mannbar wurde und sich allein in die Nacht hinauswagte) habe ich oft das Buch Jona gelesen. Laß dich anschaun, Jona, ich versichere dir: ich schaute schon damals in deine Seele wie in die eigene.«[19]

So ist dieser Roman auch nicht nur eine dichterische Nacherzählung der biblischen Jona-Geschichte, sondern in ihn sind Stefan Andres persönliche religiöse Erfahrungen eingegangen.

Autobiographische Züge

Nicht von ungefähr hat Stefan Andres sich der Gestalt des Jona zugewendet, der sich seiner Berufung widersetzte und vor ihr floh; denn dies war auch ein beherrschendes Thema seines eigenen Lebens.

In seinem Kindheitsroman »Der Knabe im Brunnen« erzählt Andres, wie sein Vater auf dem Weg zur Mühle seines Bruders zum ersten Mal von seiner Bestimmung zum Priester sprach: »Er begann mir von Johannes dem Täufer zu erzählen, wie seine Eltern ihn Gott versprochen hätten. Seit der Zeit täten viele Eltern den Ältesten, manchmal aber auch den Jüngsten, Gott versprechen. So hätten denn auch Mutter und er dasselbe getan. Zwar wär's, als Mutter mich trug, noch ungewiß gewesen, ob ich ein Junge oder Mädchen sei. Aber wenn es ein Junge wär, so hätten sie gesagt, sollte er Priester werden – freilich nur dann, wenn du es auch willst, fügte er hinzu.«[20]

Andres hat unter der hohen Anforderung seiner Bestimmung und der Angst, ihr nicht entsprechen zu können, sehr gelitten. Mit elf Jahren kam er auf die Klosterschule, das Collegium Josephinum in Holland. Zwanzigjährig trat er als Novize in ein Kapuzinerkloster ein – aber nach einem guten Jahr verließ er es wieder und lief damit seiner Bestimmung davon, jedenfalls der, zu der ihn seine Familie bestimmt hatte. Was ihn dazu bewegte, in die Welt zu entweichen, hat Andres in seinem Erstlingsroman »Bruder Luzifer« (Jena 1932), den er als sechsundzwanzigjähriger Student schrieb, gestaltet. Er erkannte, daß er in den Orden eingetreten war, »um da in jenes sündenlose, sanfte Reich zu kommen, von dem die Mauern, die engen Fenster und Türen und die bitthändiggewölbten Bogengänge Bilder sind«. Er wußte noch nicht, »daß die Sünde überall gedeiht, daß sie zumal in den Frommen und Vollebigen wie der Wurm in rotreifen Äpfeln sitzen kann«.

Als ihn die Sünde in seiner Einsamkeit überraschte, als er die Regel verletzte, erinnerte er sich wieder des Fiebertraumes, den er als Zehnjähriger kurz nach seines Vaters Mitteilung, daß er zum Priester bestimmt sei, gehabt hatte. Er sah alles um sich herum wie eine Versammlung auf ihn achtender, auf ihn wartender Geister, er sah den drohend wachsenden Zeigefinger des Kaplans, der von den Kindern in der Hölle sprach, die Böses getan hatten. Weil er sich der Sünde hatte entziehen wollen, war er in den Orden eingetreten. Er hatte schon Geist sein wollen, als er noch im Fleische war. Er hatte arm und einsam sein wollen, als er noch nicht reich war. Er hatte frei sein wollen, als er noch nicht den Weg im Freien wußte.

Letztlich ging es Andres bei seinem Austritt aus dem Kloster um die Freiheit, sich der Welt hinzugeben. Freilich, als er sich die Freiheit nahm, weinte er über die Freiheit, die er sich verschafft zu haben glaubte; er fürchtete sich und ging beichten. Doch als er gebeichtet hatte, war ihm die Öde der Buße noch unerträglicher, und er weinte von neuem... Darum löckte er wider den Stachel und entwich in die Welt. »Von der Erlösung des Herzens« ist das letzte Kapitel überschrieben, in dem Andres von seinem Abschied vom Kloster erzählt. Ein Mitbruder sagte zu ihm: »Segne dich Gott mit Lust und Leid, soviel du packen kannst! Dann hebt sich alles schön auf, und das ist die Erlösung.« So zog der abtrünnige Mönch aus der Enge des Klosters in die Weite der Welt, um Gott zu begegnen. Es zog ihn nach Süden, nach Italien. Die biblisch-mittelmeerische Welt wurde seine Welt.

Von diesem seinem ersten Werk an bis hin zu seinem letzten

begegnet uns immer wieder die Gestalt des Priesters, der in menschlich überzeugender Weise um den wahren Glauben ringt, aber ein gebrochenes Verhältnis zu seiner Kirche hat. Da ist in seiner Novelle »Wir sind Utopia« der exkommunizierte Priester Paco, alias Padre Consalves, der dennoch seine priesterlichen Vollmachten behält. Als Karmelitermönch hatte er sich jeden Abend vor dem Einschlafen und oft auch im Traum auf seine Insel Utopia geflüchtet und war dann, als ihn diese Flucht in seinem Gewissen bedrückte, aus dem Kloster fortgegangen und aus dem Orden ausgetreten. Er wurde Matrose auf einem Frachter und befuhr die Meere, weil er meinte, dort frei zu sein.

Da ist in der Roman-Trilogie »Die Sintflut« der katholische Theologiestudent Lorenz Gutmann, der im Mittelpunkt der Handlung des zweiten Bandes steht. Nach langem Zögern ließ er sich nicht zum Priester ordinieren, weil er immer deutlicher erkannte, »daß sein Christentum und das der Kirche sich nur noch teilweise deckten«, und weil sein Gewissen ihm sagte, daß er kein Wort sagen, lehren, verkündigen dürfe, wovon er nicht selber ganz überzeugt sei.

Und da ist in Andres letztem Roman »Die Versuchung des Synesios« der »Tag und Nacht Gott suchende Philosoph und Dichter« Synesios, der lange Zeit zögert, aus seiner philosophischen Abgeschiedenheit herauszutreten und Verantwortung für die öffentlichen Dinge zu übernehmen. Die Versuchung, mit der er zu kämpfen hat, besteht darin, sich seiner Berufung zu widersetzen und vor der Übernahme des ihm vom Volk angetragenen Amtes eines Metropoliten von Ptolemais (Kyrenaika) ins Private zu fliehen. Lange zögert er; er hat triftige Gründe, abzulehnen, unter anderem den, daß er von einigen Punkten seiner neuplatonischen Vorstellungen nicht abgehen könne, weil seine Vernunft sie als wahr und darum als für ihn verbindlich anerkannt hatte. Schließlich jedoch nimmt er seine Berufung mit allen Konsequenzen an und wandelt sich vom neuplatonischen Philosophen zum christlichen Bischof.

In die Reihe dieser Gestalten gehört auch der reformierte Pfarrer Dr. Hans Jonas in seinem Roman »Der Mann im Fisch«, der seinen Pfarrerberuf aufgab und in die Abgeschiedenheit eines bürgerlichen Lebens nach Italien floh. Seine Glaubenszweifel sind die von Andres selbst; so zum Beispiel, wenn er sagt, daß ihn von Jugend auf die Idee der Vorherbestimmung gequält habe, daß er bis zu seinem fünfunddreißigsten Lebensjahr »in der seelischen Folterkammer dieser Idee gelebt, gebetet, gezittert, gewütet« habe; oder wenn er bekennt, daß er als junger Gottesgelehrter an dem Bilde Gottes irre wurde, das Männer ihm gemalt hatten, die man für besonders heilig und in Gottes Geist tief erfahren hielt; oder wenn er sagt, daß die Hauptsätze seines Glaubens, die von Zweifeln wie von Termiten ausgehöhlt worden waren, beim Hören der Nachricht vom Abwurf der ersten Atombombe auf Hiroshima in sich zusammenfielen.

Aber es ist keineswegs so, daß Andres seiner Berufung auswich, weil er kein Priester wurde. Er wußte sich vielmehr zum Künstler berufen, und der Künstler war für ihn ein Priester im Tempel der Kunst, dazu berufen, einen göttlichen Auftrag zu erfüllen, nämlich dem Durchschnittsmenschen die Zeit zu deuten, deren halbblinder Zeuge er ist, und ihm die transzendenten Zusammenhänge zu offenbaren. Aus dieser hohen Auffassung von der Kunst erwuchs seine kompromißlose Haltung gegenüber Unterdrückung und Meinungsterror, seine Weigerung, die Kunst irgendwelchen Zwecken unterzuordnen, und sein eifersüchtiges Wachen über ihre Freiheit gegenüber den Forderungen sowohl des Staates als auch der Kirche.

Der Dichter Stefan Andres hatte durchaus etwas Prophetisches: Er witterte mit einer unheimlichen Instinktsicherheit die Bedrohung der Menschheit durch das Reglement der Verwaltung. Er kündigte seinem Volk die hereinbrechende Katastrophe an und hatte den Mut, als oft einzigen Weg der Rettung den Gehorsam gegenüber korrupten Systemen zu verweigern. Im Blick auf die Kirche sagte er: Eine Kirche, die Prophetie auf die Hierarchie reduzieren möchte, schwächt ihre eigenen Impulse. Sie verfällt dem Juridischen und dem Ritualismus im Kult. Wenn die Prophetie in der Kirche zum Schweigen verurteilt wird, wird sie außerhalb der Kirche ihre Stimme erheben.

Der katholische Pfarrer Jacques Geulen, ein Freund Andres', sagte nach dessen Tod: »Ich weiß, es bleibt riskant, ihn einzuordnen in die Reihe der Berufenen, die nicht schweigen können von dem, was sie gesehen und gehört haben. Dennoch wage ich die Behauptung: Wir haben einen Propheten in der Stadt der Menschen verloren!«[21] Andres sah die wachsende

153

Gefahr, die profanisierende Welt könne sich in einer schrankenlosen Gesellschaftskritik selbst vernichten. Er negierte nicht die Entwicklung, aber er blieb nicht derart im Heute eingeschlossen, daß er sich von Zeitströmungen tragen ließ. Er sah den Bindestrich zwischen gestern und heute und wußte, daß sich christliche Existenz zwischen diesen beiden Polen in Verantwortung für die Zukunft bewähren muß. Geulen zieht auch die Parallele zu dem Propheten Jona: Stefan Andres »suchte auf der bunten Landkarte seiner Träume jene Insel, wo er, auf einem Esel umherziehend, die Predigten von den acht Seligkeiten und vom Allvereiner Dionysos halten könnte. Schließlich aber wurde ihm das träumende Entweichen auf eine imaginäre Insel als eine Flucht aus der Wirklichkeit bewußt. Die Parallele mit dem Propheten wird hier deutlich. Jonas wollte sich der Härte seines Auftrags entziehen. Tarsis als Fluchtpunkt war sein Utopia. Gottes Utopia blieb unausweichlich Ninive: ›Dort will ich dich treffen.‹«[22]

Geulen sagt: »Aufgabe und Schicksal eines Propheten transportierte er (Andres) aus dem Alten Testament in das 20. Jahrhundert. Er selbst ist ›der Mann im Fisch‹ mit Unruhe und Angst vor eigenen Illusionen. Ein ›menschenhassender Unheilsprophet‹ war er nie. Er hatte seine Erfahrungen mit Menschen, aber auch mit dem, der Menschen führt. Aus diesem – wenn auch von Fragen gequälten – Glauben mußte er reden.«[23]

So wurde für Andres die Geschichte des Jona zum »Gleichnis für den lastenden Lebenslauf des Dichters selbst als des wachgerufenen Menschen, als des besorgten Sehers, der zuweilen aus Zeit und Volk flieht, um über das Ewige zu sinnen und es beiden einleuchtend nahezubringen«[24]. Aber sosehr die Flucht des Jona vor seiner Berufung und die letztliche Erfüllung seines Auftrages von Andres aus ganz persönlichen Erlebnissen und Erfahrungen gestaltet worden sind, so sehr sind sie doch ins Exemplarische, Allgemeingültige erhoben: als Flucht des Menschen vor seinem inneren Auftrag, als Zweifel des Menschen an seiner Berufung, als Ungehorsam gegenüber der unüberhörbaren Stimme seines Gewissens, die letzten Endes den Gehorsam erzwingt.

Die drei Ebenen des Romans

Die Romanhandlung spielt sich auf drei Ebenen ab. Sie beginnt auf der historischen Ebene mit der Geschichte des alttestamentlichen Propheten Jona aus dem 8. vorchristlichen Jahrhundert. Sie wird erzählt bis zu dem Zeitpunkt, wo Jona von den Seeleuten ins Meer geworfen und von dem großen Fisch verschlungen wird. Damit taucht er in die mythische Ebene der Zeitlosigkeit ein, die Andres die »Nichtzeit« nennt. Auf dieser zweiten Ebene des Romans begegnet Jona seinem Gegenbild aus dem 20. Jahrhundert: dem Pfarrer Dr. Hans Jonas. Dieser erzählt ihm seine Geschichte, und zwar spiegelbildlich von ihrem Ende her, von seinem Eintauchen in die Nichtzeit in die Zeit zurückgehend. Damit wird die dritte Ebene erreicht: die zeitgeschichtliche Gegenwart. Die Zeit der Vergangenheit und die Zeit der Gegenwart werden über die Nichtzeit jenseits der Zeit miteinander verknüpft. Der alttestamentliche Jona und der zeitgenössische Jona spiegeln sich ineinander.

Ob dies dem Dichter in künstlerisch überzeugender Weise gelungen ist, darüber gehen die Meinungen auseinander. Sie reichen von »meisterhaft geglückt« (Hans Wagener) und »sehr gut, sehr gelungen« (Bernt von Heiseler) bis »nicht überzeugend« (Michael Freiherr Marschall von Bieberstein u. a.). Viele Kritiker halten die Aktualisierung für zu konstruiert und gewalttätig. Sie empfinden es als Stilbruch, daß die blutvolle Erzählung zum intellektuellen Disput, die Handlung zur Abhandlung, die Parabel zum zeitgenössischen Traktat wird. Einige vertreten die Ansicht: Auch wenn Andres sich auf die phantasievolle Nacherzählung der biblischen Jona-Geschichte beschränkt hätte, wäre jedem Leser deutlich gewesen, daß Jona repräsentativ für ein allgemeinmenschliches Verhalten steht (H. G. Rötzer). Andere meinen, der Dichter hätte sich bescheiden und eine Novelle der beiden Jonasse schreiben sollen (G. von Lojewski). Aber wie dem auch sei, die Absicht des Dichters ist klar: »Andres wollte Jona zum zeitlosen Typus erheben, der überall ist und niemals ausstirbt.«[25]

Die historische Ebene

Um die dichterische Nachgestaltung der biblischen Jona-Geschichte, die etwa zwei Drittel des Romans einnimmt, verstehen zu können, sind einige historisch-exegetische Vorbemerkungen (zu den Aussagen der Bibel) unerläßlich:

Die biblische Erzählung nennt im ersten Satz Jona einen »Sohn Amittais« und identifiziert ihn dadurch mit dem im 2. Königsbuch (14, 23–25) genannten Propheten Jona, von dem wir – abgesehen von dieser Erwähnung – keine Kenntnis haben. Wir erfahren hier von ihm lediglich

– daß er aus Gath-Hepher stammte, einem kleinen Ort im galiläischen Bergland im Gebiet des Stammes Sebulon auf halbem Wege zwischen dem See Tiberias und dem Karmelgebirge, einige Kilometer nordostwärts von Nazareth,

– daß er zur Zeit des Königs Jerobeam II., also in der ersten Hälfte des 8. vorchristlichen Jahrhunderts, lebte,

– daß er den König Jerobeam, obwohl dieser wegen seines Götzendienstes dem Herrn mißfiel, zu einem Kreuzzug gegen die aramäische Stadt Hamath hoch im Norden Syriens ermunterte und

– daß es seinem Gottesspruch entsprechend gelang, verlorengegangenes Land für Israel zurückzuerobern, nämlich: Hamath und das ganze Gebiet im Norden bis zum Toten Meer im Süden.

Nach dem Sieg von Hamath erblühte das wirtschaftliche Leben im Lande. Israel erreichte einen Lebensstandard wie nie zuvor in seiner Geschichte.

Jona war demnach ein Eiferer für sein Volk gegen dessen Erbfeind (»Gott mit uns« gegen unsere Feinde), gehörte also zu jenen Heilspropheten, auf die sich der nationale Hochmut Israels berufen konnte und von denen er seine religiöse Weihe erhielt. (Die Parallele zur religiösen Legitimierung des Nationalsozialismus ist unmittelbar deutlich.) Gegenspieler des Jona war der Prophet Amos, der den national-religiösen Hochmut Israels aufs schärfste geißelte (Amos 3, 1ff.; 6, 1ff.; 9, 7). (Sie stehen einander gegenüber wie die Deutschen Christen und die Bekennende Kirche im Dritten Reich.) Amos klagte diejenigen an, die mit den Erfolgen Jerobeams II. im Ostjordanland prahlten, und bedrohte sie mit einem Volk, »das euch bedrängen wird von Lebo Hamath bis zum Araba-Tal« (Amos 6, 14).

156

Diese Formulierung ist eine deutliche Anspielung auf den Gottesspruch des Jona. »Die Vermutung liegt nahe«, sagt H. W. Wolff, »daß er (Amos) in dieser Gerichtsansage kritisch auf jene heilsprophetische Verheißung Jonas angespielt hat.«[26]

Genau auf dieser Linie der Anklage des national-religiösen Selbstbewußtseins Israels liegt das Buch Jona, das mindestens 400, wenn nicht 500 Jahre nach Lebzeiten des Propheten Jona entstand. Für seinen Verfasser war der Prophet Jona bereits eine Gestalt aus »sagenhaft fernen Zeiten« (v. Rad). Er nimmt keinerlei Bezug auf die Rolle, die der Prophet im Zusammenhang mit dem Kriegszug gegen Hamath spielte, er hat überhaupt kein historisches Interesse. Er wirft gleichsam das Gewand seiner frei erfundenen, märchenhaften, zeitlosen Geschichte dem historischen »Jona, Sohn des Amittai« über, aber er tut es so, daß er den religiös-nationalen Eiferer für sein Volk gegen dessen Hauptfeind in Frage stellt. »Diese kritische Sicht der vorexilischen Heilsprophetie bildet das geschichtlich tragende Fundament in der Baustruktur des Jonabuches.«[27]

Andres vollzieht, der Einleitung der biblischen Lehrerzählung entsprechend, die Gleichsetzung des legendären Jona des Prophetenbuches mit dem historischen Propheten Jona des 2. Königsbuches, indem er die Geschichte des Jona in zwei Abschnitte gliedert: die des Propheten von Hamath und die des Propheten von Ninive. Da beide einander konträr gegenüberstehen, muß es einen Bruch im Leben des Jona gegeben haben, der den Heilspropheten zu einem Unheilspropheten werden ließ. An dieser Bruchstelle setzt die Romanhandlung ein. Die Geschichte des Propheten von Hamath erfährt der Leser aus Rückerinnerungen Jonas. Die Geschichte des Propheten von Ninive erlebt der Leser als Zeuge des erzählten Geschehens unmittelbar mit.

Auch das ist auf die historisch-theologischen Reflexionen des Dichters zurückzuführen, daß er in seinem Roman den Propheten Amos zum Gegenspieler des Jona macht, der den Propheten von Hamath verdammt und den Propheten von Ninive erweckt. Dabei hat Andres natürlich die naheliegenden Parallelen zwischen der geschichtlichen Situation zur Zeit Jerobeams II. und der geschichtlichen Situation zur Zeit des Dritten Reiches im Blick.

Der Prophet von Hamath. Als der große Sieg von Hamath,

den Jona prophezeit hatte, errungen worden war, saß der Prophet in seinem Zelt und hörte, wie draußen der vom König und ihm feierlich verkündete Bann Jahwes an den Besiegten vollzogen wurde. Blut floß in Strömen, aber es roch nicht nach Jahwe, sondern nach Baal. In Jona stieg der Verdacht auf, daß Gott mit dieser Sache nichts zu tun habe; denn was müßte das für ein Gott sein, der nach so viel Blut lechzt. Jona verfiel ins Grübeln. Wie war er in die Rolle des Kriegs- und Blutpropheten geraten? War er wirklich der Stimme Gottes gefolgt oder vielleicht nur der der betrunkenen Wahrsagerinnen, die ihn betört hatten? Zwar schien der große Sieg von Hamath die göttliche Herkunft der Stimme zu bestätigen, denn es ist ja nun einmal allgemein üblich, Gott auf der Seite des Siegers zu sehen; aber der junge Prophet begann in dieser Nacht zu begreifen, »daß ein so gearteter Gott immer mehr die glatten, handlichen Formen eines Gebrauchsgegenstandes annimmt. Dieser König Jerobeam und seine Umgebung arbeiten mit Gott, als wäre er ein Stoff und eine Kraft, über die man verfügen könnte. Und die eigenen Ziele versteckte man samt aller Bosheit und Grausamkeit im Bild dieses Gottes und entzog sie damit jeder Beurteilung – was Gott tut, das ist wohlgetan, ja, und durch die Rinne gluckerte das Blut der angeblich zu Seiner Ehre und nach Seinem Willen Geschlachteten.«[28] Solche Gedanken waren es, die ihn vom Lager in die Nacht hinaustrieben, »in die Nacht des bildlosen, unbekannten Gottes«.

Der König empfand schmerzlich den Verlust seines Propheten, der Stimme von Hamath. Er brauchte ihn, brauchte ihn gegen seinen Hauptfeind. »Mit Jona jag ich die Assyrer auf die Bäume oder, wenn keine da sind, in die Wüste«, sagte er anläßlich einer Truppenparade am Jahrestag des Sieges von Hamath zu seinem Obristen. Er hatte Lauscher in allerlei Gestalt und Maske über die Berge und durch die Täler Israels geschickt, um Jona auf die Spur zu kommen; nun läßt er sich von ihnen Meldung machen. Keiner von ihnen hatte Jona ausfindig machen können, aber sie berichten ihm, was sich die Leute von ihm erzählen: Einige sagen, er habe sich auf dem Höhepunkt seines Erfolges unsichtbar und unauffindbar gemacht, um sich bereits zu Lebzeiten einen Mythos zu schaffen. Das sei ihm in den untersten Volksschichten auch gelungen, aber die Aufgeklärten wüßten, daß der König sich so viele Jonas machen könne, wie er brauche. Viele Leute jedoch beten zu Gott um die Wiederkehr des Propheten, damit er – wie einst Elia – das Land von aller Abgötterei säubere, ein neues, herrliches Hamath unter den Feinden Israels anrichte und das Reich Davids und Salomos wiederherstelle. Wieder andere, besonders unter der jungen Intelligenz, deuteten das Verschwinden des Propheten von Hamath so: Er habe vorausgesehen, daß das Volk die Freundlichkeiten des Himmels mißverstanden und ihm die zwanzig fetten Jahre nach dem Sieg nicht bekommen würden. Dagegen hatten andere ein Gerücht über Jona in Umlauf gebracht, um den Mythos des Davongegangenen im Keime zu ersticken: Jona sei auf der anderen Seite – in Assur! Er wohne in Ninive als Berater des assyrischen Königs und sei dabei, der assyrischen Sturmflut das Bett zu graben, nach Israel hin, bis nach Ägypten.

Der König schloß die Audienz mit den Worten: »Wir brauchen Jona, eben darum finden wir ihn.« Und er fand ihn.

Jona hatte sich nach dem Sieg von Hamath den Bart gestutzt und war in die Anonymität geflüchtet. Er hatte ein Weib genommen, eine Familie gegründet und lebte als Weinbergbesitzer ein gut bürgerliches Leben. Niemand in seinem Umkreis wußte, daß er der Prophet von Hamath war. Er selbst hatte die Erinnerungen an seine Vergangenheit, die ihn zuweilen bei der Arbeit oder beim Einschlafen überfielen, gewaltsam verdrängt. Er schnitt sie ab, wie er mit der Weinbergschere überflüssige Rebzweige abschnitt. Er häufelte sie zu, grub sie unter, verbrannte sie wie die abgeschnittenen Rebzweige.

Zwanzig Jahre waren seit dem Sieg von Hamath vergangen, da pochte es gegen Abend an das bereits geschlossene Tor seines Hauses. Es war der Reiterobrist, dem seinerzeit im Krieg gegen Hamath der König das Kommando der Ehrenwache für den Propheten übertragen hatte und der Jona bis zuletzt freundschaftlich verbunden gewesen war. Er kam mit Jonas einstigem Schüler und Diener sowie einer Schar Soldaten und begrüßte stürmisch den lange Gesuchten und endlich Gefundenen. Nachdem Jona den ersten Schrecken überwunden hatte, bewirtete er seine Gäste und schenkte ihnen reichlich Wein ein, um sie betrunken zu machen. Er heuchelte Bereitschaft, mit ihnen zu gehen, und stieg hinauf in das Schlafgemach zu seiner Frau, um Abschied von ihr zu nehmen. Während Jona seinem Zorn auf alle, die Propheten brauchen und mißbrauchen, Luft machte, betete seine Frau: »Hör es nicht, Herr, es ist das Weinen des neugeborenen Propheten, der sich vor deinem Wort fürchtet!« – Im Morgengrauen tappte Jona über die Schlafenden hinweg und suchte das Weite. Er hatte in den Jahren seiner Verborgenheit oft diesen Tag der Flucht vorausgesehen und sich auf dem Berge Garizim eine Höhle als Versteck ausgekundschaftet. Dorthin machte er sich auf den Weg.

Jona und Amos. In der Zeit der Verborgenheit des Propheten von Hamath trafen wiederholt Jona und Amos aufeinander. Schon ihrer äußeren Erscheinung nach waren sie krasse Gegensätze: Jona, der Gutsbesitzer, eine große, stattliche Gestalt mit einer Stimme wie eine Posaune; Amos, der Maulbeerpflücker aus Thekoa, ein kleingewachsenes, dürres Männlein mit der Stimme einer Hirtenschleuder.

Ohne einander zu kennen, begegnen sie sich zum ersten Mal, als Amos, um seinen Hunger und Durst zu stillen, in den Weinberg Jonas eindrang und von seinen Trauben nahm. Jona packte ihn, erschrak jedoch, als er sein Gesicht mit den nachtschwarzen, brennenden Augen sah. Er herrschte ihn an: »Schau mich nicht so an, als wäre ich ein Rätsel des Herrn!« Jona fürchtete sich vor ihm, ohne zu wissen, warum; Amos aber ahnte, wer vor ihm stand. Fortan hielt er sich in dessen Nähe auf.

Als einmal Jonas Frau mit ihrem Sohn hinausging, um den Propheten Amos zu hören, sagte dieser zu ihr ein Rätselwort: »Du wirst einen erwachsenen Mann gebären.« Ihr selbst blieb dieser Spruch unbegreiflich, aber Jona wußte wohl, daß es sich nur um die Wiedergeburt des in ihr verborgenen Propheten Jona handeln konnte. Jona bäumte sich innerlich gegen diesen Gedanken auf. Unablässig beschäftigte ihn die Frage, wozu sich Gott eigentlich Propheten erwählte. »Was Gott tut, muß Sinn haben«, dachte er bei sich. »Wäre er es, der die Propheten schickte, müßte in ihren Worten zugleich die Macht enthalten sein, uns zu ändern. Aber gerade das ist ja nicht der Fall.

IV Die Errettung des Jona.
Bibel aus Heisterbach um 1240, Köln

am reuocat. sub nomine? salute
gentils nunciat.

Incipit Jonas ppheta.
∧c fem est uerbum dni ad ionam
filium amathi dicens. Surge et
uade in niniuen ciuitatem gran
dem. et pdica in ea? quia ascendit mali
cia eius coram me. Et surrexit ionas ut
fugeret in tharsis a facie dni. Et descen
dit ioppen. et inuenit nauem euntem in

Warum also Propheten? – Wenn sie Heil verkünden, lügen sie!
Verkünden sie aber Unheil, um den Menschen zu bessern, soll
man sie totschlagen, denn dann ist ihre Lüge doppelter Art: sie
verkünden ein Unheil, das nicht eintrifft, und wollen damit ein
Ziel erreichen, das nicht möglich und damit nicht in Gottes Plan
liegen kann: das Heil der Menschen.«[29] Was hatte denn seine
eigene Heilsprophezeiung bewirkt? War Israel nach dem Sieg
von Hamath frömmer, der Heilige in Israel gegenwärtiger geworden? Und was bewirkten die Scheltworte und Drohungen
des Amos gegen Sichem, dieses unerschütterliche Bollwerk wi-
dergöttlichen Stumpfsinns? »Armer Amos, was hast du dich
der immer vergeblichen Mühe unterzogen, die Unbelehrbaren
zu belehren und Geist auf den Misthaufen zu gießen!«

Jona bewies dem Herrn mit lauter Einzelheiten, »daß Israel
kein Volk sei, mit dem sich der Heilige unter den Völkern be-
zeugen und Ehre einlegen könne, auch Juda nicht! Und nicht
die Syrer, die ihre Kinder dem Baal brieten! Und nicht die Phi-
listäer, und nicht die Ägypter und nicht die Stämme aus der
Wüste und erst recht nicht die Bestie Assur, die da auf dem
Bauche kriecht, die Völker frißt und verdaut und alles zu bluti-
gem Kot verwandelt, die ganze Erde!«[30]

Eines Tages machte sich Jona auf, Amos zu suchen. Er fand
ihn in Bethel am Eingang zum Heiligtum und erkannte in ihm
den Traubendieb, der in seinen Weinberg eingedrungen war.
Er hielt den Vorübergehenden einen zerteilten Granatapfel
hin, in jeder der ausgestreckten Hände eine Hälfte; sie waren
leer, ohne die rubinenen Kerne. Dabei rief er immer die gleichen Worte: »Und mein Volk blühte wie der Granatapfel, und
der Granatapfel rundete sich und glänzte – aber er brachte
keine Frucht.«

Was Amos im Anschluß daran unmißverständlich, eindeutig
und zu verschiedenen Malen verkündete, klang in den Ohren
des auserwählten Volkes wie eine Gotteslästerung: »Nicht nur
der Samen Israels ist von Jahwe erwählt, auch die anderen Völker, alle Völker stehen im Blickfeld Jahwes, sind in seinem
Herzen aufgeschrieben. Jedes Volk ist von Gott bewegt, ein jedes zu seinem Ziel. So wie er das Volk Israel aus Ägypten geführt habe, so die Philister aus Kreta, die Kuschiten aus Äthio-
pien nach Ägypten. Kein Volk lebe ohne Gottes Herzschlag,
und kein Volk sterbe, ohne daß Gott in seiner Herzgrube den

Todesstich fühle. Das Volk Israel solle immerhin von sich glauben, Jahwes Bild am reinsten und tiefsten in seinem Geist zu tragen, jedoch was nütze ihm dieser Glaube an sich selbst und die eigene Sendung, wenn keine Taten folgten!«[31]

In Jona stieg Groll auf gegen Amos, er fürchtete sich vor ihm. Da ging er geradewegs zu dem Hohenpriester Amazja und forderte ihn auf, Amos auszuweisen. Zwei Tage darauf kam es zu jener Begegnung zwischen dem Hohenpriester Amazja und dem Propheten Amos, von der im 7. Kapitel des Buches Amos berichtet wird. Andres hält sich in seiner Schilderung eng an diese Vorlage, jedoch läßt er Jona zum heimlichen Zeugen ihres Gespräches werden:

»Der Hohepriester sprach mit Amos – und zwar freundlich, der Tonfall wurde schließlich bittend: daß der Prophet doch von Bethel ablasse, ja, er sagte: ablasse! Die einfachen Leute seien erregt und die Vornehmen schockiert. Wenn Amos sich nicht fortmache, sei es durchaus möglich, daß der König eingreife, in Bethel stehe nun einmal des Königs Stift.

›Wenn es Jahwes Haus ist, kann es nicht des Königs Stift sein‹, kam es aus der Ecke des Hofes, die vom Licht der Fackel nicht erreicht wurde.

›Streiten wir darüber nicht. Denk lieber daran: der König kann dich töten!‹ Es entstand eine kurze Pause, und Amazja fuhr fort: ›Ja, das ist dir gleich … Aber wir – wir haben dann wieder Streit mit dem Orden der Propheten – ‹

›Ich gehöre keinem Orden an.‹

›Warum willst du nicht wirklich lieber in Judäa weissagen?‹ Amazja sprach wie eine Amme zu einem eigensinnigen Schoßkind.

›Weil mir Jahwe, als er mich rief, dem Hause Israel zu weissagen auftrug – nicht dem Hause Juda.‹

›Weissagen?‹ schrie Amazja, vom Zorn jäh hingerissen, seine Stimme war nun geklumpt und verriet besser als seine Worte, was ihn bis zum Ersticken füllte. ›Das nennst du weissagen, du blökender Streithammel aus Thekoa, weissagen – wenn du uns schiltst, unsere Siege verhöhnst, wenn du Israel und Juda mit leeren Schoten und faulen Granatäpfeln vergleichst? Ich kann nicht weissagen, aber das sage ich dir: wer den Leuten Kot an den Kopf wirft, wird Steine zurückbekommen!‹

Jona war so voller Zustimmung für Amazja, daß er heftig

nickte und dabei fast über die Mauer in den Hof gestürzt wäre. Amos schwieg, man hörte seinen Atem, dann sagte er: ›Ich werfe das Wort, das mir Jahwe aufgetragen hat, auf die Menschen – nennst du, ein Hohepriester in Israel, dieses Wort – Kot?‹

›Nichts hat dir Jahwe aufgetragen‹, Amazja keuchte vor Erbitterung, ›deine Worte sind leer wie deine Granatapfelhälften. Du hast kein Zeichen vom Himmel hinter dir, nicht einmal weissagen kannst du – oder hältst du deine Drohworte für Weissagungen?‹

Wieder tat sich aus dem Winkel, wo Amos im Dunkel stand, dieses Schweigen auf – wie ein Trichter, wie ein Horn, man hörte nur den Atem dessen, der da am Mundstück dieses Hornes aus allen Kräften schwieg. Und da sah Jona, wie sich das Licht im Hof ruckhaft hob und auf Amazja zukam. Hinter der Fackel entdeckte er den, der sie aus dem Halter genommen hatte und durch den Hof trug: Amos, seine Gestalt schrieb sich, da er die Flamme nun auf eine drohende Weise über sich hielt, schwarz gegen die erleuchtete Mauer des Hofes – Jona hatte die schreckliche Vorstellung, einen Buchstaben aus dem Namen des Hochgelobten zu sehen. Da schloß er die Augen und hätte am liebsten die Finger in die Ohren gesteckt, nur um nicht diese Stimme zu hören, die nun durch das Horn des Schweigens durchkam, nicht laut und nicht leise, auch nicht drohend und furchtbar, sondern genau, ins Ohr gestochen und ganz gegenwärtig, gegenwärtiger als der Gestank von Blut und Verwesung, der sich in Jona im selben Maße verlor, wie er dieser Stimme lauschte, dieser alles andere wegfressenden Stimme, die einfach da war, ganz nah und vernehmlich, und etwas mitteilte, ohne Eifer, ohne Drohen, ohne Werben und ohne Beschwichtigen, ohne die geringste Beimischung von etwas, das nicht die Mitteilung war. Und die Stimme machte drei Mitteilungen: eine für die Kinder Amazjas: Sie werden alle durch das Schwert umkommen; eine für die Frau des Amazja: Sie wird ihre Blöße umherzeigen müssen und unter den Schenkeln fremder Krieger zur Hure werden; eine für Amazja selber: Er wird fortgeführt und in fremdem Boden begraben werden – ›so spricht der Herr – weil du ein Zeichen verlangtest!‹

Jona hörte ein Ächzen dort, wo Amazja stehen mußte, und er sah, wie Amos die Fackel hob und auf den Hohenpriester zu-

ging. Da glühte die Mauer hinter Amazja von den ausgespann-
ten blutigen Häuten des Gerbers auf. Amazja duckte sich,
schlug beide Hände vor sein Gesicht und schrie auf, nicht anders, so kam es Jona vor, als wäre Amos ein Schinder und hätte
in diesem Augenblick Amazja mit der Fackel geblendet. Jona
sah, wie Amazja auf allen vieren davonkroch – durch das Tor –,
dann torkelte sein Schritt durch die gewundene Nacht. Jona
lauschte noch, da hörte er vor sich ein Lachen – wie ein Kiesel-
stein aus der Schleuder traf es ihn, er griff sich an die Stirn, sah
zugleich die Fackel von unten her näherrücken, offenbar hatte
er durch irgendeinen Laut des Entsetzens seine Anwesenheit
verraten, und da hatte sie ihn getroffen: diese Stimme, noch ins
Dunkel gezielt, trifft sie. Jona schwankte, er hielt sich nur müh-
sam auf dem Stapel der Häute aufrecht. Und er hörte Amos
hinter der Fackel sprechen: ›Du Fuchs! Der Herr kennt deine
Höhle. Er wird dich ausräuchern an seinem Tage!‹ Amos hob
die Fackel, als wollte er Jahwe zuvorkommen, Jona hörte weiter die Stimme: ›Du sollst zum Zeichen werden: Du wirst den
Tod erleiden und nicht sterben; weissagen wirst du und nicht
recht behalten; Gnade ausgießen und der Gnade nicht teilhaftig werden, so spricht der Herr, bis du an ihm deinen Men-
schenwitz verbraucht hast.‹«[32]

Als Jona wieder nach Hause zurückkehrte, fühlte er sich wie
ein Wurm, der von einem Spaten zerteilt worden war. Der
schwächere Teil – der Prophet von Hamath – starb; der stär-
kere Teil aber – der zukünftige Prophet von Ninive – lebte weiter.

Der Prophet von Ninive. In der Nacht nach seiner Flucht
wurde Jona in der Höhle, in der er Zuflucht gesucht hatte, von
Gesichten und Stimmen überfallen. Er wurde zum Propheten
von Ninive berufen. Jona aber zweifelte an seiner Berufung:
»Wieviel Gesichter hast du denn, du Gott Abrahams, Isaaks
und Jakobs?« War, was er im Traum vernommen hatte, sein
oder Gottes Wort? Gott konnte doch nicht etwas Unsinniges
von ihm fordern. Und es wäre unsinnig, diesen assyrischen
Bauchaufschlitzern den Untergang ihrer größten Stadt vorher-
zusagen! Wozu denn? Damit sie sich bekehrten? – Jonas Entschluß stand fest: »Dir wird nicht gepredigt, nicht einmal das
Wort vom Untergang wird dir vor die Stirn geknallt, du wirst
ohne Propheten, ohne Warnung, ohne Gnade umgestürzt,

wenn deine Stunde kommt. Dann wird sich die Erde, die dich trug, aus Ekel vor dir schütteln, und deine Mauern haben plötzlich Falten und fallen wie die Schleier der Tänzerinnen herab. Die fallenden Steine, das sind deine Propheten, und der Pflug, der quer durch deinen Bauch das Wort Gottes zieht und dich ganz eben macht. Und die Enkel derer, die du geschunden, gepfählt und deportiert und zu deinen Sklaven gemacht hast, sie sind an jenem Tag da und streuen dir Salz in die Furche deiner Fruchtbarkeit. Und auf der Stelle, wo seine Städte standen, wird es wüst sein, und das Wort Assur wird allen Völkern zum Ausdruck für Schindanger und Gottes Zorn! Das ist die Buße, die ich dir predige, aber leise, daß du sie nicht hörst und dich nicht bekehrst – du stinkende Hure hinter den Flüssen.«[33]

So ritt Jona auf seinem Esel die Straße nach Jaffa hinab. Von dort wollte er über das große Meer fahren, hinaus aus den Grenzen Israels, aus dem Bereich der Stimme, die ihm überall nachgefolgt war, bis in die Höhle auf dem Berg, ja bis in seine tiefsten Träume hinein; diese Stimme, die die Seele umstellte, »die nicht spricht, sondern mitteilt, Worte, nicht zum Hören, sondern zum Anschauen: Zeichen, zwingend, tief, die Seele anfüllend mit Wonne und Angst«[34].

In seiner schier unerschöpflichen Fabulierlust erfindet Andres immer neue Abenteuer, die Jona bestehen muß, bis er endlich auf das Schiff gelangt, das ihn nach Tarschisch bringen soll. Wunderbares und Schreckliches widerfährt ihm auf dem Wege. Erst bleibt er auf unerklärliche Weise in Gefahren bewahrt, dann – als er das Schicksal frech herausfordert – wird er in die »Abfallgrube des Lebens« geworfen, in ein unterirdisches Gewölbe, in dem die von Dämonen Besessenen hausen und in dem er das grauenvolle Ritual der Dämonenaustreibung über sich ergehen lassen muß. Jona verwünscht den Tag seiner Geburt. Die Finsternis in seinem Kopf und vor seinen Augen wird immer dichter; er sinkt in tiefe Umnachtung. Aber schließlich wird er durch einen geheimnisvollen Fremden mit Namen Rapha aus dem Ort des Greuels errettet.

Dieser Fremde war ein Holzhändler, ausgerechnet aus Assyrien; aber Jona deuchte zuweilen, er wäre ein himmlischer Bote, ein Engel des Herrn; denn »Gott gebietet dem Engel, auch nicht den Saum seines blitzenden Gewandes unter seiner Hülle hervorlugen zu lassen, denn die Wahrheit soll nicht mit ihrem himmlischen Griff den Menschen würgen, sondern ihn frei machen«[35]. Rapha wusch den Besudelten, salbte seinen wunden Rücken und kleidete ihn in ein neues Gewand. Er führte ihn nach Jaffa hinab, rührte unterwegs mit seinen Fragen und Antworten sein Innerstes auf, konfrontierte ihn mit herausfordernden Situationen und nahm ihn schließlich mit auf sein Schiff, das im Hafen von Jaffa lag.

Mit diesem Schiff fuhr Rapha ihn, wohin er wollte, von Insel zu Insel, immer weiter, angetrieben von der Furcht, der Raum zwischen ihm und dem Gott seines Volkes sei noch nicht groß genug. Doch immer wieder rief Rapha ihm ins Bewußtsein, daß er auf der Flucht war, auf der Flucht vor Gott und seinem Auftrag. Rapha gab zu bedenken: Es könnte sein, »daß du unter dem Gott, der dich in Ruhe läßt, schlimmer leidest als unter dem, der dich quält«. Und: Vielleicht wirst du einmal einsehen, »daß der Prophet sein Ninive dringender braucht als Ninive seinen Propheten«. Aber Jona – am Tag durch Rapha und nachts im Traum durch den Engel mit Raphas Gesicht bedrängt – verließ das Schiff seines Freundes und Wohltäters, ohne sich von ihm zu verabschieden. Er wollte auf der griechischen Insel leben, um dort seine Vergangenheit zu vergessen und durch nichts mehr an seinen Gott erinnert zu werden.

Aber der vermeintliche Weg in die Freiheit führte ihn – um einer schönen Sklavin willen – geradewegs in die Sklaverei. Fast nahm er sie freiwillig auf sich; denn solange er Sklave war, konnte er seinen Auftrag nicht erfüllen. Auf der Insel begegnete er dem griechischen Rhapsoden Epiphanes, der als Knabe noch den Dichter Homer gesehen und gehört hatte. Die Gespräche zwischen ihnen geben Andres Gelegenheit, die Weltdeutung durch die griechischen Götter und die durch den alttestamentlichen Gott miteinander in Beziehung zu setzen. Epiphanes lehrte Jona die Sprache der Jonier und trug ihm die Leidensgeschichte des Odysseus vor, dieses vom Meergott verfolgten und von einer keuschen Göttin behüteten Helden. Da rief Jona aus: »Ach, dieser Glückliche, was sind seine Leiden, wenn er zwar einen Gott gegen sich, einen andern aber für sich hatte! Er kann, er darf heimkehren! Ich nicht – nie mehr! – Odysseus wußte, daß er nach Hause käme, eines Tages – und eben darum hat er doch nicht so viel gelitten wie ich!«[36]

Wie Odysseus aus der Höhle des Polyphem, so entkam Jona

schließlich der Sklaverei auf der Insel und gelangte an Bord eines Schiffes, das nach Tarschisch fuhr. Dort, so hoffte er, würden die Engel des Herrn ihn nicht finden, dort gäbe es Schlaf und Traum und die vollendete Verborgenheit vor dem Gott seiner Väter.

Auf dem Schiff spielen sich dann die Szenen ab, die im ersten Kapitel des Jonabuches erzählt werden: Jona bekennt seine Schuld, und er bekennt den Gott, vor dem er flieht: »Es ist mein Gott, der Gott der Hebräer, der Gott des Himmels und auch der Erde, ach! und selbst des Meeres, ich weiß es nun! Sein Reich ist ohne Grenzen. Sein Blick durchdringt mein Innerstes wie ein Pfeil, und doch steht der Schütze weit von mir verborgen, unerreichbar hinter aller Welt. Seine Hand, die nach mir greift, regt die Wogen auf, und wenn er mich vergißt, legt er Wüsten um mich her; ich kann schreien, er gibt keine Antwort, und die ganze Welt wird zur Wüste und schweigt mit ihm. Schweige ich aber, wenn er mich ruft, dann findet er mich und siebte er das Meer. Er aber läßt sich nicht finden und nicht fragen. – Er gibt keine Antwort.«[37]

Jona bekennt seine Schuld, aber er ist nicht bereit, den Auftrag Gottes zu erfüllen. Trotzig verschließt er sich den Seeleuten, die ihn anflehen, seinen Gott zu beschwichtigen. Das Meer, das von unten her aufbrodelt, wartet auf Antwort. Aber Jona ruft: »Das Meer soll tun, was es will – wie ich! Ja, ein solcher bin ich, daß ich dem Meer trotze, – weil Er ein solcher ist, der mich gemacht hat, wie ich bin!«

Und er stieg auf die Brüstung, band das Seil los, mit dem er sich festgebunden hatte, und stürzte sich ins Meer. Seine »Sehnsucht nach dem Endgültigen« zog ihn hinab in die Tiefe, von der er hoffte, daß Gottes Hand ihn von dort nicht heraufholen konnte. Als er aber das Ungeheuer mit weit aufgesperrtem Rachen erblickte, schoß es ihm siedendheiß durch den Kopf: »Habe ich nicht recht gehabt, mich vor Ihm zu fürchten, mich vor Ihm zu verbergen, der mir solchen Tod bereitet, der sich meiner erinnert, um die Ungeheuer des Meeres mit mir zu füttern – mit Seinem Propheten – hatte ich nicht recht, vor Ihm zu fliehen, dorthin, wo Er nicht ist? Und überall ist Er schon vor mir da – und nähme ich die Flügel der Morgenröte, ich entrinne Ihm nicht! Und vergrübe ich mich in der Unterwelt, Seine Hand findet mich...«[38]

Die mythische Ebene

In den Sekunden seines Sturzes in die Tiefe, der ihm endlos zu dauern schien, durchmaß Jona Katarakte von Gedanken. Sein Bewußtsein weitete und steigerte sich zugleich. Ihm war, als ob das Meer zurückwiche, als ob es die Schenkel spreizte und seinen Schoß öffnete. Er spürte, wie ihm aus dem geöffneten Rachen des Ungeheuers der »Pestilenzhauch des alles verdauenden Magens der Zeit« entgegenschlug.

Hier verbindet Andres die Verschlingung durch das Ungeheuer mit dem griechischen Mythos von Kronos, dem Gott der Zeit, der seine eigenen Kinder verschlang. Der Rhapsode Epiphanes hatte Jona auf der griechischen Insel von ihm erzählt. Dieser Kronos, gewissermaßen die Zeit in Person, hätte seine Kinder beinahe in seinem Bauch zu nichts verdaut, wäre es nicht einem von ihnen, dem Zeus, gelungen, sich vor der Zeit in die Nichtzeit auf den Berg Ida zu retten. Als er dort zu göttlicher Selbstständigkeit erwachsen war, zog er gegen seinen Vater und befreite seine von der Zeit aufgefressenen, aber im Kern noch unsterblichen Geschwister aus dem Bauch der Zeit und trat selber – frei von aller Verwandlung und unsterblich – die Weltherrschaft an. Diese mythische Vorstellung vom »Organ der Zeit, bald Schoß, bald Magen benannt, zugleich mütterlich aufbauend und väterlich verdauend«, verbindet Andres mit der Vorstellung von dem Bauch des großen Fisches, in den Jona gerät. In diesem alles verdauenden Magen der Zeit wird die Natur, alle Welt, alles Ich und alle seine Qual zermahlen. Nach dem uralten Gesetz des »Stirb und werde« wird der alte Jona verdaut und ein neuer Jona aufgebaut.

Noch während des Sturzes in den Rachen des Ungeheuers denkt Jona: »Bin längst nicht mehr nur Jona, der Hinterwäldler aus Gath-Hepher, der die eigenen Grenzpfähle verteidigen, er selbst bleiben will – nein, da sticht etwas durch in mir, durch so viele Hüllen, ein Keim – und der goldene Keim macht sich los – schwebt – pflanzt sich ins Gestaltlose – in die Leere über dem Abgrund des Todes (wenn das ginge!) und gibt sich preis, der Keim (wenn nur dieser alte Jona mitstürbe!) – und alle Natur und alle Welt und alle Grenzen und alle Molligkeit der Bettwärme aus dem abgetrennt Eigenen, alles das würde vom Tode verschlungen – vom Magen des Kronos, ja, Epiphanes! – und hinter allem abgesunkenen Dunst des Uneigentlichen erschiene der Spiegel, in dem alles enthalten ist... Und ich erblicke mich selbst in diesem Spiegel – und mein eigener Blick aus dem Ganzen heraus umschlänge mich und risse mich herein in den alles enthaltenden Kristall, welchem so viele Dimensionen eigen sind, wie es in ihm frei gewordene Freiheiten gibt.«[39]

Aber – überraschende Wendung! – Jona gerät nicht in den alles verdauenden Magen der Zeit, sondern – wie Zeus – in die Nichtzeit. Der Fisch, in dem er sich befindet, ist die Nichtzeit selber, das scheinbare Nacheinander ist nur ein Spiel der Anpassung an die tiefsitzenden Erinnerungen an Zeit und Raum. Das Meer, in dem der Fisch der Nichtzeit schwimmt, ist das Meer der Zeit, das aus unzähligen Zeittropfen besteht. Die Haut des Fisches ist die Wand, die die Nichtzeit von der Zeit trennt. Die Nichtzeit wirkt in die Zeit hinein, aber die Zeit nicht in die Nichtzeit. Der »Ort«, der entsprechend der Nichtzeit ein Nichtort ist, ist aber kein Ort des Todes und der Finsternis, sondern ein Ort der Erkenntnis und des Friedens, ein zeitloses Traumreich, das die Seele wie mit einem Lichtnetz umfängt und in eine höhere Wirklichkeit heraufhebt: oben golden und unten die Fläche aus Lapislazuli, die, wenn man sich über sie beugt und »im Namen des Fisches« flüstert, jede innere Anschauung ins Anschaubare hebt; das nasse Gold im Himmel hilft den Gedanken, klar und weit zu werden.

Hier nun läßt Andres seiner Phantasie die Zügel schießen und erfindet mit dem ihm eigenen skurrilen Humor manch heiter-groteske Episode. Der Roman wird hier zum Schelmenstück. Durch ein Loch in der leeren Fläche aus Lapislazuli treibt ein Bündel Kleider herauf, aus dem sich wie eine Raupe aus dem Kokon ein Mensch herausschält. Ein Lichtfinger tupft über ihn hin, und aus dem Licht spricht es: »Schau ihn dir an, diesen Schönbart! Das ist nun einer von den vielen, die nicht hören wollen, einer, der von Tag zu Tag es immer deutlicher spürt, wer ihn ruft – und es schließlich sogar weiß – und doch nein sagt; der vor der Stimme, die ihn meint, über Länder und Meere hin flieht und lieber bereit ist, durch den Rachen des Fisches in die Unterwelt zu schlüpfen als zu sagen: Hier bin ich! – So ist der Mensch.«[40] – Der so spricht, ist der Engel Aphar (der Name Rapha in Spiegelschrift), und der, zu dem er es sagt, ist – ein Esel, genauer: eine Eselin, nämlich die sprechende Eselin

Bileams, die sich klüger erwies als ihr Herr, der doch ein Prophet war. Aphar hatte sie erwählt, um renitente und blinde Propheten zu belehren und ihnen die Augen zu öffnen. So wird dem Jona, der auf den Engel nicht hörte, das Maul einer Eselin zur Quelle der Belehrung. Jona muß sie – welch tiefe Demütigung für den Propheten – »Tierwürden« anreden und an ihrem Eselsschwanz ziehen, um Erleuchtung zu bekommen und zu erfahren, was ihm an diesem Ort zu wissen heilsam, ja unerläßlich ist.

An diesem Ort begegnet Jona jenem fremden Mann aus der Zeit, die hundert Generationen nach ihm liegt, den kennenzulernen ihn so sehr verlangte. Er hatte ihn wiederholt im Traum gesehen. Zum ersten Mal, als er nach der erlittenen Dämonenaustreibung in tiefe Umnachtung sank. Da sah er ihn inmitten eines ungeheuren Räderwerkes, sah, wie er aus der Menge der seltsam grau aussehenden Menschen jener fernen Zeit ihm freundlich zuwinkte. Damals hatte Jona sich über den Abgrund seiner Verzweiflung hinweg an das Ufer jener Zeit nach hundert Generationen geflüchtet. Später, auf Raphas Schiff, hatte er, als der Mond aus dem Meer aufstieg, eine Vision: Das Schiff, auf dem er sich befand, verwandelte sich in ein großes, modernes Passagierschiff, das nicht der Wind, sondern der menschliche Wille vorwärtsbewegte. Mit diesem Schiff fuhr er dorthin, wo Gott den Menschen nicht mehr mit seiner Größe, Kraft und Herrlichkeit klein und schwach und erbärmlich macht, wo der Mensch selber Gott ist und ohne Angst vor Gott lebt und stirbt. – Auf diesem Schiff begegnete er jenem grauen Mann, den er im Traum schon einmal gesehen hatte. Er kam auf ihn zu und schritt durch ihn hin. Jona war es, als wären sie Zwillingsbrüder, nicht aus dem Schoß derselben Mutter, sondern desselben Schicksals, und er ahnte, daß einmal »einer vor dem andern dastehen würde als sein schwarzblanker Spiegel, vor dem der Weg nicht mehr geradeaus weiterführt, sondern nach links oder rechts abzweigt«[41].

Seitdem verlangte ihn danach, diesen Mann kennenzulernen und in seiner Zeit zu leben, in der Gott nicht mehr herrscht und in der die Menschen, anstatt Gott zu dienen, das tun, was ihnen zusammen vernünftig erscheint und ihnen nützt. Nun, in der Nichtzeit, wünschte er sich »Im Namen des Fisches« jene Situation herbei, in der er auf dem modernen Passagierschiff jenen

Mann getroffen hatte. So kommt es zur Begegnung des biblischen Jona mit dem Jonas des 20. Jahrhunderts, und sie beginnen ein Gespräch über die Jahrhunderte hinweg. Im Fragen und Erzählen erfahren sie, wie sie einander auf die Spur gekommen sind und was sie zueinander hingezogen hat. Nachdem Jona seine Geschichte erzählt hat, erzählt Jonas die seine. Dabei erlaubt es Jona die magische Formel »Im Namen des Fisches«, sich in das 20. Jahrhundert zu versetzen und jeden gewünschten Ort aus dem »Lapislazuliboden aller Möglichkeiten« erstehen zu lassen. Und damit gelangen wir zu der dritten Ebene, auf der sich die Romanhandlung abspielt.

Die zeitgeschichtliche Ebene

Die Geschichte des Dr. Hans Jonas, die im Roman von hinten her aufgerollt wird, stellt sich in chronologischer Abfolge so dar: Jonas, ein intelligenter, tatkräftiger, junger, unverheirateter Mann, lebte als Pfarrer während des Zweiten Weltkrieges in der Schweiz. Die ersten Jahre seiner seelsorgerischen Tätigkeit bestanden vorwiegend darin, Gott vor den Menschen gegen die immer zahlreicher gegen ihn auftretenden Zeugen zu verteidigen. Aber in dem Augenblick, in dem er im Radio die Nachricht vom Abwurf der ersten Atombombe auf Hiroshima hörte, zerbrach sein Glaube an den Gott, der die Welt erhält, liebt und zu ihrem Sinn und Ziel führt. Jonas wußte zwar, daß nicht Gott, sondern Menschen die große Stadt in einem einzigen Atemzug in Schutt und Asche gelegt hatten, aber er meinte, wenn Gott an der Welt interessiert wäre, so hätte er die Menschen an dieser ungeheuerlichen Tat hindern müssen. Die Nachricht aus dem Radio brachte ihn zu der Einsicht, daß das Nichts angeklopft habe und bald die Menschheit verschlingen würde. Er hörte drängend die Worte in sich: Geh hin und predige wider sie! Wochen-, monatelang rang Jonas mit sich, dann entzog er sich dem Auftrag, weil er davon überzeugt war, es sei dazu zu spät und jedes Wort vergeblich. Die Menschen wandelten auf einem Boden aus durchsichtigem Glas über dem feurigen Abgrund, aber sie blickten nicht hin, sie wollten nicht erschreckt, nicht einmal gestört sein. »Ein sanftes, aus allen Farben gemischtes Grau ist ihrer aller geheime Lieblingsfarbe. Sie bevorzugen die kleinen Genüsse, wollen weder groß noch klein, weder heilig noch lasterhaft sein, wollen weder Gott begegnen noch dem Teufel und haben dunkle Brillen vor den Augen, um das Feuer unter dem Glas des Bodens nicht zu sehen, und Wachs in den Ohren, das Wachs der Tröstung und Ablenkung, das von hunderttausend fleißigen Pillendrehern ihnen fabriziert und verabreicht wird.«[42]

Entsprechend dem dreimaligen »hinab« der biblischen Erzählung (hinab nach Jaffa, hinab ins Schiff, hinab ins Totenreich) schildert Andres den »Abstieg« des Jonas in drei Etappen:

Die Flucht vor der Gottesfrage in die Liebestätigkeit. Jonas glaubte nicht mehr an einen zürnenden und vergebenden Gott; er war davon überzeugt, daß der Mensch sich selber das Schicksal bereitet. Eigentlich konnte er seinen Pfarrerberuf nicht mehr ausüben, denn er hatte nichts mehr zu predigen und zu lehren; aber da er sich scheute, seinen Beruf aufzugeben, flüchtete er sich vor der Gottesfrage in eine ihn ganz und gar in Anspruch nehmende Hilfswerktätigkeit. Wenn er nicht durch Glauben Berge versetzen konnte, so doch vielleicht durch Organisation. Da er nicht mehr die Partei Gottes ergreifen konnte, ergriff er die Partei des Menschen. Er richtete für Bedürftige ein kleines Haus in einem Garten ein, das ihn im Lande als »Vater Hans« bekannt machte. Bald baute er mit dem Geld, das er von den Reichen erst erbettelte, dann immer dringlicher forderte, Krankenhäuser, Schulen, Altersheime, Waisenhäuser und Siedlungen, eine ganze Stadt der Barmherzigkeit. Er arbeitete unaufhörlich, um nicht nachdenken zu müssen. Und je weniger er aus Gedanken vor und hinter der Zeit lebte, desto mehr bemühte er sich um den Glanz der Vollkommenheit auf all seinem Tun. An die Stelle des Glaubensgehorsams waren Aktivität, Selbstbestätigung und Erfolg getreten.

In der Nacht zu seinem vierzigsten Geburtstag, an dem er ein von ihm projektiertes »geschlossenes« Krankenhaus für Schwerst-Kriegsversehrte einweihen sollte, hatte er eine »schwarze Erleuchtung«: Er erkannte die totale Sinnlosigkeit seines Tuns. Er stellte sich die Restbestandteile menschlicher Körper vor, die – ohne Arme und Beine – in Ledersäcken hingen und in Laufschienen bewegt wurden. Er wußte nicht, was er diesen vom Krieg so schauerlich Zugerichteten sagen sollte. Weil er nichts mehr für sinnvoll und notwendig hielt, gab es für

ihn keinen hinreichenden Antrieb mehr, der totalen Sinnlosigkeit entgegenzuwirken, nicht einmal mehr das Erbarmen mit
den Menschen kam gegen die alles vereisenden Fragen auf:
Kannst du mit Erbarmen den Menschen ändern? Kannst du ihn
vor sich selbst retten: vor seiner unendlichen Dummheit, vor
seiner sklavischen Unempfindlichkeit und viehischen Gleichgültigkeit gegenüber den Gefahren, die ihm aus seinem eigenen, die Welt umbosselnden Geiste entstanden sind? Bitter
geworden, konnte er im Menschen nur noch einen »verfehlten
Entwurf« des Schöpfers sehen, ein »Wochenendprodukt von
Zeit und Zufall«, einen »titanischen Affen«, eine »Handvoll
Dreck und Größenwahn«.

So hängte Jonas den »Vater Hans« wie einen Mantel hinter
die Tür, nahm gewissermaßen Abschied von sich selbst oder
zumindest von einer inbrünstig eingenommenen Lebensrich-
tung und machte sich leise davon. Er floh nicht vor Gott, sondern weil er für sein Tun keinen Grund mehr sah, weil er das
Vertrauen in den Menschen verloren hatte, jenes Vertrauen,
das nicht aus der Erfahrung stammt, sondern das vorgegeben
sein muß. Er floh, obgleich ihm sein bürgerliches Gewissen wegen der hinterlassenen Schulden die Flucht nicht gerade
leichtmachte.

Die Flucht aus der öffentlichen Verantwortung ins Private.
Jonas floh nach Süditalien, ließ sich einen Bart stehen und lebte
unter falschem Namen und mit einer erfundenen Lebensgeschichte in der Ebene von Sybaris, die sprichwörtlich war für
das Wohlleben ihrer Bewohner. Er heiratete eine Frau, die tausend Hektar besten Bodens in die Ehe brachte und ihm vier
Kinder schenkte. Er baute das Land mit dem Hauptgewinn einer Glückslotterie aus mit Regenanlagen, Wasserrinnen, Straßen und Zypressenzäunen und lebte als Landwirt abgeschieden
und in Frieden – obgleich die Angst vor dem Dämon, der den
Menschen allmächtig machte, immer wieder durchkam. Da er
sich deswegen mit Argumenten nicht beruhigen konnte, über-
spielte er die Angst mit der gesteigerten Hingabe an alles, was
von ihm abhing: seine Familie, seine Arbeiter, die Ställe, die
Felder, die Maschinen und sogar die Buchführung. Er tat es,
weil er die wenigen Jahre, die ihm persönlich, ja der menschlichen Zivilisation überhaupt gewährt werden würden, in Ruhe
und Frieden zubringen wollte.

Nachdem er dort siebzehn Jahre gelebt hatte, kam der Tag, von dem er immer gewußt hatte, daß er kommen würde: der Tag, an dem seine Vergangenheit ihn einholte. Als er den Abschluß eines Landverkaufes mit dem Vermittler begoß und dieser in der Mundart seiner Heimat sprach, geriet Jonas, der sich sonst vorsichtiger als ein Wild im Dickicht bewegte, unversehens in ihren Sog. Seine Vergangenheit brach aus der Tiefe seiner Seele herauf, und er verriet sich. – Seit diesem Tag war er ein anderer; das bemerkte auch seine Frau, die nichts von seiner Vergangenheit wußte, die ihn für einen guten, erfahrenen Landwirt hielt, der – wie so viele – durch die Kriegswirren um Haus und Hof gebracht worden war. Eine tiefe Kluft begann sich zwischen Jonas und den Seinen aufzutun. – Eines Tages tauchte der ehemalige Sekretär des »Vater Hans« auf. Er, der stets mit dem rechten Auge auf Gott und mit dem linken auf den Mammon blickte, suchte Jonas im Auftrag der Banken wegen Krediterschleichung, verschleierter Buchführung, Veruntreuung und Devisenvergehen. Da faßte Jonas den Entschluß, zu fliehen, und verließ Haus und Hof und Familie. Aber sein ehemaliger Sekretär stellte ihn auf der Flucht. Er machte ihm das Angebot, zurückzukehren und die Leitung einer großen Hilfsaktion zu übernehmen, um sich dadurch von allem Makel öffentlich reinzuwaschen. Ein Autounfall beendete jäh ihr Gespräch. Kaum hatte Jonas sich davon erholt, floh er aus dem Krankenhaus und tauchte in der großen Stadt Rom unter. Doch sein Sekretär, von dem er angenommen hatte, daß er den Folgen des Unfalls erlegen war, genas und verfolgte unermüdlich die Spur seines ehemaligen Chefs. Es gelang ihm, ihn unter den zwei Millionen Bewohnern Roms aufzuspüren. Da floh Jonas weiter nach Tarent und begab sich dort an Bord des Schiffes, das seinem Freund Policastro gehörte.

Die Flucht aus der Schuldverstrickung in den Tod. Aber sein hartnäckiger Verfolger weiß ihn auch dort zu finden. Eines Tages betritt er mit der Polizei das Schiff Policastros. Während sie unter Deck nach Jonas suchen, versteckt ihn Policastro auf dem Schiffsdeck in einer Kiste unter Holzwolle und Papier. Policastro, ein Mensch, der jedes Verbrechen zu begehen bereit ist, ohne Gemütsbewegung, ohne Haß und ohne Mordlust, überlegt einen Augenblick, ob er die Kiste mit dem Freund, der ihm gefährlich zu werden droht, kurzerhand über Bord werfen solle. Doch da taucht Jonas Verfolger aus der Luke auf und nimmt gerade noch wahr, wie Policastro allzu hastig den Deckel auf die Kiste drückt. Um ihn abzulenken, erzählt Policastro ihm einen Witz, und genau vor der Pointe schlägt er mit der Faust zu und wirft ihn über Bord. Der bewußtlos Geschlagene ertrinkt.

Als sie mit dem Schiff auf hoher See waren, sagte Policastro zu Jonas, er habe die Sache natürlich nicht umsonst getan. Er erwarte von ihm dafür eine Gegenleistung, nämlich daß er den Posten eines Filialleiters seines Geschäftes in New Orleans übernehme. Was sich wie eine ehrenvolle Beförderung anhörte, war in Wahrheit glatte Erpressung. Policastro wußte, daß nur Jonas ein Interesse am Verschwinden seines ehemaligen Sekretärs hatte und daß darum der Verdacht, ihn getötet zu haben, auf ihn allein fiel. Und so buchte er den Toten einfach auf Jonas Konto um. Sollte er jedoch den geringsten Versuch machen, aus dem Geschäft auszusteigen, befände er sich keine vierundzwanzig Stunden später als Mörder seines Sekretärs in der Hand der Polizei. Policastro griff zu solchen Methoden, weil sein Geschäft nicht seriöser Natur war, sondern ein gutgehender Rauschgifthandel. Die Tatsache, daß Jonas früher Theologe gewesen war, kam ihm höchst gelegen, denn niemand würde hinter diesem von seinem ehemaligen Beruf gezeichneten Gesicht einen Rauschgifthändler vermuten. So wurde Jonas, der mittlerweile ein paar Jahre älter als fünfzig war, zum Rauschgifthändler und verkaufte den Menschen die »süße Lüge im Mohn«. Er geriet in eine moderne Form der Sklaverei, denn er war Sklave jener Leute, die ihn auf den untersten Platz seines Lebens gepreßt hatten, zudem war er Sklave von Mary, der ehemaligen farbigen Geliebten Policastros, ohne die er nicht mehr leben konnte, so wenig wie seine Kunden ohne die Droge leben konnten. Neben Mary vergaß er seine Vergangenheit, bis zum Nabel jedenfalls fühlte er sich bei ihr geborgen. Der Umgang Jonas mit Rauschgiftsüchtigen steigerte seine zynische Menschenverachtung: Im Grunde suchten doch alle künstliches Vergessen und Beschwichtigen; die einen in Worten wie Auferstehung, Himmelfahrt, Ewigkeit, Entelechie, Gottesebenbild – Worte, die sie über die trostlose Wirklichkeit hinwegtrösten sollen. Die anderen nehmen materielle Pillen gegen ihre Unruhe, Angst, Einsamkeit und Verzweiflung, Pillen gegen äußere und innere Juckreize, Pillen gegen die Stimme

175

im eigenen Innern. »Jede Art Pille – eine ausgezeichnete Möglichkeit der Flucht.«

Als Jonas sein Dasein nicht mehr ertragen kann, flieht er zusammen mit Mary, um sie nicht seinen Sklavenhaltern als Faustpfand zurückzulassen. Zunächst wollen sie auf eine Zuckerinsel entweichen, doch dann, als Jonas eines Abends die Aufschrift »Fähre nach Algier« liest, entschließt er sich kurz, mit diesem Schiff nach Europa zu fliehen; denn Algier heißt Mittelmeer, Mittelmeer heißt Europa, und Europa heißt nach Hause. Aber da sie von ihren Sklavenhaltern beschattet werden, erhält Policastro einen Wink. Doch noch bevor er ihn festnehmen und Interpol ausliefern kann, entzieht sich Jonas seiner Verhaftung durch den Sprung über die Reling. Jonas selbst sieht es so: »Ich zappelte an einer Angelschnur, die aus der Tiefe ins Licht heraufhing, ich zappelte mit den Armen und Beinen und dem ganzen Körper – und dann wurde ich nach vorn gerissen, über die Reling – ich hatte einen jähen Schmerz in meiner Brust verspürt, und es war mir, als müßte ich ihm nachgeben – so flog ich hinunter.« Und nachdenklich fügt er hinzu: »Vielleicht bestand der Schmerz, der mich in die Tiefe zerrte, gerade in dieser Erkenntnis, daß es ja nichts gab, weder hinter mir noch vor mir, dem ich entrinnen oder auf das ich zueilen könnte.«[43]

So endet die Geschichte des Pfarrers Dr. Hans Jonas. »Ein Mann von beinahe sechzig Jahren, unterrichtet, einst angesehen – und dann über Nacht ein Blatt vor dem Wind, eine Beute für einen Policastro, eine Wunde für seine Frau, eine Schande für seine Kinder, ein Kopfschütteln für alle, die ihn kannten, sich selbst ein Rätsel, und zuletzt ein Futter für die Fische, ein Mann namens Jonas – und doch kein Jona!«[44]

Jona und Jonas

Stefan Andres hat die Lebensgeschichte des Jonas und die des Jona bis in Einzelheiten hinein parallel gestaltet und sie dabei doch kontrastierend einander gegenübergestellt.

Die Parallelität beider Lebensgeschichten wird äußerlich schon an den Namen der Hauptpersonen deutlich:

Jona, der Heilsprophet – Jonas, der volkstümliche Prediger
Mirjam, Jonas Frau – Maria, die Frau des Jonas

176

Jochanan, Jonas Sohn – Johannes, Sohn des Jonas
Simei, Jonas Diener – Simon, Sekretär des Jonas
Mysia, Jonas zweite Frau – Mary, zweite Frau des Jonas
Die Entsprechung der Namen der ersten und zweiten Frau (Mirjam/Mysia und Maria/Mary) legt den Gedanken nahe, daß es sich hier im tiefenpsychologischem Sinne um zwei gegensätzliche Aspekte des Weiblichen handelt.

Auch die einzelnen Stationen beider Lebenswege entsprechen einander: Jona flieht nach dem Sieg von Hamath, weil er an seiner Berufung zum Propheten irre wurde. Jonas flieht nach der Fertigstellung des »geschlossenen« Krankenhauses für Kriegsinvaliden, die seine erfolgreiche Hilfswerktätigkeit krönt, weil er an dem Sinn seines Tuns zweifelte. Beide führen unter Verleugnung ihrer Vergangenheit ein unauffälliges, gut bürgerliches Familienleben. Jonas ältester Sohn verläßt mit Wissen seiner Mutter seinen Vater, um dem Propheten Amos zu folgen. Der älteste Sohn des Jonas verläßt mit Wissen seiner Mutter seinen Vater, um seinem Lehrer zu folgen. Jona wird durch seinen ehemaligen Diener, Jonas durch seinen ehemaligen Sekretär aufgespürt. Jona entkommt seinem Verfolger bei einem Raubüberfall, Jonas bei einem Verkehrsunfall. Beide werden erneut aufgespürt und entkommen, während ihr Verfolger ertrinkt, auf dem Schiff ihres Freundes. Jona gerät in die Sklaverei eines Sklavenhalters, Jonas in die Abhängigkeit von einem Rauschgifthändler. Jona verfällt der Sklavin Mysia, Jonas der Bardame Mary. Beide springen schließlich, von der dunklen Tiefe magisch angezogen, in den Tod.

Bei aller Entsprechung der beiden Lebensgeschichten bleibt jedoch ein entscheidender Gegensatz deutlich: Jona sieht in und hinter allem, was geschieht, Gott am Werke und weiß sich darum seinem strafenden oder errettenden Handeln preisgegeben. Jonas dagegen sieht in allem nur das Werk unberechenbarer Menschen und weiß sich darum ihrem Willen, und das heißt einem blinden, tauben und läppischen Zufall ausgeliefert. Jona wird angesichts der Absurdität Gottes an sich selber irre. Jonas wird angesichts der Absurdität des Menschen an Gott irre. Für Jona ist Gott sein Woher? und Wohin?, für Jonas dagegen ist der Mensch nur ein »Päckchen Elend, ohne Absender, ohne Adresse«. Jona flieht vor Gott und dem Auftrag, den er von ihm empfing. Jonas flieht vor dem, was nicht da ist, weil er für sein Tun keinen Grund mehr sieht und darum nur noch so tut als ob. Jona weigert sich, Ninive zu predigen, weil er fürchtet, Gott könne es am Ende dennoch retten. Jonas weigert sich, den Menschen zu predigen, weil er weiß, daß sie sich selber ihr Schicksal bereiten und daß es vergeblich ist, sie zu warnen. Jona will sich durch den Sprung in die Tiefe dem Gott entziehen, der ihn verfolgt. Jonas entzieht sich durch den Sprung in die Tiefe lediglich seinen Erpressern und der Polizei; sonst ist nichts hinter ihnen, was ihm einen Auftrag erteilen, ihn zur Rechenschaft ziehen, ihn verfolgen könnte. Es zieht ihn in die Tiefe, weil es ihm ganz einerlei ist, ob er lebt oder stirbt, weil es für ihn nichts gibt, weder hinter ihm noch vor ihm, dem er entrinnen oder auf das er zueilen kann.

In genau demselben Sinne hat der polnische Dichter Zbigniew Herbert in einem Gedicht aus dem Jahre 1961 dem biblischen Jona den »Jona von heute« gegenübergestellt:

Jona

Jona der sohn Amitthais
auf der flucht vor gefährlicher mission
bestieg das schiff
das von Japho nach Tharsis fuhr

dann kam das wohlbekannte
großer wind sturm
die besatzung wirft Jona in die tiefen
die stürmische see erstarrt
der prophezeite fisch kommt angeschwommen
drei tage und drei nächte
betet Jona im bauch des fisches
der ihn schließlich aufs trockene
hinauswirft

der Jona von heute
fällt ins wasser wie ein stein
begegnet er einem wal
hat er kaum zeit zu seufzen

gerettet
benimmt er sich schlauer
als sein kollege aus der bibel

er meidet gefährliche missionen
läßt seinen bart wachsen
und handelt fern von der see
und fern von Ninive
unter falschem namen
mit vieh und antiquitäten

Leviathans agenten
sind käuflich
die haben keinen sinn für schicksal
sie sind beamte des zufalls

im gemütlichen hospital
stirbt Jona am krebs
ohne selbst recht zu wissen
wer er eigentlich war

die parabel
erlischt
an seinen kopf gesetzt
und der balsam dieser geschichte
versagt an seinem körper[45]

Der Gegensatz zwischen dem biblischen Jona und dem Jona von heute wird in Stefan Andres Roman an ihrer Reaktion auf die Begegnung in der Nichtzeit deutlich.

Jona erkennt, daß die Zeit nach hundert Generationen, nach der er sich über den Abgrund seiner Verzweiflung gesehnt hatte, wenig verlockend sei. »Um Himmels willen«, warnt ihn Jonas, »ich bin froh, daß ich es geschafft habe, meiner Zeit zu entkommen.« Und er macht ihm klar, wie glücklich er in all seinen Leiden sei, verglichen mit ihm und seinem, dem des Jona scheinbar so ähnlichen Leben. Jona gesteht enttäuscht: »Sehr arm bin ich geworden.« Diese Einsicht weckt in ihm bitteren Zorn auf Ninive; denn letztlich, so meint er, waren es ja Assurs Sünden, die ihn aus seinem Hause, aus seiner Familie zogen und nun auch aus diesem Ort der Erkenntnis und des Friedens hinausziehen, um seinen Auftrag zu erfüllen.

Ungestüm pocht er gegen das Tor, das wie das zahnbewehrte Maul eines Ungeheuers aussieht, und ruft: »Gott, schweig doch nicht so laut, sei nicht so entsetzlich still, halte mit deinem Atem nicht so inne! Denn sieh, deine Feinde toben, und die dich hassen, richten den Kopf auf! – Jage sie mit deinem Wetter, schreck sie mit deinen Blitzen. Schmier Schande auf ihr Gesicht, daß sie fragen müssen, wie du heißt: Herr allein – und über allem!«[46]

Jonas aber flüstert ihm ins Ohr: »Was tust du aber, wenn nun Jahwe dich nicht zum Fluchen bestellt hat, sondern – – Denke an Bileam, der auch fluchen sollte und sogar wollte – und dann doch segnete!«

Aber Jona lacht nur, da habe es sich ja um das auserwählte Volk Gottes gehandelt und nicht um die Hure Assur. »Noch vierzig Tage!« schreit er laut, »beginnt so ein Segen?«

Jonas, der den Ausgang von Jonas Unternehmung kennt, ruft ihm zu: »Komm zurück, erzähle mir, was mit Ninive geschehen ist, und, kannst du es, heile mich so von meinem Zweifel. Denn ich glaube nicht daran, daß Jahwe deiner bedarf, weder zum Fluchen noch zum Segnen!«

Jona erwidert: »Was glaubst du Narr denn, das mich treibt?« – Jonas: »Dein Zorn, deine Selbstgerechtigkeit!«

Da öffnet sich der rechte Torflügel, und Jona reitet hinaus. Kaum hat er sich hinter ihm geschlossen, tut sich der linke Torflügel auf, und hinein reitet Jona, stark gealtert. Drei Jahre war er in der Zeit gewesen, und er erzählt Jonas, wie es ihm ergangen ist: auf der Reise nach Ninive, in Ninive und vor Ninive. Dabei entfaltet Andres noch einmal seine unerschöpfliche Phantasie und Erzählkunst. Inhaltlich hält er sich eng an das biblische Jonabuch; nur das Ende des Propheten erfindet er in kongenialer Weise hinzu:

Einmal war es Jona, als habe sich sein Schuhriemen gelöst. Er fühlte ihn unter seiner Sohle liegen, bückte sich und hob ihn auf. Da spürte er in seinem rechten Zeigefinger einen Stich und sah, daß er eine Schlange für seinen Schuhriemen gehalten hatte. Indem er auf die Schlange blickte, rief er leise: »Seht doch, das Tier nahm an, ich sei sein Feind – und ich hielt es für meinen Schuhriemen – diese ewigen Mißverständnisse! – Aber nun versteh ich – habe ich verstanden – es besteht kein Mißverständnis mehr zwischen mir und – dem Übrigen!«[47]

So starb Jona, und so endete seine Geschichte: »die Geschichte vom selbstgerechten, vom menschenhassenden Unheilspropheten, der gegen seinen Willen Ninive die Gnade brachte und der von der bußfertigen Stadt darauf selber bekehrt wurde zur Erkenntnis des unbegrenzten, allgegenwärtigen Reiches der Gnade.«[48]

Jonas aber sieht mit dem durchdringenden Blick pschologischer Erkenntnisse in dieser Geschichte nur den halsbrecherischen Versuch, Gott angesichts des geschichtlichen Belastungsmaterials vor den Menschen zu rechtfertigen, ja ihn künstlich am Leben zu erhalten. Ihm und seinen Zeitgenossen, meint er, sei ein Reich der Gnade unbekannt; sie hätten keine Erfahrung in dieser Hinsicht gemacht. »Wo gibt es diesen Gott, der Städte, der Menschen und Tiere verschont? – Wie können wir, dürfen wir dir glauben, ohne unwahrhaftig zu werden?«[49]

Jona erwidert: »Ich war ja deiner Meinung, daß die Welt verloren ist, daß niemand und nichts ihren Sturz ins Verderben aufhalten kann. Da kam es so! Ich habe es ja nicht geträumt, ich habe es erfahren!«

Jonas, der aus seiner psychologischen Kenntnis weiß, daß unser Intellekt Illusionen zu Erfahrungen verarbeiten kann, beharrt darauf: »Wir, ich und die Menschen meiner Zeit, befinden uns nicht mehr im Wirkbereich Gottes, sondern in der Hand jener Dämonen aus Metall und Feuer, die wir uns selber gemacht haben. Wie könnte uns Gott, selbst wenn er sich unsrer erinnerte, dort noch erreichen, da diese selbstgemachten Dämonen weder auf Gott noch auf den Menschen hören? Was nutzt es darum, wider sie zu predigen?« Er dringt auf Jona ein, wenn seine Erfahrung wirklich echt sei, dann müsse er den Mut aufbringen, für sie einzustehen – nicht in der Nichtzeit, sondern dort, wo er schon immer hin wollte: in die Zeit nach hundert Generationen, in seine, in Jonas' Zeit. »Wenn meine Zeit durch dich auch nur die Frist Ninives geschenkt erhielte – und dann kämst du zu mir zurück, Jona, ich versichere dir, ich wäre bereit zu glauben… Schaff mir ein zweites Ninive, und ich glaube an das erste: an die Lehre von einem sich erbarmenden, in Zeit und Raum gnädigen Gott!«

Darauf springt Jona auf und schreitet entschlossen auf das Tor zu. Indem er die Klinke drückt, blickt er sich noch einmal zu Jonas um: »Auf bald!« Dann öffnet er die Tür mit einer unvermuteten Kraft und schlägt sie so fest hinter sich zu, daß sie erzittert. Jonas stützt die Ellenbogen auf seine Knie, legt sein Kinn in die Hände, blickt zur Tür – und wartet.

Damit schließt Stefan Andres seinen Jona-Roman. Wie das biblische Jonabuch entläßt er den Leser mit einer Frage. Wird es Jona gelingen, ein zweites Ninive zu schaffen und so den Zweifel des Jonas zu überwinden? Wird er die Menschen zur Umkehr bewegen können? Wird es im 20. Jahrhundert noch möglich sein, an einen »sich erbarmenden, in Zeit und Raum gnädigen Gott« zu glauben?

Diese Fragen sind nicht mit theologischen Argumenten, sondern mit unserem Leben zu beantworten.

Anmerkungen zu »Der Mann im Fisch. Der Jona-Roman von Stefan Andres«

1 Harald Tandrup, Der Prophet Jona – privat; übers. von H. Georg Kemlein, Paul List Verlag, Leipzig 1959 und Universitas Verlag, Berlin W, 1960

2 Stefan Andres, Der Mann im Fisch. Roman, München 1963

3 Elie Georges Berreby, Jonas oder Der Affe des Propheten; übers. von Marietta Torberg, Wien/Hamburg 1973

4 H. Tandrup, s. Anm. 1, S. 30

5 E. G. Berreby, s. Anm. 3, S. 174

6 Friedrich Schiller, An die Freunde; in: Schillers Werke, hrsg. von R. Boxberger, Bd. I, Berlin 1904, S. 110

7 Klaus Piper, Vorwort zu: Utopia und Welterfahrung. Stefan Andres und sein Werk im Gedächtnis seiner Freunde, München 1972, S. 12

8 Gustav René Hocke, Drei Jahrzehnte mit Stefan Andres; in: Utopia und Welterfahrung, s. Anm. 7, S. 32

9 Stefan Andres, Über die Sendung des Dichters; in: Literarische Revue, München 1948, S. 129 ff.

10 Vgl. Karl O. Nordstrand, El Greco malt den Großinquisitor; in: Utopia und Welterfahrung, s. Anm. 7, S. 117 ff.

11 Stefan Andres, Über die Sendung des Dichters, s. Anm. 9

12 Stefan Andres, Mythos und Dichtung; in: Die Wirklichkeit des Mythos. Eingel. u. hrsg. von K. Hoffmann. München/Zürich 1965, S. 11 ff.

13 Ebd., S. 13

14 H.-J. Nagelschmid, ...et noctium phantasmata. Zur Deutung und Bedeutung des Traumes bei Stefan Andres; in: Utopia und Welterfahrung, s. Anm. 7, S. 160

15 Ebd., S. 161

16 Stefan Andres, Die Versuchung des Synesios. Roman, München 1971, S. 337

17 Stefan Andres, Der Mann im Fisch, s. Anm. 2, S. 290

18 K. A. Sauer, Gottes Wille und seines Künders Weg. Stefan Andres Roman um den Propheten Jona; in: Schwäb. Zeitung vom 7. 12. 1963

19 Stefan Andres, Der Mann im Fisch, s. Anm. 2, S. 257

20 Stefan Andres, Der Knabe im Brunnen. Roman, München 1953, S. 74

21 Jacques Geulen, Ein Prophet in der Stadt der Menschen; in: Utopia und Welterfahrung, s. Anm. 7, S. 195 ff.

22 Ebd., S. 199

23 Ebd.

24 K. A. Sauer, s. Anm. 25

25 H. G. Rötzer, Die beiden Gesichter des Jona; in: Rhein. Merkur, Köln, vom 17. 5. 1964

26 Hans Walter Wolff, Studien zum Jonabuch, Neukirchen 1965, S. 15

27 Ebd., S. 16

28 Stefan Andres, Der Mann im Fisch, s. Anm. 2, S. 51 f.

29 Ebd., S. 41

30 Ebd., S. 32

31 Ebd., S. 53

32 Ebd., S. 55 f.

33 Ebd., S. 94 f.

34 Ebd., S. 92
35 Ebd., S. 371
36 Ebd., S. 214
37 Ebd., S. 236
38 Ebd., S. 244
39 Ebd., S. 240f.
40 Ebd., S. 246
41 Ebd., S. 196f.
42 Ebd., S. 332
43 Ebd., S. 275
44 Ebd., S. 281
45 Zbigniew Herbert, Inschrift. Gedichte, hrsg. u. übertr. von Karl Dedecius, Frankfurt a. M. 1967/1973, S. 53f.
46 Stefan Andres, Der Mann im Fisch, s. Anm. 2, S. 340
47 Ebd., S. 378
48 Ebd., S. 380
49 Ebd., S. 380

Nachwort

Für den Leser mag interessant sein, zu erfahren, wie der Autor zum Thema seines Buches kam und welche persönliche Beziehung er dazu hat.

Ich war sechzehn Jahre alt, als der Krieg zu Ende ging. Ich hatte ihn nur in meiner schleswig-holsteinischen Heimat erlebt. Zuletzt gab es mehrere Male am Tag und in der Nacht Fliegeralarm. Das bedeutete: hinabgehen in den Luftschutzkeller. angstvolles Hocken im Dunkeln (wie Jona im Bauch des Fisches), horchen auf das Motorengeräusch der feindlichen Flugzeuge, auf das Schießen der Flak und die Einschläge der Bomben; dann: aufatmen bei Entwarnung, Dankbarkeit, daß man dem Tod noch einmal entronnen war, hinaufsteigen aus dem Keller und das Licht der Welt wieder erblicken.

Eines Morgens hieß es: Die Engländer haben die Stadt besetzt. Der Krieg ist aus. Ich werde das befreiende Gefühl nie vergessen, das mich damals erfüllte: Keine Angst mehr haben zu müssen vor Tiefflieger- und Bombenangriffen, sich wieder ausgezogen schlafen legen können, ohne im Unterbewußten auf das Heulen der Alarmsirenen zu horchen. Was machte es aus, daß unser Haus zerbombt und unser Hab und Gut vernichtet war, daß unsere Familie, soweit sie den Krieg überlebt hatte, in alle Winde zerstreut war, daß wir nicht wußten, woher wir das Nötigste zum Leben nehmen sollten – wir lebten und durften das Leben noch einmal beginnen.

Ein Dichter der Kriegsgeneration, Jean-Paul de Dadelsen, dem Jona zur Chiffre seiner eigenen Existenz wurde, schrieb die Verse:

»Wir waren im Schlunde des Wales Krieg
und er hat uns wieder ans Ufer gespien…
Ich bin lebendig, spricht Jonas, nicht sehr lebendig,
aber ich lebe, und der Mund ist noch voll
vom Meer und den scharfen Säften des Tiers…«

Ich selbst hatte damals noch nicht in der Jona-Geschichte den symbolischen Ausdruck meines eigenen Erlebens gefunden; denn noch war ich nur äußerlich vom Wal des Krieges ausgespien worden, innerlich saß ich noch in seinem finsteren Bauch. Die Welt, in der ich aufgewachsen war – nicht nur die äußere, sondern auch die geistige Welt –, lag in Trümmern. Was gestern hoch und heilig gehalten worden war, wurde heute in den Schmutz getreten. Und was gestern verachtet worden war, kam heute zu großen Ehren. Die Verräter von gestern wurden heute als Helden gefeiert und die Helden von gestern heute als Verräter abgeurteilt. In dieser großen Umwertung aller Werte verlor ich die geistige Orientierung, ich tappte im Dunkeln, der Boden war mir unter den Füßen weggezogen, ich hatte den Halt verloren. Ich empfand meine Lage damals so, als würde ich aus einem Weltraumschiff hinausgestoßen und fiele unaufhaltsam immer tiefer in die unendliche Leere des Alls, ins Nichts. Mir war zumute wie Jona, als er aus dem Schiff ins Meer geworfen wurde und darin versank: »Ich sank hinunter zu der Berge Gründen, die Erde hatte mich verriegelt ewiglich.« Ich wurde hinabgezogen von dem Sog der Resignation, der Enttäuschung und des Mißtrauens; denn ich empfand bitter, daß unser Vertrauen mißbraucht, unsere Begeisterung ausgenutzt und unsere Einsatzbereitschaft irregeleitet worden war. Es lag für mich nahe, niemandem und nichts mehr zu vertrauen, mich für nichts mehr einzusetzen (»Ohne mich!«) und einer zynischen Welt- und Menschenverachtung zu verfallen. Wenn man mich damals fragte, was ich werden wolle, antwortete ich: Schäfer. Ich wollte keine Menschen mehr sehen, am liebsten abseits der Welt unter Tieren leben. Das war meine »Flucht nach Tarschisch«.

Das Ringen um geistige Neuorientierung dauerte viele Jahre. Wesentlichen Anteil dabei hatte einer meiner Lehrer, mit dem wir auch außerhalb der Schule zu Gesprächen zusammenkamen. Diese Gespräche, in denen wir unsere Situation aufarbeiteten, beunruhigten mich tief, sie gingen an den Lebensnerv; darum faßte ich mehr als einmal den Entschluß, ihnen fernzubleiben. Aber immer wieder nahm ich dann doch daran teil, weil ich spürte, daß ich den Fragen, die mich beunruhigten, nicht ausweichen dürfe, wenn ich nicht am Wesentlichen vorbeileben und Gewißheit meines weiteren Weges gewinnen wollte. Am Ende eines langwierigen Wandlungsprozesses stand meine Entscheidung für den Weg, den Christus gegangen ist und den er den Menschen als Weg des Heils gewiesen hat.

Das war meine Berufung zum Dienst der Verkündigung des Wortes Gottes. Ich hatte erlebt, wozu Menschen fähig sein können, wenn sie in ihrem Gewissen nicht mehr gebunden sind an Gott und an sein Wort, das in Jesus Christus konkrete Gestalt angenommen hat in unserer Welt. Mir stand deutlich vor Augen, daß die Menschen zum Untergang verurteilt seien, wenn sie nicht umkehrten und ihr Leben neu orientierten. Darum gab es für mich nichts Wichtigeres, als der Wirklichkeit Gottes unter den Menschen in Wort und Tat Raum zu schaffen.

Ausdruck dieser inneren Umkehr waren für mich zunächst die Worte des Propheten Hosea, mit denen jeder Tag der ersten »Flensburger Woche« nach dem Krieg begonnen wurde: »Kommt, wir wollen wieder zum Herrn; denn er hat uns zerrissen, er wird uns auch heilen; er hat uns geschlagen, er wird uns auch verbinden. Er macht uns lebendig nach zwei Tagen; er wird uns am dritten Tage aufrichten, daß wir vor ihm leben werden.« In diesen Worten klingt deutlich das Jona-Motiv an.

Erst während meines Theologiestudiums wurde mir die Jona-Geschichte zum Symbol meiner eigenen äußeren und inneren Erfahrung. Seitdem hat mich diese Geschichte nicht wieder losgelassen, seitdem stehe ich unter der Faszination dieses archetypischen Symbols. Es erwies sich – genau wie C. G. Jung sagt – nicht nur als eindrucksvoll, sondern als »ergreifend«. Ich war vom Jona-Symbol »ergriffen«, ich lebte im Zeichen des Jona. Allem, was direkt oder indirekt mit Jona zusammenhing, ging ich nach, durchstöberte Buchhandlungen, Bibliotheken und Kunstgalerien, vertiefte mich in die entlegensten Winkel menschlichen Denkens und Gestaltens, um Neues über Jona zu erfahren. Ich durchforschte die Religionsgeschichte nach dem Jona-Motiv in Mythen, Märchen und Riten. Ich studierte die Schriften von C. G. Jung und seinen Schülern, um durch die Tiefenpsychologie das Jona-Symbol besser zu verstehen. Ich sammelte bildliche Darstellungen der Jona-Geschichte aus allen Zeiten und Kulturkreisen. Ich las Gedichte, Erzählungen, Romane und Theaterstücke, in denen das Jona-Motiv vorkam. Dabei entdeckte ich, daß ich mit meiner Jona-Ergriffenheit nicht allein dastand, sondern daß es viele Menschen gerade in meiner Generation gab, denen Jona zum Sinnbild ihrer eigenen Existenz geworden war.

Das Ergebnis meiner jahrelangen Nachforschungen schlug

sich in einigen Büchern nieder: 1963 erschien eine wissenschaftliche Monographie über Formen und Wandlungen des Jona-Motivs: »Das Mysterium von Tod und Auferstehung«, 1968 eine Künstler-Monographie über einen befreundeten Bildhauer und Grafiker: »Rolf Goerler – Kunst im Zeichen des Jona« und 1975 eine Anthologie mit Gedichten und Grafiken des 20. Jahrhunderts: »Jona – Sinnbild gegenwärtiger Existenz«. In Aufsätzen, Vorträgen, Rundfunkansprachen und Fernsehsendungen befaßte ich mich immer wieder mit dem Jona-Thema, und es ist unschwer zu erkennen, daß auch andere Veröffentlichungen von mir, in denen nicht ausdrücklich von Jona die Rede ist, einen mehr oder weniger deutlichen Bezug dazu haben.

War es zunächst vor allem das Motiv des Verschlungen- und Ausgespienwerdens, das mich an der Jona-Geschichte faszinierte, so war es später zunehmend das Verhältnis Jonas zu Ninive. Ninive, das ist für mich nicht so sehr ein Symbol für die Machtzentren der Welt: New York, Moskau, Peking usw., sondern für die Länder der Dritten Welt, in denen es in der Tat »mehr als zwölf Myriaden Menschen gibt, die nicht zwischen rechts und links zu unterscheiden wissen«. Wie Jona in einiger Entfernung von Ninive im Schatten seiner Hütte saß und teilnahmslos auf die dem Untergang geweihte Stadt blickte, so sitzen wir in unserem Eigenheim und blicken vom bequemen Fernsehsessel aus auf die erschütternden Bilder vom Hunger und Elend dieser Menschen, unfähig, ihre Not, wenn schon nicht als Leiden am eigenen Leibe, so doch als Leiden am Leibe der Menschheit zu empfinden. Je besser es uns geht, desto geringer wird unsere Fähigkeit zum Mitleiden, desto mehr stumpfen wir gegen die Not anderer ab, desto mehr verlieren wir das Ganze, von dem wir ein Teil sind, aus den Augen. Wie Jona gegenüber dem Schicksal der großen Stadt unempfindlich war, aber wegen des verdorrten Rizinus, der ihm Schatten gespendet hatte, am Leben verzweifelte, so rührt es auch uns kaum, daß täglich 40 000 Kinder in den unterentwickelten Ländern der Welt an Hunger und den Folgen von Unterernährung sterben, aber wegen Nichtigkeiten, die uns betreffen, werden wir des Lebens überdrüssig. Auch darin ist Jona ein Spiegelbild unser selbst.

Die Jona-Geschichte ist unerschöpflich. Sie eröffnet immer

neue Perspektiven. Sie spiegelt nicht nur unsere eigene Geschichte wider, sie ist auch ein Hinweis auf die Geschichte dessen, der »mehr ist als Jona«, in dessen Sterben und Auferstehen der Sinn aller Geschichte offenbar geworden ist.

Buchreihe *Symbole*

Erich Fromm hat gesagt: »Ich halte die Symbolsprache für die einzige Fremdsprache, die jeder von uns lernen sollte. Wenn wir sie verstehen, kommen wir mit dem Mythos in Berührung, der eine der bedeutsamsten Quellen der Weisheit ist.«
C. G. Jung hat nachgewiesen, daß der Mythos in den Träumen auch derjenigen Menschen lebendig ist, die bewußt von ihm keine Kenntnis haben. Er stellte die Hypothese auf, daß es ein kollektives Unbewußtes gibt, das den Erfahrungsschatz der Menschheit an den einzelnen vermitteln kann. Auf der Basis tiefenpsychologischer Erkenntnismethoden lassen sich Mythos, Realität, der einzelne und das Kollektiv sinnvoll aufeinander beziehen und miteinander ins Gespräch bringen. Ebenso ist ein Dialog mit anderen Religionen möglich. Die Autoren der Reihe »Symbole« fühlen sich dem Ansatz C. G. Jungs verpflichtet. Jeweils von einem Symbol oder Mythos ausgehend, zeigen sie den Horizont der Wirklichkeit, der von ihm erhellt wird. Zugleich erschließen sie einen neuen Zugang zur Bibel, deren Geschichten unmittelbar zum heutigen Menschen sprechen, eben weil ihre Sprache symbolisch ist.

In Vorbereitung sind folgende Bände:

Ingrid Riedel, Farben – Paul Schwarzenau, Das göttliche Kind –
Gerhard Marcel Martin, Weltuntergangsmythen –
Verena Kast, Paare – Gert Hummel, Das Neue Jerusalem –
Otto Böcher, Taufe – Uwe Steffen, Drachenkampf –
Ulrich Mann, Berg und Höhle.

Den gleichzeitig mit dem vorliegenden Band erschienenen Band in der Reihe »Symbole« von Ulrich Mann stellen wir Ihnen auf der folgenden Seite vor.

Kreuz Verlag Stuttgart · Berlin

Ulrich Mann
Schöpfungsmythen

Vom Ursprung und Sinn der Welt

In der Buchreihe »Symbole«
220 Seiten mit vier Farbtafeln
kartoniert mit vierfarbigem Umschlag

Sowohl die sogenannten primitiven als auch die Hochreligio-
nen überliefern Erzählungen vom Ursprung und Sinn der Welt.
Die Grundtypen dieser symbolischen Erzählungen lassen sich
durch alle bekannten Religionen verfolgen, von urtümlichen
bis zu vergeistigten Fassungen. Die wichtigsten Grundtypen
sind: Urmuttermythos, Welteltermythos, Heiliger Streit und
Gottesopfer.
Seit die Naturwissenschaft Erklärungen für die Entstehung der
Welt lieferte, meinte man, die Mythen gehörten der Vergangenheit der menschlichen Bewußtseinsgeschichte an. Inzwischen wird immer deutlicher, daß die detaillierten Erkenntnisse
der Wissenschaft es nicht vermögen, Aussagen über die Ganzheit des Lebens zu machen. Die Einheit von Welt, Seele und
Gott aber ist das Thema der Religionen, und sie läßt sich nur in
symbolischer Sprache ausdrücken.
Ulrich Mann sieht in den Schöpfungsmythen Zeugnisse für die
geistige Bewältigung großer Krisen der frühen Menschheitsge-
schichte, die auch dem Menschen von heute seinen Ort in der
Welt deuten. »Diese Leuchtkraft des mythischen Lichts reicht
so weit, daß alles für unser menschliches Existieren Wesentliche von ihrem Lichtkreis erhellt wird.«

Kreuz Verlag Stuttgart · Berlin